교과는 진화하는가

박인기·김창원·설규주·임희준·권덕원·김재운·이춘식

머리말

교과교육학의 미래형을 향하여

이 땅에 교과교육학이 제도 학문으로서의 위상을 확보하게 된 지도 어언 사반세기가 넘었다. 1980년대 중반 서울대학교에 교과교육 전공 박사과정이 설치되고, 잇달아 국내의 유수 대학에서 교과교육 분야의 전문 학자를 양성하는 과정을 개설한 이래, 이 분야의 많은 학자들이 배출되어 대학과 연구소에서 그 전문성을 함양하고 발휘하는 데 큰 역할을 해 오고 있다. 이에 힘입어 교과교육학은 물론이고 교과교육 현상 전반의 전문성은 지난 한 세대 동안에 놀라운 발전을 하였다. 교과 교육의 연구 및 실천 범위도 꾸준히 확장되었고 연구 방법론의 다양함과 정교함도 해를 달리하여 발전해 왔다.

오늘날 국내 교원 양성 대학의 경우 교사 양성 커리큘럼의 실체를 대부분 감당하고 있는 교과교육 분야는 그 학문적 역량과 가능성을 꾸준히 모색하면서 자신의 역할을 강화하고 있다. 교육대학의 경우 이러한 모습은 더욱 두드러지다. 한 세대 전 교원양성대학의 각 학과들이 주로 배경학문(내용학문) 전공 학자들에 의해서 교수법이나 교재론 중심의 기술들로 교과교육을 미봉해 오던 풍토에 비하면 실로 장족의 발전을 하였다. 또 일부에서는 교육학 전공자들에 의해서 교과교육일반론이 강의되는 경우도 많았다. 교과의 내용 실체는 소거된 채, 교수 기술이나 평가 방법들을 배우는 방식이었다.

　　그러나 이는 현재의 교과교육학 연구 주체들의 입지에서 보는 바이고, 교과교육학과 상대적 연관을 운명적으로 맺고 있는 교과의 내용학문이나 일반 교육학의 입지에서 보면 교과교육학의 정체는 확고하지 않은 것처럼 보였을 것이다. 내용학문 쪽에서는 교과교육학의 학문 내용의 이론과 체계성이 취약한 것을 염려하는 시선을 보냈고, 일반교육학 쪽에서는 교육방법의 개발과 적용 면에서 여전히 기존 교육학의 성과에 의존하고 있는 모습이 미덥지 않았을 것이다. 교과교육학의 발생적 구조는 이런 어려움의 질곡을 배경으로 한다.

　　이 점은 교과교육학을 전공하는 주체들에게는 항상 따라붙는 고민이었다. 양쪽에 있는 내용학문과 교육학과 일정한 협응(協應)을 하면서도 과도한 간섭은 배제해야 하는 응용학문의 숙명적 위상을 지켜내야 하는 이치를 터득해야 했다. 그리고 이것은 더러는 학문 정체성에 대한 회의를 불러오기도 했고, 담론을 소통하는 광장에서는 콤플렉스의 배경으로 작용하기도 했다. 이런 어려움은 현재도 진행형으로 작동하고 있다고 본다. 결과적으로 이 모두는 오늘의 교과교육학이 있기까지의 내공을 든든히 해 주는 요소로 작용하고 있다.

　　그러나 우리 교육의 양적 규모나 질적 변화가 매우 빠르게 이루어지는 과정에서 교과교육학은 현실적으로 자신에 대한 국가 사회적 차원의 수요를 감당하지 않으면 안 되었다. 정책에서 실천 차원에 이르기까지 수많은 개발연구의 과업들을 감당하면서 자신의 고유한 학문 자리를 이론적으로 또는 경험적으로 단단하게 다질 수 있었다. 무엇보다도 국가적 사회적 중요 의제(agenda)로 인식되는 각종 교육제도들을 혁신하고 변화시켜 오면서, 그에 부응하는 교육과정의 개발과 혁신(curriculum development/curriculum innovation)이 부단히 요청되었다.

1990년대 이후 우리 교육의 각 국면에서 큰 영향을 미쳤던 국가 사회 차원의 평가 시스템과 평가도구 개발 등은 교과교육학의 현실적 응전력을 키우는 데 매우 큰 영향을 미쳤다. 이런 과정을 거쳐 오는 동안에 내용학문 분야와 일반 교육학 분야는 교과교육학 분야와의 역할 차별성을 확실히 하게 되었고, 어느 정도 교과교육학의 독자성을 지향할 수 있게 되었다.

그러나 이러한 과정에서 교과교육학은 자신을 기술적으로 정련하는 데는 많은 진전을 보였지만, 학문으로서의 조건과 정체를 공고히 하는 데는 여전히 어려움을 겪고 있는 것처럼 보인다. 각 교과교육학 별로 수업모형을 개발하고, 평가 기술을 개선하는 데는 많은 발전을 보였지만 교과교육학의 학문성을 개선시키는 노력은 상대적으로 취약하였다. 달리 말하면 미시(微時, micro) 기술로서의 교과교육 방법들은 향상되었지만, 교과교육학이 자신의 위상과 학문 본질을 다양한 거대담론으로 정련시키고, 다른 학문들과 대등한 상호성을 발휘하여 당당한 학제성(學際性)의 자격을 갖춘 자리로 나아가기에는 아직도 어려움이 많다고 본다.

이 책은 교과교육학을 전공하는 학자 공동체들이 그런 어려움에 대하여 고민과 대안적 모색을 추구한 시론적 성격의 결과물이다. 저자들은 교과교육학이 미시기술의 학문 차원으로 나아가는 것과 병행하여 학문 전체의 지형도 속에서 자기 학문을 진단하고 전망할 수 있는 거시(巨視, macro)의 교과교육학의 연구가 필요하다고 보았다. 해당 교과교육학을 스스로 내부적으로 추동하고 자신의 문제를 스스로 결정할 수 있는 능동적이고 독자성의 담보되는 학문이 되기 위해서 노력해야 한다는 인식을 공유하였다.

이 책의 저자들은 교과를 학문의 구조를 정태적으로 반영한 것으로 인식하는 것으로는 교과교육학은 학문으로서의 자기결정성을 지니기 어렵다는 점을 확인하였다. 또 저자들은 학문 지식에 교육방법적 기술을 처방하는 정도의, 이른바 '방법 기술'로 교과교육학을 인식하는 것에 대해서도 동의할 수 없었다. 이런 인식으로는 교과교육학은 훌륭한 처방 기술은 될지언정 학문으로서의 자격을 갖추기 어려운 것이다. 더구나 응용성의 효과를 제고하는 학문 즉 살아 있는 역동성을 갖춘 학문이 되기 위해서는 교과 자체를 하나의 유기체로 보아야 한다는 인식에 관심을 가지고 주목하였다.

이 책이 교과를 진화의 관점에서 접근한 것은 바로 이런 이유에서이었다. 이는 일종의 생태학적 관점에 가까운 것이라 할 수 있다. 학문주의 교과관이 오래 동안 심어놓은, 교과를 고정불변의 지식 체계로 보는 인식 하에서는 교과교육학은 자신을 교육 환경에 맞추어 변화하고 추동할 수 있는 어떤 내적 기제도 형성하지 못한다. 현재 대부분의 교과가 지니고 있는 자기 발전의 교착이나 외부와의 소통 취약은 우리들 교과 내부에 잠재되어 있는 이런 요소들에 알게 모르게 끌려가고 있기 때문이라는 생각을 해 보기도 하였다. 일부 교과는 자신이 존재하고 있는 생태 환경에 대해서 아무런 자각이나 경계 요소를 느끼지 못하는 경우도 있었다. 이는 당연히 이런 종류의 관심을 가지고 교과교육학의 문제를 제기한 담론이 절대적으로 부족하기 때문에 생기는 문제라는 데도 인식을 같이 하였다.

'유기체로서의 교과'는 교과교육학의 거시 전망을 요구한다. 그 결과로 교과교육학을 훨씬 다채롭게 활성화 시킬 수 있을 것이다. 왜냐하면 교과교육이 힘 있는 유기체로 살아남기 위해서 자신의 생존을 위협하는 생태적 환경들 그리고 외부 조건들과 어떻게 싸워야 하는 지를 교과교육학자들이 연구하고 담론화 해야 하기 때문이다. 마찬가지로 교과교육학이 자신의 생존을 도울 수 있는, 자신을 둘러싼 생태환경(조건)들과 어떤 상호작용을 해야 하는지를 탐구해야 하기 때문이다.

이들 연구는 교과교육학이 이전에 연구해 온 분야나 대상들과는 차원을 달리 하는 것이라 할 수 있다. 그 가운데는 상호성 높은 여타 학문 영역과의 교섭을 연구하는 일, 지식의 새로운 가치를 발견하고 해석하는 일, 교과교육 관련 온갖 제도의 문제를 점검하고 대안을 모색하는 일, 사회적 수요를 진단하고 재생산하는 일, 교과 바깥의 교과관련 문화의 생태를 파악하고 연계 코드를 모색하는 일, 교과 안팎에 있는 학문적 유전자를 결합하는 일 등등이 교과교육학의 외연적 거시적 연구 영역으로 등장하게 될 것이다.

이 책은 교과교육학을 전공하는 일곱 교과 영역의 학자들이 교과교육학의 미래적 진단과 전망을 함께 모색하고 고민하는 과정에서 준비되었다. 2008년부터 2009년에 이르기까지 여러 차례의 공동 세미나를 열어가면서 교과교육학에 대한 공동 탐구를 하고, 발표를 진행하였다. 그러한 활동의 산물로 이 책을 기획하게 되었다. 필자마다 교과 영역이 다른 데서 오는, 개별 교과의 특수성을 함께 조명하는 과정에서 오히려 교과교육학의 보편적 문제들을 심도 있게 들여다 볼 수 있는 기회를 가지기도 하였다. 각 교과교육학 영역이 각기 진화적 단계에서 어떤 도전에 직면해 있는지를 살피면서 교과 간의 차이가 의미 있게 나타나는 점도 확인할 수 있었다. 다른 교과교육학의 사정들은 좋은 점은 좋은 점대로, 아쉬운 점은 아쉬운 대로 각기 자기네 교과교육학의 진화 과정에 타산지석(他山之石)으로 삼을 만했다.

우리 집필진은 각자의 개별 담론 발표를 통해, 교과교육학의 학문성 강화와 교과의 진화를 논하는 데 공통의 초점을 두기는 했지만, 개별 교과의 사정과 여건이 각기 상이한 만큼 인식의 편차가 생기지 않을 수 없었다. 이런 점을 다소라도 보완하기 위해, 집필을 마치고, 지상토론을 마련하였다. 논문 원고에서 놓친 점을 지상토론이 어느 정도 보완할 수 있기를 기대한다. 모자라고 부족한 논점과 주장들은 계속 보완 수정되어야 할 것이다.

필자들은 교과교육학의 진화와 관련하여 이처럼 공동 세미나 연구를 지원해준 경인교육대학교 당국에 감사의 말씀을 전하지 않을 수 없다. 특히 경인교육대학교 교육연구원 김혜숙 원장님과 박기화 원장님의 우정 넘치는 지원과 배려를 잊지 못한다. 이 자리를 빌려서 감사의 말씀을 전해 올린다. 또 출판 사정이 어려운데도 기꺼이 출판을 허락해 주신 도서출판 〈지식과교양〉의 윤석원 사장님, 그리고 까다로운 원고를 언제나 정성껏 챙겨서 깔끔하게 다듬어 준 윤예미 과장에게도 감사의 말씀을 전하지 않을 수 없다. 이 책과 더불어 교과교육학의 지평이 조금은 더 열려 나가기를 저자들은 바란다.

2011년 만추
저자 일동

목차

교과의 생태와 교과의 진화

교과의 개념에 대한 패러다임 변화와 국어 교과의 진화 조건

박인기

교과는 진화하는가

1. 교과와 교과교육학의 생태학적 상관

우리에게는 교과와 교과교육학의 관계를 이론 정립의 차원에서 심도 있게 짚어보는 노력이 없었다. 교과교육학을 학문제도로 운영하고, 학문제도로서의 학자를 배출하고, 공인된 학술담론을 갈수록 많이 산출하면서도 교과와 교과교육학의 개념적 위상과 상관성에 대한 구체적 고민을 해 보지 않았다. 아마도 그간 교과의 실체와 영역이 다소 모호하다할 정도로 유동적이었고, 그 유동적 공간에 교과교육학이 여러 양태로 들어가 있었기 때문이었다고 생각한다. 실천과 이론(원리)이 개념적으로 분리되지 않는 양상을 보이기도 한다.

제4차 교육과정 시기까지만 하더라도 교과는 학문이고 교과교육학은 오히려 기술로 인식되는 분위기이었다. 정확히 말하면 그때의 '교과'는 현상이고 동시에 학문이기도 했다. 그러나 이는 논리적으로 모순이다. 현상과 학문이 하나의 층위에서 동일한 개념영역에 들기는 곤란하다. 그런가하면 교과는 현장이고 교과교육학은 학문이라고 인식하는 소박한 구분법이 있을 수 있다. 그러나 이는 양자의 상호성이 작용하는 중간영역에 대한 고려가 없어서 구분을 위한 구분이 되기 십상이다. 교과는 실천이고 교과교육학은 이론이라는 인식 또한 일리를 가지면서도 마찬가지 결함을 가진다. 문제는 교과의 개념을 인식하는 바탕에 '학문내용'이 교과의 독점적 실체라고 믿었던 고정관념에 있다. 이 고정관념으로 인하여 '살아 움직이는 현상으로서의 교과', '교과의 과정적 역동성' 등을 간과하게 되었던 것이다. 이런 고정관념이 인식

기저에서 작용하는 한에는 교과가 실제로 작용하는 복합적이고도 역동적인 현상들(현상으로서의 교과)을 이론적으로 포착하여 개념화하기가 곤란하다.

　교과는 자신이 다루는 특정 범주의 지식 내용을 포함하여 그 밖의 여러 자질의 요소들이 여러 층위에서 살아 움직이는 현상으로 보는 것이 적절하다. 그리고 교과교육학은 그러한 교과 현상에 여러 가지 차원에서 상호작용하는 상위적 설명 체계이고, 상위적 생성체계이고, 상위적 추동 체계로 보는 관점이 필요하다. 이렇게 보면 교과교육학도 역시 하나의 현상이다. 교과 현상과 교과교육학현상은 서로 독자적 영역을 지니기도 하고, 서로 공유하여 상호작용하는 교집합의 영역을 지니기도 한다. 설정하기에 따라서는 이렇게 상위체계로서의 교과교육학현상이 교과 현상에 상호성을 가지고 작용하는 이 전체현상을 교과의 총체 현상으로 개념화 할 수도 있을 것이다.

　이렇게 교과(또는 교과교육학)를 보려는 인식은 생태학적 관점이라 할 수 있다. 예컨대 국어 교과(또는 국어교육학) 자체를 하나의 유기체로 보고, 이 유기체로서의 교과가 자신의 생태적 적응과 또는 진화를 위해서, 자신을 둘러싼 주변의 여러 생태적 조건에 접하여 교과의 형질적 변화를 기하고, 국어 교과교육 본연의 합목적성에 더욱 바람직하게 진화하는 일련의 현상들을 넓은 의미의 교과 현상이라 할 수 있다(박인기, 2003). 이른바 교과에 대한 생태학적 인식이라 할 수 있는데, 생태학 일반에서 제기하는 '총체적 인식론'이나 '관계적 세계관'의 관점을 국어 교과(학)에 적용함으로써 국어 교과(학)의 현상 총체를 탐구하고 그 진화를 전망할 수 있다.

　교과 현상(교과교육학 현상을 포함한)에는 1) 교과가 현존하는 체제 현상으로서 ① 교육 목표 현상 ② 교육 내용 현상 ③ 교육 방법 현상 ④ 교육 평가 현상 등의 하위 현상이 있을 수 있고, 2) 학문 맥락 또는 학제(學際) 현상으로 ① 국문학의 맥락 ② 국어학의 맥락 ③ 심리학의 맥락 ④ 사회학의 맥락 ⑤ 교육학의 맥락 ⑥ 커뮤니케이션학의 맥락 ⑦ 문화이론의 맥락 ⑧ 철학(미학)의 맥락 등등의 영역들이 국어 교과에 일정한 상호성을 가지고 작용을 해 올 것이다. 또 3) 교과가 교육제도 속에서 운용되는 현상으로 ① 교사 현상 ② 장학 현상 ③ 정책/행정 현상 ④ 발달 현상 등이 있을 수 있다. 그밖에도 국어 교과의 외연 맥락에 놓여 있는 ① 문화현상 ② 출판현상 ③ 미디어 현상 ④ 가치 현상 ⑤ 국어 관련 각종 수요 현상 등등이 관련을 맺고 국어 교과 현상에 들어온다. 물론 이들은 실제 현상의 표면에서는 서로서로 깊이 각양의 상호성에 의해 그 작용태를 드러낸다. 그리고 이들 제 현상을 상위적으로 관여하고 수렴하는 체계로서 국어 교과교육학이 있다. 이것이 이른바 생태적 총체로서 국어 교과의 대략적인 생태 지형이라 할 수 있다.

　교과 현상 안에 교과교육학의 위상을 상위체제에 두든, 아니면 교과 현상 밖에 교과교육학의 위상을 두든, 이 양자는 완성한 상호작용의 관계를 가져야 한다. 이는 교과 현상이 생태학적 총체로서의 역동성을 자발적으로 생성해 내기 위해서는, 그리하여 높은 적응성을 드러내는 진화를 하기 위해서는 반드시 필요한 사항이다. 특히 이런 구도 속에서 교과가 발전하기 위해서는, 교과의 상부구조라 할 수 있는 교과교육학은 교과 총체상(總體相)을 제대로 견인할 수 있는 역량과 기능이 확립되어야 한다. 이러한 상관성의 방향을 총체적으로 짚기는 한계가 있으므로, 여기서는 현 단계 교과교육학의 생태학적 변화를 진단하고 예언하는 방식으로 언급하고자 한다.

교과교육학은 각기 자신의 연구 자리에서 교육학적 보편성을 살리는 것과 해당 배경학문분야(국어교육의 경우 국어학/국문학)의 특수성을 살리는 것이 가능한가. 이들 양자가 서로 충돌하거나, 심하게 한쪽으로 기울어지는 사태가 되었을 때, 이것을 균형 있게 복원할 수 있는 힘을 해당 교과교육학 학자들이 발휘할 수 있는가. 또 그렇게 조정 통제할 수 있는 토양을 구축하는 교과교육학 담론을 꾸준히 생성해 왔는가. 이런 질문에 흔쾌히 "예" 라고 대답하기가 쉽지 않을 것이다. 교과교육학의 연구 담론을 생산한다고 하면서, 일반 교육학의 프레임을 그대로 복제하거나, 배경 학문(내용학)의 원리와 틀을, 교육현상과 결부하여 진지하게 재개념화 하지 않고, 그대로 이식하는 경향의 연구들이 적지 않기 때문이다.

그래서 교과교육학은 새로운 연구 범주를 확장하면서 기존의 연구 범주를 부단히 변이시키고 재설정해 나가야 한다. 지금까지도 교과교육학은 이른바 내용 학문과의 관계, 일반 교육학과의 관계를 설정하는 과정을 통해서 그때그때 연구범주를 마련해 왔다. 다만 새로운 연구 범주를 확장하기보다는 내용 학문의 지식들을 교육적으로 변용하는 데에 주안을 두었다. 또 그렇게 지식을 교육의 장으로 변용하는 기술로써 일반 교육학에 기대어 왔다.

요컨대 일반 교육학이 제공하는 수단과 기술을 활용함으로써 내용 학문의 요소들을 교과교육학의 범주로 재편성하고 질서화 하는 데 주력해 온 것이다. 그러나 이는 적극적인 의미에서 새로운 연구 범주를 확장하는 데로 나아간 것으로 보기는 어렵다. 미래의 교과교육학은 새로운 연구 범주 확장을 할 때, 인접 상관 학문들 간의 결합[convergence] 수준으로 나아가야 한다. 이는 교과교육학이 내용의 유용성을 확충하려고 노력함으로써 교과 진화의 기축을 마련하는 것이 되며, 동시에 교과교육학이 이론의 독자성을 수립하려는 의지와도 밀접한 연관을 가지는 문제이다.

교과교육학이 여러 영역 간 융합의 수준으로 자신의 존재 양태를 진화시키고, 그에 따라 새로운 연구 범주를 확충해 나간다는 것은 교과교육학 자체에 대한 실질적 효율성을 높이는 것이다. 그것은 달리 말하면 교과교육학이 학문의 생태계 속에서 자신의 자리를 온당하게 매김하는 의미를 지닌다. 이는 타 분야 학문들이 교과교육학을 학제적(學際的) 파트너로 인정하고, 상보적인 활용의 관계로 나아감을 의미한다. 예컨대 국어교육에서 개발한 화법의 원리나 커뮤니케이션 스킬들이 경영학이나 상담학 등에서 다시 재개념화 되어서 상보적 활용이 이루어지는 경우를 들 수 있다. 따라서 교과교육학이 학문 생태 안에서 다른 학문 분야들과 상호작용을 할 수 있는 경지를 교과교육학 발전의 지평으로 삼아야 할 것이다.

경쟁력 있는 학문들이 서로 인접 분야에 이론 차원에서나 응용의 차원에서나 상보적인 활용 기제를 제공하는 것은 당연한 것이다. 이것을 발전적 관점으로 승인함으로써 교과를 '제도 학교의 교실'이라는 제한된 시공에만 묶어두고 보지 않으려는 개방적 인식론으로 나아갈 수 있다. 이는 곧 교과교육학의 작용력 확장을 개방적으로 인식하려는 관점으로서 현 단계 교과의 진화를 모색하는 인식론적 태도로 평가할 수 있다.

2. 교과에 대한 고정관념과 대안적 비판

'교과는 곧 해당 학문이다'라는 인식은 많이 교정된 것처럼 보이지만 실제로는 그렇지 않다. 이러한 인식은 워낙 오래도록 통념으로 완강하게 자리잡아 왔기 때문에 일종의 내재화된 제도처럼 우리를 지배한다. 교과교육학이 학문 제도 속에서 학자를 길러내는 학문 영역으로 제도화 되고나서도 우리의 무의식 기제 속에는 교과를 해당 학문의 내용으로 환원해서 보려는 사고 관습이 여전히 남아 있다. '교과는 곧 해당 배경 학문(내용 학문)이다'라는 인식 자체가 전부 잘못된 것이라고는 할 수 없겠지만, 교과를 해당 배경학문으로 환원하여 인식하려는 태도가 있는 한, '교과'가 자신의 위상과 정체를 바르게 정립 또는 변화시킬 수 있는 힘을 스스로 지니기는 어렵다.

동시에 학문 사회 내에서는 교과교육학을 온전한 학문으로 승인하지 않으려는 고정관념이 있다. 교실에서 해당 분야의 지식/기능/태도 등을 가르치는 현상이 있을 때, 그 가르치는 현상을 다루는 여러 가지 기술적 처방에 불과할 뿐이지, 그것이 학문이 되기는 어렵다는 인식이다. 교과교육은 그래서 독자적인 이론을 가지기 어렵고, 더구나 학문적 파트너가 되어 다른 학문과 대등한 상호성을 가지기 어렵다는 인식이 바로 그것이다.

교과교육학이 단순한 교수의 기술을 넘어서는 지식/기술 생산 소통의 지평을 확보하지 않으면 학문적 진화를 기대하기 어려울지 모른다. 교과교육이 수업현상에나 사용하는 가시적 기술과 처방의 위상으로만 존재한다면, 교과교육학이 학문으로 존재해야 하는 근거는 인정되지 않는다. 더구나 미래사회에도 학문 체계로서 살아남아야 할 근거는 취약하다.[1] 교과교육이 이론과 실천의 조화시켜 학문 순환체제를 잘 구축하여 제대로 설 수 있음을 보여주기 위해서는 교과교육학의 학문 차원의 노력이 지속적인 성과를 보여 주어야 한다. 이렇게 함으로써 교과교육학의 이론적 체계의 취약함을 극복하고, 교과가 자신을 둘러싸고 있는 학문적 환경과 교육적 요구, 그리고 사회 문화적 소구에 부응하여, 진화해 나갈 수 있는 내적 토대와 응전력을 쌓을 수 있다.

교과는 학교 교육과정의 운용 프레임 안에서만 유효하다는 생각도 교과의 생태적 속성을 왜곡시키는 고정관념에 해당한다. 교과(教科)라는 말은 글자 뜻 그대로는 '가르치는 과목'이다. 그런데 '가르친다는 것'과 '학교'가 자동으로 연결되는 사고방식이 바로 20세기 식의 고정관념 양상인 것이다. 게다가 학교를 운영하는 기술적 처방의 전형적 형태와 관련해서, '교과는 학교 교육과정 운영의 내용 단위이다'라는 규범을 가지고 있기까지 하다. 그러니까 우리는 학교교육 이외의 영역에서 이루어지는 교육에는 교과의 개념이 없다고 생각한다. 학교가 교육을 독점하던 20세기적 인식이 자동화 된 데서 나온 발상이라 할 수 있다. 가르치는 행위를 학교 공간으로만 연결 짓는 것은 열린 사고가 아니다. 미래 사회의 학습 생태에서 학교가 차지하는 지분은 현격하게 줄어들 것이다. 교과가 제도 학교의 교실 공간을 벗어났을 때 교과는

---

1 1990년대 이후 교과교육학 분야로 교육학박사를 양성하고 이들이 교육대학이나 사범대학에서 교수로 임용되는 제도적 틀을 가지게 됨으로써 이러한 인식이 교정되고는 있지만, 이런 고정관념은 상존해 있으므로 이는 교과교육학이 제도나 현상의 차원에서 극복해야 할 과제이다. 일반 교육학이 유사한 시련을 겪으면서 그 나름의 진화를 해 온 과정을 교과교육학도 참조할 필요가 있다.

어떤 의미 대상이 될 수 있으며 어떤 가치 작용을 할 수 있는가 하는 문제는 교과의 미래적 진화를 모색하는 데 대단히 중요한 요소로 진단될 필요가 있다.

우리는 일반적으로 교과는 일종의 제도이며 쉽사리 변하지 아니하는 고정 형식을 가지고 있다고 생각한다. 심지어는 교과를 어떤 작용의 최종 산물로 보고, 교과는 교육적, 문화적 관습과 제도로서 굳어진 것으로 인식하는 경우도 있다. 학교를 기반으로 하는 교과의 제도적 토대가 매우 튼튼하다는 사실은 교과의 미래적 변화와 적응에 반드시 유익한 것만은 아니다. 교과가 20세기적 학교 제도에 고착되어서 교과의 질적 불변성을 조장하는 데로 나아간다면, 이는 교과가 수요자에게 다가가는 탄력성을 잃고 스스로 경직되는 양상으로 보일지도 모른다. 교과의 배타성이나 교과의 고착적 제도화는 교과의 기득권과도 연계되며, 새로운 교과의 출현을 막거나, 특정 패러다임의 교육과정 출현을 방해하기도 한다.

이렇게 보면 우리가 '교육과정 내용(curriculum content)'에 대해서 고전적으로 유지해 왔던 관점도 재개념화 해야 할 필요가 있다. 교과는 인류사회/문화공동체가 가지고 있는 지식의 형식 범주를 표상한다는 생각이 바로 그것이다. 이는 물론 교과의 발생적 형태를 논하는 과정에서 나올 수 있는 원개념의 일종으로 보아야 할 것이다. 그 '지식의 형식 범주'가 지금 여기의 교육 현상에 어떤 의미 있는 작용을 하고, 어떻게 그리고 어떤 종류의 생산성을 발휘하는지를 따져 보아야 할 것이다. 아울러 전통적인 교과에 대한 고정관념으로 규범적으로 학교의 교과는 규범적 지식(탐구적 지식/구성적 지식이 아닌)을 우선하며, 전통적인 교과는 지식의 가치에 대해서 보수적 위상을 가진다는 인식도 교과의 본질과 작용을 경색되게 하는 고정관념의 일종이라 할 수 있다. 어떤 지식 체계를 먼저 상정하는 방식으로 교과를 떠올리는 것은 다분히 경직된 발상이라 할 수 있다. 교과의 내적 생산성과 교과의 수요를 역동성 있게 창출하는 데는 도움이 되지 않기 때문이다.

우리가 당연시하고 있는 명제들, 이를테면 '교과는 자족적(自足的) 구조를 지닌다.'는 명제도 새로운 회의(懷疑)를 요청한다. 교과를 자족적 구조로 인식하는 것은 고전적 학문중심의 교과관이고, 지식을 과정적 자질로 파악하려 들지 않는 산업사회 패러다임에 가깝다. 말할 것도 없이 이런 관점은 생산적 해체를 해야 하는 시점이다. 한 교과가 자족적 구조를 가진다는 것은 너무도 자명한 것이고, 동어반복적인 것이라 할 수 있다. 이 명제가 승인되기 때문에 한 교과가 구성하는 내용의 체계는 그 자체로서 어떤 완결성을 추구한다. 그리고 한 교과는 타 교과에 대해서 스스로 변별되는 특징을 지닌다. 당연한 결과로서 교과는 자신의 경계를 확고하게 유지하려한다. 그런데 이 명제에 충실하면 한 교과는 영원히 한 교과로서만 존재한다. 자족성은 교과의 내적 체계를 수립하는 데는 도움이 된다. 그러나 자족적 구조라는 것이 영원불변의 것은 아니다. 그 자족적 구조를 둘러싸고 있는 생태와 환경이 달라지면, 그 자족적 구조도 달라져야 하는데, 이 때 자족성을 해체하는 메커니즘을 교과는 스스로 가져야 한다. 그래야만 교과가 살아남을 수 있는 것이다.

그러면 교과의 자족성을 해체하는 메커니즘은 어디서 오는가. 그것은 교과교육학에서 와야 한다. 교과교육학이 구축하는 담론의 토양과 그것이 드러내는 인식론적 지형에서 오는 것이 되어야 한다. 물론 그 중간 과정에 정책이나 교육과정 행정이 있다. 그동안 한국은 정책이나 행정에 의지해서 교과의 변이와 혁신을 추구하였다. 교과의 자족성을 교과 스스로 가지기 위해서는 교과교육학이 그것에 상응하는 역할을 해야 한다.

교과가 자신의 존재를 이념화 하는 것은 해당 교과교육의 철학을 정립한다는 측면에서 필요한 것이다. 따라서 모든 교과에는 각기 일정한 이데올로기가 있다. 그것은 물론 지식 이데올로기의 모습으로 나타난다. 그 이념들은 대체로 해당 교과의 배경 학문들이 가치는 이념적 의의들이 반영되어 있다. 그리고 그것을 교육적 가치로 전이시킨 이념들로 발현된다. 이 이데올로기를 통하여 교과는 자신의 존재론적 타당성을 입증하는 논리를 가진다. 그리고 이런 과정을 여러 가지 방식과 회로로 순환함으로써 교과는 지식사회의 권력 헤게모니 현상과 밀접한 연관을 가진다.

그런데 교과의 지식 이데올로기 자체가 절대화 되거나 교조화 되거나 하는 성향도 없지 않다. 그 과정에서 교과의 지식 이데올로기가 각질화 되어 일종의 고정관념으로 굳어 버리는 경우도 있다. 교과의 이념 자체를 탓할 수는 없겠지만, 그것이 보다 유연하고 소통적이어야 한다는 점을 주목할 필요가 있다. 진화는 유연함의 기제를 전조로 나타난다 할 수 있다. 진화의 실패가 멸종이나 단종으로 이어지는 생물 생태계의 모습을 유추하는 지혜가 필요하다. 국가나 공동체의 경우도 한때는 찬란했던 이데올로기가, 그 국가나 공동체의 몰락을 재촉하는 기제로 작용하는 것을 볼 수 있는데, 교과의 이데올로기 또한 마찬가지이다. 생태는 변하는데 이데올로기는 그대로 경직되어 권력화 될 때 나타나는 필연적인 현상이다. 이 시점에서는 이 부분에 지혜로운 전망을 가질 수 있는 교과전문가가 절실히 필요하다.

교과의 개념은 역동적이어야 한다. 교과는 어떤 특정의 교육주체(기관)가, 학교라는 제도를 바탕으로, 즉 교육과정의 프레임을 바탕으로 교육행위를 할 때, 가르치는 내용의 '일정한 범주화 양상'('일정한 범주'가 아니라)을 나타내는 것이라 할 수 있다. 가르치는 내용의 범주를 구획하는 데에는 학문의 범주들이 분류 준거로써 영향을 끼치지만, 학문 범주 그 자체가 그대로 교과로 환원되는 것은 아니다. 교과는 어떤 지식의 구조나 탐구 체계를 학문에서 빌려와서, 지식 세계를 범주화하는 밑그림으로 삼지만, 그렇다고 그것대로만 고착되지 않는다. 교과는 그보다는 훨씬 더 유동적이고 변형적이고 자기 조절의 에너지를 안으로 지닌다.

이처럼 교과가 유동적이고 변형적이고 자기 조절 성향을 발휘하는 데서 오는 힘은 교과교육학의 이론적 진화에 의해서도 그 가능성을 구축하지만, 실제적으로는 그 교과에 대한 교육적 수요를 새롭게 창출하는 데서도 찾을 수 있다. 그리고 그 수요를 흡수와 관련한 수요의 대상과 공간은 확장되는 것이 일반적 현상이다. 교과의 진화를 생각하는 입지에서 보면, 학교라는 틀 속에서 구체적 제도로 작동하는 교육과정에만 대응하여 교과의 수요를 발굴하는 것은 지나치게 소극적이라 할 수 있다. 교과교육학 연구가 제도 학교의 가시적 프레임들에서만 나타나고, 그나마도 교실 수업을 현상 추수하는 방식으로 이루어지는 현 단계를 넘어서야 할 것이다. 미래의 교육 생태에서는 교과교육학의 연구 에너지가 학교 교실의 공간을 넘어서 모든 종류의 교육을 현동화(actualizing)시키는 차원으로 나아가야 할 것이다.

즉 어떤 교과의 유동성과 변형적 자질과 자기 조절의 성향은 학문적인 것에서 생긴다기보다는 오히려 그 교과를 둘러싼 생태적 조건, 사회적 수요 그리고 문화적 환경이 가해 오는 압력에 의해서 생겨난다. 우리가 흔히 말하는 학습자의 학습 심리라는 것도 교과를 둘러싼 사회적 문화적 생태에 따라 형성되는 측면이 강하다. 미래지향의 교과일수록 이런 점에 착안하여 교과의 성격 자체를 조절하고 문화 생태에 적응하는 능동적 노력을 기울여야 한다. 이는 확실히 정보화 시대 이전의 교과 인식과는 차원을 달리하는 것이라 할 수 있다. 어떤 고정의 양태로 머물러 있는 교과는 도태될 수밖에 없다. 그래서 교과의 존재와 작용을 생태학적 구도 하에서 파악해야 하는 것이다.

3. 교과 발전과 진화 개념의 유용성

교과의 발전 담론을 모색하기 위하여 교과에 진화의 개념을 적용하는 시도는 다소 실험적일 수 있다. 본래는 생물학적 개념이었던 진화의 개념을 인문 사회 과학의 영역에서 의미 있게 변용하는 접근들이 확장되고 있다. 이는 그만큼 '진화'의 원리가 지닌 보편적이고도 통섭적인 면모들이 인문 사회의 변화 현상들을 천착하는 다양한 가능태에 닿아 있음을 말해 주는 것이라 할 수 있다. 여기에서는 진화 개념이 교과의 변화나 발전을 해석하는 데 적용할 때 지니는 이점과 가능성을 먼저 살펴보기로 한다. 이는 물론 교과교육 발전 담론의 가능성과 방향을 시사해 보려는 노력에 가 닿아 있는 것이기도 하다.

첫째, 교과의 변화 모습을 단순히 '발전'이라는 일원론적 기제의 프레임으로 파악하는 것을 지양하기 위함이다. 이는 교과의 존재론적 정체가 어떻게 변화되면서 지속되어서, 시간과 더불어 어떤 양태로 살아남을 수 있는지를 모색하고자 하는 데에 초점을 두고자 함이다. 진화생물학의 개념을 차용하면 진화는 단순한 발전이 이라기보다는 '생물이 과거의 조상과는 달라지면서 지금까지 자손을 남기고 있는 과정과 현상'이라는 데 초점을 둔다. 이 과정에서 기능의 추가는 물론 삭제도 일어나며, 복잡해지는 과정도 있으나 간단해지는 과정도 존재한다. 그간 교과교육의 발전론이 기계적 모델로 설명되었던 점, 교과교육에 적용되는 새로운 방법론이나 교수 기술들이 교과 정체의 변화와 지속을 큰 흐름으로 성찰하는 것과 거리가 있었다는 점 등을 고려하면, 변화와 지속의 시간성 속에서 교과가 미래 생태에 살아남는 양태를 보아야 하는데, 이는 진화의 개념에 부응하는 것이라 할 수 있다.

교과교육(학)의 현상(또는 교과의 현상)을 거시적 패러다임으로 파악하고 전망하는 연구풍토를 교과교육학계가 가지지 못하였다. '진화'의 안목을 통하여 교과교육학의 학문적 프레임이 무엇인지를 살펴볼 필요가 있다. 진화는 시간성을 중시하며 변화의 양태를 거시적으로 읽어내는 방책이 될 수 있다. 적어도 현 단계에서는 교과교육학의 학문적 프레임은 없는 것처럼 보인다.(교과 일반의 차원에서도 그러하고 개별 교과의 차원에서도 그러하다고 본다) 만약 어딘가 내적으로 형성 중이라면 그 징후를 제대로 판독해야 한다.

둘째, 교과의 미래적 양태를 예견하고 전망하는 데는 어떤 교과가 내재적으로 품고 있는 지식의 유전자(또는 문화적 유전자)가 무엇인지를 파악하고 해석하는 일이 중요하다. 지금까지는 교과의 양태를 지식의 유전자로 해석하기보다는, 그 교과가 다루는 학문의 외적 특징, 또는 관심 영역의 공통성 등에 의존해 왔다. 이런 점에서 '진화'의 개념을 주목할 필요가 있다.

우리가 말하는 분류학의 종(species) 개념은, 상식적으로 우리가 생물을 나누는 기준과는 다른 개념이며, 이 개념 또한 상당히 불분명하다. 과거 종을 나누는 기준은 외부 형태가 일반적이었으나, 현재는 유전자를 기반으로 분류하고 있다. 사자와 호랑이는 명백히 다른 종이나 서로 간에 (생식능력이 없는) 새끼를 낳을 수 있고, 세인트버나드와 치와와는 같은 종이지만 서로 간에 새끼를 낳을 수 없다.(진화생물학, 위키 백과) 그렇기 때문에 진화의 개념에서 중시하는 유전자 개념을 교과의 진화를 다루는 데에서도 차용할 필요가 있다고 본다. 만약 어떤 특정의 교과를 교육 세계(또는 지식 세계)의 종(種)이라고 본다면, 미래 교과의 진화는 지식(문화)과 지식(문화)의 컨버전스를 고려해야 하기 때문이다.

교과의 내적 자질은 그것이 다루는 지식의 형식이나 내용 자체에 있기도 하겠지만, 그보다 중요한 것은 어떤 지식의 유전자를 지니고 있는지에 달려 있다고 하겠다. 지식의 유전자와 관련해서 교과교육학은 어떤 근거나 가능성을 제시하지 못하고 있다. 지식의 유전자는 교과의 질적 돌연변이와 교과의 다양한 파생 변종을 결정하는 요인이다. 이는 미래 교과의 운명과 관련되는 것이라 할 수 있다. 현재의 교과 양태가 언제까지나 그대로 지속되는 것은 아니다.

후기정보화 사회의 지식 풍토, 교육 풍토 하에서는 교과는 어떤 고정형(固定形)을 유지하기가 더욱 어려워진다. 따라서 더욱 다양하고 중층적인 지식 접변이 일어나는 지식 생태계에서 교과의 변화는 무수히 많은 유동적 양태를 보일 것이다. 이런 생태에서는 교과의 본질을 지식유전자에 의해서 이해하는 방식이 힘을 얻을 것이다. 교과와 관련한 모든 미래학적 전망과 예측에서 지식유전자의 이해는 교과의 진화를 설명하고 예견하는 핵심으로 주목받을 것이다.

셋째, 교과가 각양의 학문, 지식, 사회, 문화, 이데올로기 등의 생태적 조건 속에서 살아남으면서 개변되어 가는 것을 교과의 진화로 보려고 하는데, 이는 원래 진화의 개념에 가장 근접한 것이라 할 수 있다. 원래의 '진화론' 속에 들어 있는 '자연선택'의 개념이 오늘날 교과의 운명을 진단하는 데 일정한 도움을 줄 것으로 보기 때문이다. 진화론에 따르면 '자연선택'은 특정 자연환경이 적합한 개체 혹은 집단을 선택한다는 개념이다. 적합성(Fitness)이 가장 높은 개체나 집단을 자연이 선택하며, 적합성은 주로 생존율과 번식률의 함수로 표현된다고 한다.

유추하건대 교과의 진화는 교과를 둘러싸고 있는 생태학적 조건[2]들에 교과가 얼마나 잘 적응하여 그 생태로부터 선택되는가 하는 문제와 연결되어 있다고 하겠다. 이는 교과의 미래를 모색하는 가장 중요한 변인이다. 문제는 교과의 생태에 대해서 교과가 호응해야 할 적합성(Fitness)을 우리가 어떤 요소로 설정하고 구성할 것인가 하는 데에 있는데, 그것은 아마도 전통적으로 교과를 지배해 온 학문 내용이 차지했던 비교 우위를 크게 흔드는 쪽으로 갈지도 모른다.

넷째, 교과 발전의 문제에서 '시간'의 문제를 지나치게 단선적으로

---

2 생태학(ecology)이란 유기체가 자신을 둘러싸고 있는 유형무형의 환경과 상호작용하면서 자신의 생존과 적응을 영위해 나가는 여러 현상을 연구하는 학문이다. 생태학은 예로부터 유기체가 환경에 적용하는 것을 주 대상으로 한 합목적적인 것이었으나, 금세기에 들어 와서 객관적 과학이 되어 해석학적 입장에서 법칙 탐구적인 것으로 방향이 변화되어 왔다.

처리해 온 것에 대한 반성이 필요하다. 진화는 시간이 지남에 따라 일어나는 현상이며, 이 '시간' 개념은 진화의 과정을 지표화 하는 중요한 자질이다. 교과와 관련해서 변화이든 변이이든 진화이든 그것을 설명하는 데 있어서 시간을 어떻게 다룰 것인가 하는 문제가 중요하다. 대체로 그 간 교과/교육의 변화를 설명하는 사례에서 시간의 요소는 기계론적 연속성의 기제로만 설명되었다. 시간은 그냥 앞으로만 진행되는 단선 회로의 모습으로 다루어졌다. 진화의 입체적 투시를 위해서도 교과의 변이에 작용하는 시간들을 재해석할 필요가 있다.

교과교육(학)은 자신의 변화성과 지속성에 대한, 그리고 이들 양자의 내적 상호작용에 대한 총체적 현상을 충분히 상위인지하고 모니터링 할 수 있는 연구 전통과 이론적 토양을 갖추지 못하고 있다. 그런 연구 담론의 생산 자체가 이루어지지 않고 있다. 이는 교과를 학문내용의 재구조 체제 정도로만 인식하는 데서 오는 단순하고도 경직된 관점에서 오는 것이라 할 수 있다. 교과 현상을 유기체 현상으로 보고, 그것의 진화적 모델을 시간성 요소와 결부하여 다양하게 설정해 보는 노력이 있어야 한다.

다섯째, 교과(또는 교과교육학)를 유기체적 존재로 보고, 교과가 자신을 둘러싼 각양의 생태학적 여건과 더불어 동화와 조절을 부단히 해나가는, 어떤 주체로 파악할 필요가 있다. 이는 개별 교과를 개별 종(種)의 차원에 유추하여 그 진화적 양상을 살펴보는 방식을 요청한다. 따라서 특정의 교과가 지식 생태계 또는 교육 생태계에서 특정의 종(種)의 자리에 놓일 수 있다는 인식은 특정 교과의 지식 생태, 교육 생태, 문화 생태 등 생태적 총체를 보다 더 입체적으로 읽고 분석하여 교과의 변화와 미래를 읽게 하는 데에 기여할 수 있다. 진화는 개체 수준에서 일어나는 것이 아닌, 종(種) 집단 수준에서 세대를 이어가며 일어나는 현상이라는 점에서 교과의 변화와 미래를 시간상의 자질과 결부하여 근거 있게 유추할 수 있는 틀을 진화의 개념이 제공해 준다. 개체는 사라질 수 있으나, 유전자의 변이는 집단 속에 남게 된다는 원리에서 시사 받을 수 있는 것이 많다.

 교과를 종(種)의 자리에 설정함으로써, 현재로서 탐색이 되어 있지는 않지만, 개별 교과가 지식 생태와 교육 생태에 대응하는 양상을 어느 정도 천착해 볼 수 있다. 교과를 유기체적 현상으로 보고, 교과가 자신을 둘러싼 각양의 생태학적 여건과 더불어 동화와 조절을 부단히 해 나가는, 어떤 주체로 파악할 필요가 있다. 이는 개별 교과를 개별 종(種)의 차원에 유추하여 그 진화적 양상을 살펴보는 방식을 요청한다. 교과를 지식 세계의 지식 종(種)으로서의 집단으로 설정함으로써 교과의 진화를 유용하게 설명할 수 있다. 교과를 학문내용의 체계로만 보려한다면 교과가 지식 생태와 교육 생태에 적응하는 교과의 역동적 작용태(作用態)를 그냥 지나치기 쉽다. 이런 점에서 일반 교육학은 교과교육학에 비해서 교육의 사회 문화적 생태를 다양하게 포착하고, 그것에 부응하는 진화적 감수성을 일찍부터 길러 온 흔적이 두드러진다.

4. 교과의 진화에 관여하는 요소들

1) 학문적 자각- 이론 또는 학문성

교과 현상을 이론적으로 체계화 하고, 이를 바탕으로 교과교육학의 학문성을 강화하고 정립하려는 노력이 현 단계 교과의 진화에 중요한 동인(動因)이라 할 수 있다. 교과교육학의 이론 체계와 학문성을 담당 학자들이 중요하게 자각하지 못하고 있다는 것이 곧 이 분야가 학문 토대를 가진 분야로 진화되지 못함을 보여주는 것이라 할 수 있다. 그간의 교과교육학은 기술적 기능적 진보를 하는 동안, 자신의 정체에 대해서 논리적으로 이론화 하고 이를 바탕으로 학문 단위로서의 역할과 위상을 확보하는 데는 소홀하였다.

교과교육 연구가 어떤 지식 분야의 교육을 구체적 내용과 구체적 방법을 가지고 실천하는 데 따른 실천 노하우를 단순히 제공하기 위한 처방의 차원을 넘어서야 한다. 교과교육 연구도 '학문'의 요건을 갖춘 그 무엇이 되어야 한다는 인식이 바로 교과교육학의 학문적 자각이라 할 수 있다. 교과교육학의 학문적 자각은 교과의 진화와 밀접한 연관을 가진다. 교과 진화의 축을 통찰하고 미래학적 대응을 교과 스스로가 메타 인지하여 갖추려면 교과교육 연구가 학문의 위상을 가져야 한다. 그것은 오늘날의 학문, 더구나 미래적 전망을 주요 역할로 하는 학문들은 학문과 학문의 상호성에 의존해서 진화의 메커니즘을 발견하고 스스로 만들어 갈 수 있는 내적 역량을 가질 수 있기 때문이다. 지금까지 교과는 교육과정 패러다임상 큰 변혁을 겪으면서도, 그 변혁의 생성 원천을 교과 자신이 스스로 만들어 낸 적이 없는 편이다. 대개는 외부로부터(주로 일반 교육학이나 교육 외적인 분야) 수동적으로 받아들이는 측면이 강했다. 진화를 스스로 읽을 수 있는 내적 역량을 갖추지 못한 것이다. 학문의 위상을 구축하는 데 부족하였고, 따라서 동등한 여타 학문들과 창조적 또는 진화적 상호성을 발휘하기가 어려웠던 것이다.

2) 실천의 역동성

교과의 진화라는 것도 그 구체적 모티브는 실제의 현장에서 이루어진다. 진화의 전조(前兆)로서 교과가 기종의 자기 모습에 대한 자기교정을 시도하게 되고, 그것을 통하여 진화의 기전을 마련하는 것이라면, 그것은 교과교육 현장의 실천 역동성에서 구할 수밖에 없다. 교과교육의 실천 현장은 이론이 환류하여 나가는 곳이며, 그 역동의 과정을 통하여 기존의 것에 대한 다양한 변이를 드러내는 지점이기도 하다.

한 교과가 지니고 있는 가치나 생명력은 그 교과가 실천 현장에서 얼마나 역동적인가를 살피는 데서 비롯된다. 교과의 실제가 얼마나 역동적인지를 검토하는 기준은 흔히 교과의 수요가 얼마나 많은가, 그 교과에 대한 호응이 얼마나 적극적인가 등으로 결정한다. 그러나 교과의 진화를 긴 흐름으로 통찰하기 위해서는 '교과의 실제'에 대한 해석을 얼마나 다양하고 풍부하게 가지고 있는지를 살피는 데 주력해야 한다. 유감스럽게도 우리 교과교육학 내부에는 교과교육 현상에 대한 풍부하고도 다양한 해석을 찾아볼 수 없다. 다양한 해석은 진화를 위한 성찰적(reflective) 에너지의 집적이다. 열린교육, 수행평가, 자기주도

학습 등 특정의 실천 원리들이 일거에 전체적으로 휩쓸고 지나가기는 하지만 그것에 대한 해석의 다양성은 발붙일 곳이 없었다. 실천의 역동성이 미약하다는 증거이다.

3) 제도-교육체제

사회 문화 현상에서 진화의 가시적 양태는 제도의 변화로 나타난다. 교과의 진화를 추동하게 하는 것 중에 제도의 요소를 주목하지 않을 수 없다. 교과에 대한 고정된 인식은 학교 제도와 상관없이 교과의 내용은 변하지 않는 것으로 인식해 왔다. 하지만 실제로 교과는 제도에 의해서 크고 작은 변이의 조건들을 생성하고 실제로 변이된다. 이 점을 교과교육학자들은 거시적으로 읽어 내거나 질적으로 분석하는 데 취약하였다. 이런 부분은 교육학자들의 전문 영역으로만 인식하는 타성이 있어 왔다. 제도는 진화의 시간적 자질을 설명하는데 유용하기도 하다.

교과 진화와 관련하여 한 가지 주목할 것은 '교과' 자체가 제도의 일종이라는 점이다. 무릇 보든 기성의 제도가 일정한 권력 기제 위에 존립하듯이 교과 또한 예외가 아닌 것이다. 학교라는 근대적 제도 속에서 운영되는 교과는 학교 교육과정이라는 제도 속에 들어 와 있지 못한 지식 분야에서 볼 때는 대단한 기득권 기제이며, 제도 권력이라 할 수 있다. 사회 문화의 전체 제도 속에서 교과가 진화하며, 또 그러한 진화의 양상이 구경에는 제도로서 반영되는 측면이 있다는 것을 인정한다면, 교과의 미래를 탐구하는 교과교육학은 보다 실질적인 교과의 존재 조건을 정치적 경제적 측면에서도 고구해 나가야 할 것이다. 이는 향후 "교과(또는 교과교육학)의 정치학(또는 정책학)"이라는 이름으로 자리 매김을 할 것으로 보인다. 또한 응당 그런 관심을 학문과 제도의 수준에서 결집해 나가야 할 것이다.

4) 사회적 수요

교과에 대한 사회적 수요가 어떤 양상으로 전개되느냐는 교과의 진화 양상을 결정하는 중요한 요인이다. 물론 이 수요는 사회로부터 일방적으로 주어지는 것이 아니라, 교과가 적합성의 기제를 가지고 자기 수정을 해 가는 과정에서 형성되는 것이라 할 수 있다. 교과의 사회적 수요를 예상하거나 적용할 수 있는 기능을 교과 내부에서 어느 정도 가질 수 있는지 하는 것이 중요한데, 이를 위해서는 교과의 생태 환경을 다각도로 포착하고 분석할 수 있는 노력이 필요하다.

교과의 사회적 수요는 교과의 내용적 실체가 무엇이 되어야 할지에 관해서 가장 큰 영향을 주는 요소이다. 또 교과의 사회적 수요는 교과가 자신의 수용자들을 향해서 어떤 소통 체제와 소통 전략을 가져야 할 것인지를 계속 고민하게 하는 요소이다. 교과의 사회적 수요 문제는 본질적으로 미래학적 전망을 수반하게 하는 것이기도 하다. 교과의 사회적 수요는 교과와 교과의 경쟁적 관계 또는 상보적 관계를 부단히 요청하게 될 것이다. 바로 이런 점 때문에 교과의 사회적 수요는 교과의 학문적 유전자에 변이를 불러오는 자극 요소가 된다. 교과의 사회적 수요를 결정하는 변인 가운데 미디어의 역할이 중요하게 대두한다.

현 단계에서 각 교과가 이러한 양태를 어떻게 파악하고 어떤 가치와 의미를 부여할 지에 대해서 교과교육전문가들은 활발한 소통을 해야 한다. 물론 이는 교과의 진화에 관여하는 내적 에너지라 할 수 있다.

5) 문화적 생태

교과교육의 미래적 진화나 변이를 생각할 때 생태학적 상상력을 동원할 필요가 있다. 교과교육 자체를 하나의 유기체로 보고, 이 유기체가 기본적으로는 자기 생존을 위해서, 자신의 생태 환경과 어떤 적응과 조절을 하는지를 통찰할 필요가 있기 때문이다. 교과교육의 내외부에서 일어나는 이러한 상호 작용의 총합을 결국 '교과교육의 생태'로 보고, 교과교육의 정체(正體)와 기능(機能)과 발전을 이러한 틀 속에서 진단하고, 조명할 수 있기 때문이다. 그리고 이러한 생태학적 모델에 의존함으로써 교과교육의 자기결정력, 내적 추동력, 새로운 환경에 대한 적응력, 자기 변형의 탄력성, 이론과 실천의 호응, 교과교육 현상의 확장과 그것의 재개념화 등에 대해서 더 합리적인 설명을 할 수 있을 것으로 본다.

여기에는 물론 교과교육 본연의 합목적성을 포함하여, 교과교육의 학문적, 심리적, 사회·문화적, 과학기술적 환경 맥락에 더욱 바람직하게 적응, 성장하기 위해서 어떤 노력을 해야 할지를 살펴볼 수 있는 가능성이 있다. 요컨대 생태학의 '총체적 인식론'이나 '관계적 세계관'의 관점을 교과교육에 유추하고 대입하여 교과교육의 현상과 발전상을 모색할 수 있을 것이다.

　　교과의 운명은 교과가 성장하고 변이하는 소통 공간의 문화적 생태에 가장 큰 영향을 받는다. 예컨대 탈근대 탈식민지 맥락의 문화적 생태가 인문·사회 교과에 가해 오는 변이 압력은 크다. 이를 종전에는 학문적 내용의 변화라고만 보았으나, 이렇게 되면 교과교육학은 어떤 패러다임 변화를 스스로 추구하지 못하고 다른 기본 학문에 의존하는 모습으로 전락한다. 문화적 생태를 교과(교과교육학)가 직접 반영하고 교섭하는 진화가 있어야 할 것이다.

　　문화적 생태라는 것이, 위에서 말한 탈근대 탈식민지 맥락의 문화적 생태처럼 이념적 가치적 자질로서만 다가오는 것은 아니다. 오히려 생활방식으로서의 문화적 생태가 더 광범위하고 더 포괄적 영향력을 가지고 교과의 변화에 다가온다. 대표적인 것이 미디어 생태이다. 국어 교과의 경우 제도 교육과정의 하위 영역에 전통적으로 존재해 왔던 ① 듣기 ② 말하기 ③ 읽기 ④ 쓰기 ⑤ 문법 ⑥ 문학 이외에 제 7의 영역으로 미디어 영역 즉 매체언어의 영역을 넣어야 할 시점에 이르렀다.[3] 문화적 생태와 사회적 수요는 불가분의 관계에 있다. 교과 진화의 메커니즘 지도 속에서 전자(문화적 생태)가 바탕과 토양의 층위를 가지는 것이라면, 후자(사회적 수요)는 교과 진화와 보다 직접적인 관계를 지니며, 종종 정책의 레벨에서 구체화되기도 한다. 교과교육학자들의 관심이 이런 국면에도 결집이 될 때 교과의 진화를 결정하는 교

---

3 2007년 개정교육과정의 개발과정에서 국어과교육과정은 이들 일곱 영역을 설정하기로 하였다가 최종 단계에서 매체언어영역을 공식화 하는 것을 유보하였다. 대신 매체언어 영역의 내용들을 효과적으로 살리는 방향으로 조정하였다. 아마도 다음 교육과정 개정에서는 매체언어영역이 공식화 될 것으로 보인다. 주목할 만한 진화의 양상이라 할 수 있다. 문화적 생태에 대한 국어 교과 자체의 진화적 대응을 보인 예라 할 수 있다.

과교육학 자체의 역량이 자라날 수 있다. 이렇게 되면 교과교육학의 진화와 교과의 진화가 상동관계 하에 놓여 있음을 엿볼 수 있다.

6) 학문적 유전자들 간의 결합

　교과의 진화를 가장 설득력 있는 진화의 이론으로 설명하기 위해서는 교과에 내재하는 학문적 유전자들이 어떤 결합을 해 나가면서 어떤 변이를 일으킬 것인지를 설명하고 예측함으로써 가능하다. 우선은 각 교과의 학문적 유전자를 무엇으로 볼 것인가. 그것을 특정의 대표적 지식으로 볼 것인가. 아니면 기능이나 전략으로 볼 것인가. 아니면 해당 교과의 독특한 지식 생산 결합 방식으로 볼 것인가. 이런 문제에 대해서 교과 연구자들은 달리 개념의 형성을 시도하지 못하고 있다. 각 교과는 지금까지의 변화 패러다임을 보편적 철학 패러다임의 추상적 변화로만 설명하려는 피상적인 차원의 설명 방식을 극복해야 할 필요가 있다. 교과의 토대를 이루는 학문의 핵심 가운데 교과변화를 안으로 결집하고 밖으로 인접 학문의 내용 요소들과 생산적 전이 작용을 할 수 있었던 것이 무엇이었는지를 유전학적 패러다임으로 조사하고 복원해 볼 필요가 있다. 이런 과정을 다양하게 통찰함으로써 교과와 학문적 유전자와의 관계를 추론할 수 있을 것이다. 학문적 유전자의 작용을 찾아냄으로써 교과의 질적 변화와 그것의 총체적 양상을 새롭게 설명할 수 있고, 나아가서는 현 상태의 교과가 어떤 진화의 경로로써 미래적 대응을 할 수 있을 것인가에 대한, 이른바 교과의 미래학을 정립시켜 갈 수 있을 것이다.

국어 교과의 경우 학문적 유전자는 교과의 형질 핵심에 해당하는 것이다. 국어 교과가 형태나 질 면에서 변화된다고 했을 때 변화의 근본 원천 인자로 작용할 수 있는 것이어야 한다. 대체로 국어학이나 국문학 또는 심리학 등의 중핵 요소로부터 나와 국어교육의 중핵내용으로 전이되는 것들을 중심으로 살펴볼 수 있다. 논점에 따라 편차가 있을 수는 있지만, 국어 교과의 학문적 유전자에 해당하는 것으로, 방법 또는 형식의 범주에서는 ① 기능/전략 ② 사고 ③ 장르 등으로 생각해 볼 수 있으며, 내용의 범주에서는 ① 국어의 구조와 체계 ② 리터러시 ③ 언어문화 ④ 정전화(正典化)된 문학 텍스트 등을 생각해 볼 수 있다.[4] 이를테면 이들 학문적 유전자들이 국어 교과교육의 중요한 변화 장면들에 어떠한 변이작용을 하면서 국어 교과의 ① 경계역(境界域) 변화 ② 국어 교과의 방향 변화 ③ 국어 교과교육의 방법 전환 ④ 국어 교과의 새로운 수요 생성 ④ 국어 교과의 하위 영역 재조정 ⑤ 학교교육과정 내 국어 교과의 비중 변화 ⑥ 기존 국어 교과의 정체의 해체 등을 이끌어 내었는지를 설명하도록 해야 할 것이다. 이런 노력 자체가 교과의 진화 양상에 해당하는 것이라 할 수 있다.

---

[4] 이러한 구분법은 잠정적이고 불확실한 것이어서 논의가 더 필요하다. 다만 여기서는 각 교과마다 자신을 형성하는 핵심으로서 학문적 유전자를 어떻게 파악해야 할 것인지에 교과교육학자들이 더 많은 노력을 기울여야 한다는 주장을 돕기 위해서 잠정적으로 제기한 것이다.

5. 교과 진화와 교과교육학 담론의 방향
-교과교육학자들의 책무

1) '지식의 가치'에 대한 이론화 노력

　해당 교과가 다루고 있는 (또는 다루어야 할) '지식과 경험의 가치'를 연구하는 노력이 있어야 한다. 종전에는 교과 지식의 가치를 배경 학문이 제공한 것을 그대로 수용하는 모습을 유지했다. 지식의 교육 가치를 논하는 것이 따로 마련되지 않았다. 이는 대체로 지식이 있기 때문에 가르친다는 인식론을 따른 것이다. 교과교육 연구 내에 이른바 '지식 가치론'을 연구의 고정 분야로 확립해야 할 것이다. 지식이 있기 때문에 가르친다는 인식은 교과에 대한 발생론적 인식은 될지언정, 교과의 진화를 위한 인식론으로 되기는 어렵다.

　후기 정보화 시대에는 교과가 자기 영역 지식에 대한 교육적 가치를 감별하는 능력을 스스로 갖추어야 한다. 정보의 양적 증가가 질적 증가를 의미하지는 않는다. 실제로 정보의 유통 경로가 많아질수록 질이 떨어지는 정보나 가짜 정보 실속 없는 정보를 얻게 될 확률이 높아진다. 또한 그럴 듯 해 보이는 정보만을 골라 '교육받지 않은 마음'을 사로잡으려는 경향도 만연하게 된다. 이렇게 얕고 단순화된 정보가 범람하는 현실에 휩싸이면 큰 그림을 볼 수 있는 '정돈된 마음'을 갖기가 더욱 어려워진다(하워드 가드너, 1995).

　지식 기반 사회에서는 지식을 상위적으로 통어할 수 있는 지식에 입문하는 훈련과 감식성이 필요하다. 교과학자들이 '지식 가치론'을 새로운 과업 영역으로 삼아야 하는 이유가 여기에 있다. 물론 지식의 가치는 생태적 조건과 교육적 조건들에 의해서 조명되어야 한다. 이 말은 지식의 가치화 기준을 교과 학문 자신의 내부 논리에만 의존하는 것을 지양해야 할 것임을 의미한다. 이렇게 함으로써 교과의 이데올로기를 꾸준히 새롭게 재개념화 하는 효과를 얻을 수 있을 것이다.

2) 타 교과(학문)와의 상호성 확충하기

교과는 자기 내부의 하위 영역끼리 왕성하게 소통하고, 나아가서는 타 교과와 소통하는 노력을 기울여야 한다. 이 또한 미래의 교과가 진화해 나가는 생태론적 양상이 될 것이다. 따라서 교과가 존재하는 방식도 상호성의 관점에서 보아야 할 필요가 있다. 이는 특정의 교과교육이 '자신의 학문이 있기 때문에 가르친다.'는 단순한 자족(自足)의 차원에서 교육 실천 행위를 하는 것을 넘어서서, 그 교과가 교육 전체의 생태에서 어떤 의미와 효능을 가지는지, 그리고 어떤 새로운 교육적 부가 가치를 미래에 구현할 수 있는지를 살필 수 있는 새로운 인식 기제를 제공해 주기 때문에 교과는 타 학문 영역과의 상호성을 확충해 나가야 한다. 이 문제와 관련해서는 모든 개별 교과는 각기 절실한 자신들의 필요를 만들어 내어야 한다.

우선적으로는 해당 교과의 배경학문과 어떤 상호성의 모드를 새롭게 구축해 볼 것인지를 생각해 보아야 한다. 이는 현재 배경학문에 의존하고 있는 모드를 발전적으로 해체하는 과정이 포함되어야 한다. 또한 교과가 일반 교육학 등과의 상호성을 평가하고 이를 재설정하기 위한 비판적 대안적 담론들을 생산해 내도록 해야 한다. 특히 발달 이론들을 교과에서 수용하는 문제에 관한 연구가 요청된다. 발달 분야는 교과교육학의 블루 오션이 될 수 있다. 교과가 자신의 정체성을 보강하고 비교적 독자성 있게 개척해 나갈 수 있는 가능성을 가지고 있기 때문이다. 지금까지도 많은 노력이 있었던 것처럼 보이지만, 일반 교육학의 성과를 수동적으로 이식하거나, 피상적으로 받아들이는데 그쳤다. 교과가 '발달'을 교과의 연구 과업으로 정면 인식해야 한다. 이는 '발달'을 일반 교육학의 연구 과업으로 밀쳐두지 말고, 해당 교과의 시각에서 '발달' 연구를 해야 한다는 뜻이다. 물론 그 과정에서 일반 교육학의 발달 연구와 연대하거나 협동할 수 있다. 요컨대 각 교과마다 발달을 자기 교과의 특수성에 맞추어 재개념화 하고 특정화 하는 노력을 기울인다면, 높은 부가가치의 교육적 성과를 얻을 수 있고, 그만큼 교과교육의 독자성이 확충될 가능성이 있다.

한 교과가 다른 교과와 상호성을 쌓아 나가는 데는, 현안의 실제적 과업에 공통으로 참여하는 방식이 바람직하다. 통합교과적 강의 운영을 정착시키는 것도 의의가 있다. 이는 교육적 과업에 대한 문제를 해결하려는 노력을 여러 교과가 공동으로 하게 하는 방식을 추구해야 할 것이다. 이런 방식에 대해서는 경험과 훈련이 없기 때문에 현재로서는 어려움이 있지만, 참여가 부족한 교과는 생태학적 적응력의 부족을 드러내는 것이라 할 수 있다. 교과간의 소통을 위한 정책과 수단과 기술은 앞으로 더 많이 개발되어야 할 것이다.

3) 교과의 작용 가능성 모색하기

　교과의 미래적 가능성은 결국 교과가 무슨 역할을 더 할 수 있느냐의 문제에 귀결되는데, 그것이 곧 교과의 작용 방식을 다각도로 넓혀서 모색하고 개발하는 것이다. 이는 물론 교과의 생태학적 작용을 살피는 작업의 연속선에 있는 일이라 할 수 있다. 교과연구자들이 그간 '교과란 무엇인가'를 구축하는 데에 몰두해 왔다면, 미래의 교과는 이것을 넘어서 '교과는 무엇을 할 수 있는가.'라는 명제를 추구하는 방향으로 나아가야 할 것이다. 교과의 내용을 무엇으로 할 것인지에 주안을 두어 왔던 데서, 그 내용으로 교과가 어떻게 작용할 수 있을 지에 대한 관심을 더 확충하자는 것이다. 내용의 체계가 아무리 번듯해도 어디에 그 내용 요소들의 교육적 유용성을 살려 활용할 것인지를 모색해 내지 못하면 그 교과는 활력을 지닐 수 없다.

　이는 달리 말하면 교과의 실질적인 수요를 어떻게 창출할 수 있는지를 모색하는 연구가 활성화 되어야한다. 교과의 작용 양태란 결국 교과의 실용적 수요를 부단히 창출해 나가는 것인데, 이는 교과로 하여금 일종의 진화적 적합성(fitness) 토대를 가지도록 하는 것이다. 교과교육학자들은 그러한 토대를 발굴하고, 교과의 전체적인 지향과 역동성을 그러한 방향으로 결집해 줄 수 있는 역할을 해야 할 것이다. 이는 교과교육의 내용과 대상 사이의 기존 관계들을 재정립하게 하는 과정을 필연적으로 요청하게 될 것이다. 또 다른 측면에서 보면 교과가 이른바 실용주의 교육과정 철학과 호응되는 모습이라 할 수 있는데, 다만 그 실용성의 근거가 생태학적 호응에 의한 것이 됨으로써 교육의 윤리성도 동시에 담보될 수 있을 것이다.

4) 교과와 문화의 관계를 살피는 연구

교과가 생태학적 호응을 하며 그 역할 작용을 해 가는 과정에서, 문화의 변인을 살피고, 이를 교과 진화의 한 축으로 삼는 노력이 요청된다. 문화는 범박하게 보면 교과의 생태 환경에 속하는 것으로, 교육이 길러내야 할 '인간'의 정체를 규정하고 합의하는 데에 가장 중요한 기반을 제공한다. 문제는 21세기 미래의 인간형 대한 합의가 불확정적이고 유동적이라는 데에 있다.

> 생물학적 조건들과 문화적 맥락의 결합을 통하여 끊임없이 자신을 규정해 왔던 '인간'이라는 범주는 지금 새로운 도전을 받고 있다. 과학의 급속한 발전이 우리에게 가져다 줄 다양한 치료의 혜택과 욕망 영역의 확장에 대한 기대로 부풀어 있지만, 한편으로는 이제까지 인간의 정체성을 규정해 왔던 개념들이 급격하게 해체되는 데 대한 두려움을 가지게 된다. … 중략 … 이러한 모순적 전망에도 불구하고 '진보'와 '과학'이라는 이름으로 진행되는 현재의 흐름이 궁극적으로 어떤 변화를 만들어 낼 것인지에 대해서는 아무도 예측할 수 없는 상황이다. 사실 어떻게 '인간다움'을 설명해 나갈 것인가라는 문제는 과학으로써 규정하기보다는 인간이 이제까지 축적해 온 역사적 경험과 윤리의식을 통해 사회적으로 구성해 나가야 하는 문제이다(김현미 2003).

여기서 사회적으로 구성한다는 것의 교과교육적 함의는 무엇이겠는가. 교과가 제공하는 지식과 경험은 사회적 구성에 관여하는 자질들이다. 교과가 어떤 종류의 지식을 가르치든, 문화의 변인을 함께 고려하지 못하면, 미시적으로는 교수 기술에서 실패하고, 거시적으로는 교과의 철학을 살리는 데 실패한다. 문화의 자리에 과학 기술이 와도 마찬가지이다. 흔히 교과는 자신의 지식 내용 체계에서 벗어나 있는 듯이 보이는 문화나 과학 기술 등에는 관심을 보이지 않는다. 이러한 인식은 낡은 방식이다. 앞으로 문화나 테크놀로지에 상관적 관심을 반영하지 않는 교과연구는 그 교과가 거느리고 있는 생태의 총체성을 보지 못하는 연구가 될 것이다.

이러한 노력의 구체적 양태로는 1) 교과 내부에 있는 문화의 자질 정리해 보기, 2) 교과 외부의 생태로 존재하는 문화와 교과 내부가 상호작용하는 현상 연구하기, 3) 문화의 일부로 교과(교과적 요소)가 존재하고 작용하는 현상 연구하기 등등의 층위를 설정하고 연구할 수 있다.

5) 교과와 기술(technology)의 관련 양상에 대한 메타 연구

기술은 오늘날 그 자체가 하나의 이데올로기적 위상을 가질 만큼 현대인의 생태 기반을 결정하는 중요한 변인이 되었다. 미시적으로 보면 현대 교과는 기술에 의한 영향을 가장 많이 가장 크게 받았다. 초기에는 기술이 수단적 기제로서 수업의 효율성에 관여하는 정도이었으나 이제는 교과의 진화에 간여하는 가장 막강한 지배 변인이 되었다고 할 수 있다. 기술 또한 문화와 마찬가지로 교과의 생태 환경에 속하는 것으로, 교과교육의 모든 방법적 기제에 개입한다. 그뿐만 아니라 궁극에는 교사와 학생의 교수 메시지를 소통하는 질적 요소로 등장한다. 또한 기술은 주지하다시피 문화와 밀접한 내적 연관을 형성한다.

교육이 인간의 발달을 다루는 것이고, 발달이 상상력과 놀이라는 원형적 요소에 의해서 계발되는 것이라면 여기에 기술이 관여하는 영향은 어떠한지 한 미학자의 통찰을 빌려 보기로 하자.

과거에 상상은 허구에 불과했다. 오늘날 허구는 테크놀로지에 힘입어 점점 더 현실이 되어가고 있다. 이것이 현대의 징후이다. 오늘날의 상상력은 기계공학, 정보공학, 유전공학이라는 테크놀로지의 뒷받침을 받고 있다. 그런 의미에서 오늘날의 상상력은 미디어 이론가의 말대로 '기술적 상상력'이라 부를 수 있을 것이다. 컴퓨터 시뮬레이션은 상상과 현실 사이에 놓여 있던 질료의 저항을 더욱 무력화 시키고 있다. 상상이 질료의 저항 없이 곧바로 현실로 진화하게 된 것이다. 드디어 상상력이 힘이 되는 시대가 왔다.

미래의 생산력은 상상력이 될 것이다. 상상은 정신의 놀이이다. 상상을 할 때 정신은 노동을 하지 않고 놀이를 한다. 사유가 이미 있는 것을 재현(representation)하려 할 때는 '대상과 일치'라는 인식론적 구속을 받지만, 아직 없는 것을 있게 하는(presentation) 상상력은 그런 구속을 원치 않는다(진중권, 2005).

교과가 기술을 다루어 온 것은 교육 수단적 차원의 것이었다. 해당 교과와 관련한 수업 기술, 평가 기술, 교재 조직 기술 등이 많았다. 앞으로는 기술의 내용과 활용에 주목하는 것을 넘어서서 기술에 대한 비판과 평가, 기술의 패러다임 분석하기 등, 교과가 기술에 대해서 가지는 관계를 메타적으로 성찰할 수 있는 것이 되어야 할 것이다. 교과가 학교 공간으로부터 벗어나는 작용이 가능해지는 것도 기술의 생태에 따라서 가능해질 것이다. 교과의 진화를 고찰함에 있어서 기술의 문제는 교과교육학자들의 필수적 탐구 항목이 된다.

6) 새로운 교과교육학의 패러다임을 만들기

현 시점에서 생태학적 조망 하에 교과의 진화를 모색하는 것은 결국 교과교육의 새로운 패러다임을 만들어 보자는 것이다. 이는 교과가 더욱 주체다운 주체가 되어야 할 것을 요청한다. 종래의 교과교육학은 크게 보아서 배경 학문이 제공하는 내용의 프레임에 일반 교육학의 방법적 기술들을 기능적으로 연결시키고, 그런 성과들을 가르치는 현장에서 유효하게 활용하는 데까지 진출하였다. 비록 학문 제도적으로 교과교육학의 자리가 확보되기는 했으나, 그 역할은 기능적이고 처방적인 데에 머물렀다. 다만 교과교육학이 제도적으로 승인되기 이전에 비해서 기능과 처방이 단발적이지 않고, 일정한 체계와 내적 질서를 구축할 수 있었다는 것이라 할 수 있다. 불가피하게 내용 학문이나 일반 교육학에 종속되는 위상을 벗어나기 어려웠다.

현 단계에서 새로운 교과교육의 패러다임을 창출해 나가기 위해서는, 기존 교과의 모든 것에 대한 해체주의적 연구가 필요하다. 이는 교과 진화의 가능태 다양하게 모색하기 위해서이다. 물론 그 기반에는 해체하고자 하는 환경과 구축하고자 하는 환경에 대한 생태학적 통찰이 중요하다. 이를 위한 구체적인 접근으로는 교과교육이 지니고 있는 이론과 실제의 연관성에 대한 다양한 인식 모델을 연구해야 한다고 생각한다. 그래서 이론에 대한 비판론이 실제성을 기준으로 해서 왕성하게 일어나고, 교과교육 실제에 대한 비판론이 이론성을 중심으로 겸허하게 개진되고, 이들 연구 담론들이 매우 왕성한 해석학적 순환을 하게 해야 한다. 이 대목이 교과교육 발전의 새로운 도약을 보장할 것으로 본다. 교과 현상 연구는 이론과 실제의 층위가 중요하게 인식된다. 그리고 '명료하게 드러난 이론'과 '구체적(제도적) 실제'를 동시에 통합적으로 거느릴 수 있을 때, 현재의 교과교육이 지니는 모순과 고식성과 구조적 취약성을 우리 힘으로 발견하고 교정해 나갈 수 있을 것이다. 그러한 노력의 성과로 교과교육의 구체적 혁신, 이를테면 교과 교사양성 양성 교육과정에 대한 비판과 대안적 개발에 다가갈 수 있을 것이다. 교육과정과 수업 또한 마찬가지이다. 전체적으로는 교과교육 자신이 교과교육을 실천하고 피드백하고 수정하는 자기결정력이 높아질 것이다.

요컨대 교과교육은 자기 영역의 지식이 내용과 형식의 두 범주로 매겨지는 구도에 대해서 진화적 관점에서 회의해야 한다. 학문은 학자들이 탐구하는 범주를 내용과 형식의 범주로 매겨 놓은 것이라면, 교과는 그것을 그대로 복제해서는 안 된다. 교과는 발달과 학습의 측면에서 학습자가 세계를 이해하고, 그 세계 안에서 기능하기 위해서는 학습자가 마주치는 사물과 경험을 학습자에게 의미 있는 방식으로 범주화 해야 한다(G. 레이코프/ M. 존슨, 2003). 발달과 학습은 학습자의 생태 환경에 민감하게 영향을 받는다. 또한 교과는 대상화된 지식의 영역으로 존재하는 것이 아니라, 지식 사회의 생태 속에 작동하는 유기체적 조건을 지닌 하나의 주체이다. 이것이 교과를 설명할 수 있는 미래적 관점이다. 그래서 미래 교과의 범주화는 교과의 생태적 환경과 불가분의 관련을 맺는다.

그런데 교과를 내외로 둘러싼 지식 생태는 왕성한 융합의 모습으로 변화하고 있다. 생활영역에서는 미디어 기술들이 이런 융합을 완성하게 촉진한다. 지식 융합(convergence)의 물결이 어떻게 밀려 올 것인지를 각 교과가 다양하게 예견하는 담론들을 생산해야 한다. 일반 응용학문 분야에서는 융합학문의 연구가 어떤 양상으로 펼쳐질 것인지에 대해서는 풍부한 자료와 더불어 다양한 전망들을 제기하고 있다. 예컨대 인지과학으로 융합되는 융합학문에 9개의 학문이 융합되고, 그 하위에 다시 12개의 세부 전공 영역들이 융합되는 구도를 보여준다. 이와 같은 구도로 뇌 과학의 융합학문성, 진화생물학의 지식 융합, 비선형과학의 지식 융합, 컴퓨터과학의 지식 융합, 환경학의 지식 융합, 경제학의 지식 융합 등을 보여준다(이인식, 2008).

이러한 학문 융합 생태가 '교과'의 존재 방식에 미치는 영향을 어떻게 판단해야 할 것인가. 그것은 교과교육 패러다임에 어떤 압력으로 작용할 것인지에 대한 고민일진대, 그런 압력에 대하여 교과로서의 입지와 인식과 대안적 호응을 어떻게 해야 할지를 모색해야 한다. 학문 융합의 생태만큼 교과 진화에 영향을 주는 생태 환경은 없다. 학문 융합은 교과 내적인 생태 변인이기도 하고 동시에 교과 외적인 생태 변인이기도 하기 때문이다. 교과 내적이라 함은 교과의 내용 형질에 민감한 영향을 주는 것이고, 교과 외적인 압력이 되는 것은 융합 자체가 교과에 대한 사회적 문화적 수요에 민감한 영향을 주기 때문이다.

교과교육학은 이에 대한 다양한 기획(agenda)을 부단히 확산하고, 그것들이 학자들 사이에서 왕성하게 해석학적 순환을 하도록 하고, 스스로의 힘으로 마침내 일정한 수렴을 하는 과정을 반복해야 한다. 여기에 이르면 교과교육학은 스스로 당당하게 학문 파트너를 불러들이고 또 상대 학문으로부터 초청받을 수 있을 것이다. 무엇보다 교과 현상 자체의 자동성과 자율성이 현저히 확대될 것이다. 그것이야말로 교과교육학의 새 패러다임이라 할 수 있다. 정확히 말하면 단순한 새 패러다임의 일종이 아니라, 패러다임 변화의 생성 틀을 진화시키는 것이라 할 수 있다.

* 이 글은 『국어교육학회』 제34집(국어교육학회, 2009.4, pp.309−343)에 발표된 바 있다. 부분적인 표현의 차이는 있으나 내용상 같은 글임을 밝혀 둔다.

참고 문헌

국어교육학회(2005.11.), 국어교육에서 지식이란 무엇인가, 제32회 학술발표대회 자료집

김현미(2003), '루시에서 사이그보그까지, 인간 진화 이야기' 〈처음 만나는 문화인류학〉, 한국문화 인류학회, 일조각, pp.72-73.

박영순 편(2003), 21세기 국어교육학의 현황과 과제, 서울: 한국문화사.

박인기(2001), 〈문학교육과정의 구조와 이론〉 제2판, 서울: 서울대학교출판부.

박인기(2001), '초등교원의 전문성 신장 방안', 초등교육의 새로운 비전 탐색 세미나: 한국초등 교육의 현안과제와 발전 방안, 인천교대 · 한국교총.

박인기(2005), 국어교육학 연구의 방향 : 재개념화 그리고 가로지르기, 국어교육학연구 제22집, 서울: 국어교육학회.

박인기(2003), '생태학적 국어교육의 현실과 지향", 한국초등국어교육 제22집, 한국초등국어교육학회.

박인기(2006), '교과교육학의 학문 위상과 현 단계 도전 과업', 교과교육학연구 제10권 1호, 이화여자대학교 교과교육연구소.

박인기(2006), '국어교육과 타 교과교육의 상호성', 국어교육 120호, 한국어교육학회.

이돈희 외(1994), 교과교육학탐구, 교육과학사.

이인식(2008), 지식의 대융합, 고즈윈.

임홍빈(1996), '기술공학 시대의 문화, 〈문화철학〉, 한국철학회 편, 서울: 철학과현실사.

장원철(2001), '자연, 생태 그리고 문학 : 생태비평의 가능성', 〈인문학과 생태학〉, 경상대학교 인문학연구소 편.

정재찬(2003), 문학교육의 사회학을 위하여, 서울: 亦樂.

진중권 (2005), 놀이와 예술 그리고 상상력, 휴머니스트, pp.9-11

최병우 외(2002), 〈다매체 문화와 사이버 소설〉, 서울: 푸른사상.

최인자(2001), 국어교육의 문화론적 지평, 서울: 亦樂.

최현섭 외(2007), 상생화용, 새로운 의사소통 탐구, 커뮤니케이션북스.

허경철, 이화진, 박순경, 소경희, 조덕주(2001), 교과교육학신론, 문음사.

데이비드 슬론 윌슨, 김영희, 이미정, 정지영(2009), 진화론의 유혹, 북스토리.

하워드 가드너(1995), Leading Mind, 송기동 옮김(2007) 통찰과 포용, 북스넛 pp. 524-530.

G. 레이코프/ M. 존슨 지음(2003), Metaphors We Live By, 노양진, 나익주 옮김 (2006), 삶으로서의 은유, 박이정, pp.273-278.

Philips, D. C.(2008), 한기철 역, 복잡한 현대 세계에서 지식의 조직-분과 학문의 미래는 있는가, 〈교과교육의 현재와 미래〉, 경인교대-서울교대 공동 2008 국제학술대회 발표논문자료집.

Crane, William(2000), Theories of Development-Concepts and Applications, 송길연·유봉현 옮김(2005), 발달의 이론, 시그마프레스(주)

Posner, G. J.(1992), Analyzing the Curriculum, N. Y. : Mcgraw-Hill, 김인식, 박영무, 최호성 역, 〈교육과정 비평〉, 서울: 교육과학사, 1994.

Schbert, W. H.(1986), Curriculum : Perspective, Paradigm and Possibility, 연세대학교 교육과정연구회 역, 〈교육과정 이론〉, 서울: 양서원, 1992.

Willson, Edward(1998), Consilence : The Unity of Knowledge, 최재천·장대익 역 (2004), 통섭, 서울: 사이언스북.

Dalkir, Kimiz(2005), Knowledge Management in Theory and Practice, Elsevier Inc.

Young, Michael F. D.(1998), The Curriculum of the Future, London, Philadelphia : Falmer Press, 1998.

국어 교과의 정당성과 정체성에 대한 회의

김창원

교과는 진화하는가

1. 국어 교과를 회의하는 이유

국어교육학의 논의 수준은 다른 교과에 비해 그다지 뒤떨어지지 않았다고 생각한다. 오히려 상당히 앞서 있다고 말해도 좋을 것이다. 교대·사대의 커리큘럼과 임용시험의 출제 과정을 보면 이런 심증이 더욱 굳어진다. 그럼에도 불구하고 국어교육학에서 취약한 부분이 있다면, 아마 국어교육철학과 국어교육심리학, 국어교육사회학 같은 기초 분야가 아닌가 싶다. 그에 비해 교육과정론, 교재론, 교수·학습론, 평가론과 같은 실제 분야는 나름대로 정교하게 구축되어 있다.

국어교육학이 기초 분야에서 취약하다는 점은 그동안 국어 교과[1]를 자명한(axiomatic) 것으로 여겨 온 연구 풍토를 반영한다. 국어 교과는 어떤 교과인가, 국어 교과는 무엇을 해야 하며 무엇을 할 수 있는가, 전체 교육 시스템에서 국어 교과는 어떤 역할을 맡는가 등에 관한 논의 없이, 으레 교과가 '거기에 있는 것'으로 전제하고 논의해 온 것이다. 하지만 국어 교과는 태초부터 있어 온 것도 아니고, 꼭 지금과 같은 모습이어야 할 필연성도 없다.

국어 교과가 지금의 모습을 띤 데에는 나름대로의 연원이 있다. 예를 들어 〈국가-민족-언어공동체〉의 삼자가 거의 비슷하게 겹친다든지, 한자-한글의 이중 문자 체계를 오래 지속해 온 점, 개화기와 일제 강점기 및 분단기를 거치면서 시대의 영향을 강하게 받은 점 등이 그

---

1 현실에 존재하는 '국어'라는 교과를 가리킬 때에는 '국어과'를, 원론으로서 있어야 할 국어라는 '교과'를 가리킬 때에는 '국어 교과'를 쓴다.

것이다. 이는 국어교육이 다른 나라의 자국어교육과 다른 모습을 띠는 계기가 된다. 한문교육의 전통, 서구-일본식 언어관 및 교육 이론, 민족 이데올로기와 근대화의 논리 등이 총체적으로 어울려서 지금의 '국어과'를 형성한 것이다. 그 정당성과 정체성에 대한 회의를 통해 교과를 둘러싼 외피를 벗겨 낸다면 국어교육의 방향을 설정하는 데 도움이 될 것이다.

이 글의 논점은 국어 및 국어 교과 자체에 대한 회의와 국어 교과의 변화에 대한 성찰의 두 가지로 압축된다. 첫째 논점은 한국적 맥락에서 '국어'란 무엇인가? 국어만을 다루는 교과가 필요하거나 성립 가능한가? 국어 교과의 내포와 외연, 제도 교육 안에서의 의의는 무엇인가? 등으로 상세화되고, 둘째 논점은 국어과는 어떻게 성립해서 어떻게 변화해 왔으며 지금은 어떤 처지에 놓여 있는가? 국어 교과는 어떻게 변화해 갈 것이며 그 변화를 추동하는 힘은 무엇인가? 국어 교과의 변화에 학문공동체는 어떻게 대응해야 하는가? 등으로 전개된다. 이러한 논의를 통해 국어 교과의 본질을 돌아보고 국어교육학의 방향을 점검하는 일이 이 글의 목적이다.

2. 국어 교과의 통시태와 공시태

1) 교과의 탄생과 성장

● 회의 1 : '국어'의 발견과 교과의 성립

국어 교과의 발전 과정을 돌아보면, 두 번의 결정적 시기와 세 번의 주요 변곡점이 있었음을 알 수 있다. 두 번의 결정적 시기란 개화기와 해방기를 가리키고, 세 번의 변곡점이란 3차 교육과정 도입, 5차 교육과정 도입, 수능시험 도입을 의미한다. 1차 교육과정 제정이 이 변곡점에 들어가지 않는 이유는 교육과정과 교재, 수업, 평가 면에서 대체로 이전(해방기)의 국어교육을 계승했기 때문이다.

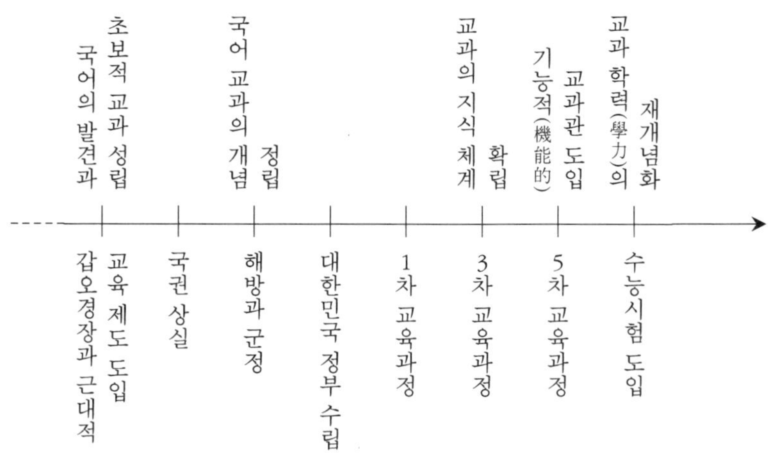

표1. 국어 교과 발전의 결정적 시기와 주요 변곡점

개화기는 '국어'의 개념을 구성하고 초보적인 교과가 성립했다는 점에서 국어교육사에서 가장 중요한 시기다. '국어'라는 용어의 기원에 대해서는 훈민정음의 '國之語音'을 끌어오기도 하고 일본의 사례를 대기도 하는데, 훈민정음의 용례는 그 이후 확립된 용어로 사용된 예를 찾기 어렵고,2 일본의 '國語' 역시 근대 이전에는 다른 의미로 쓰였다는 점에서 재론의 여지가 있다.3

중요한 것은 개화기에 주시경 등이 강조한 '국어'와 교과로서의 '국어'가 개념이 서로 달랐다는 점이다. 1895년의 소학교령에서 제시한 국어 관련 과목은 '讀書·作文·習字'였으며4, 한성사범학교에서는 이들을 '國文·作文·習字'로 편성하였다.5 여기서의 '國文'은 오늘날과 같은 국어가 아니라 오로지 '한글로 표기된 글'을 가리키는 개념이었다.6 1906년 보통학교령과 고등학교령에서 이들을 '國語'라는 이름으로 통합하는데,7 이로 미루어볼 때 교과로서의 '국어'는 문자를 중심으로 강

---

2 19세기의 대표적 언어학 성과인 『雅言覺非(정약용, 1819)』나 『諺文志(유희, 1824)』도 '국어'라는 용어는 쓰지 않았다. 그렇다고 하여 국어에 대한 관념마저 없었던 것은 아니다. 그것은 대체로 '중국어와 구별되는' 향언(鄕言)의 뜻으로 쓰였다.

3 근대 이전의 일본에서 '國(こく/くに)'이란 현(縣)과 같은 일개 지방, 혹은 다이묘(大名)의 영지를 가리키는 말이었다. 이는 '國'을 도시라는 뜻으로 사용한 고전 한문의 용례와 비슷하다.

4 이것은 전형적인 한문교육의 영역이다. 한자 도입 이래 엘리트 계층을 중심으로 이루어져 온 강독·작문·서사 중심의 교육이 근대 교육에 그대로 적용된 것이다.

5 本科學員의 課홀 學科目은 修身 敎育 國文 漢文 歷史 地理 數學 物理 化學 博物 習字 作文 體操로 홈.(한성사범학교규칙, 1895.4)

6 당시에는 '國語(말)'와 '國文(글)'을 분명하게 구별했다. '國文'은 學務衙門官制(1894)에서 나오지만, 교과로서 '國文'이라는 용어는 漢城師範學校規則(1895)과 銓考國條例(1895)에서 처음 나온다. '國語'라는 용어는 1906년 사범학교령/보통학교령/고등학교령에서 등장하는데, 이때 이미 주시경은 이와 다른 의미와 맥락에서 '國語'를 사용하였다.

독·작문·서사 활동을 통합한 교육의 한 구획임을 알 수 있다. 그에 비해 주시경이『大韓國語文法(1906)』이나『國語文典音學(1908)』등을 쓸 때 '국어'에 대해 가지고 있던 관념은 순수하게 언어학적인 것이었다.

국어교육사에서 개화기를 결정적 시기로 보는 이유는 당대의 학자들이 연구한 '국어'와는 전혀 다른 대상에 '국어'라는 명칭을 붙이고, 그 안에 한문교육의 전통과 일본의 접근 방식을 고스란히 쟁여 넣었기 때문이다.[8] 그런 교과에 '국어'라는 이름을 붙여야 할 필연성이 있는 것도 아니고, 국어 교과에 그런 내용을 담아야 할 필연성 역시 없다.[9]

이와 별도로, 개화기라는 특수한 시기에 교과가 성립된 것은 국어 교과에 강한 이데올로기성을 부여하는 결과도 낳는다. 물론 언어가 원래 이데올로기적이기는 하나, 역사상 가장 복잡한 이데올로기 충돌의 시기에 교과가 성립되면서 그 성향이 더 강해진 것이다. 탈봉건, 반외세로 요약되는 개화 이데올로기는 한문교육의 인문학적 전통과 맞물려[10] 내용/주제 중심, 제재 중심, 계몽성을 강조하는 국어 교과관을 형

---

7 보통학교령에서는 1~4학년에 '國語'를 주 6시간 가르치도록 하였으며, 그 내용은 "日常須知의 文字 及 普通文의 讀法, 書法, 作法"으로 규정하였다.(보통학교령, 1906.8) 이는 '日語'의 "會話 及 口語文의 讀法, 書法, 作法"과 같은 형태로서, '국어'라는 교과의 내포가 당시 국어학자들이 쓰던 '국어' 개념과는 다르다는 것을 보여준다. 함께 공포된 고등학교령에서는 1~4학년 '國語·漢文' 과목에서 주 7시간씩 강독, 문법, 작문, 습자를 하게 되어 있다.(고등학교령, 1906.8) 국어 교과가 처음 성립할 때부터 한문과 한데 묶여 있었다는 점을 통해 당시의 정책 입안자들이 국어 교과의 성격을 어떻게 보았는지 짐작할 수 있다.

8 당시 출간된 교재들을 통해 초기 국어 교과의 성립에 끼친 일본의 영향을 짐작할 수 있다.『尋常小學(1896)』과 같은 학부 및 민간 출판 교재는 대부분 일본 교과서의 번역문으로 채워져 있다.

9 동양 삼국에서 비슷하게 '國語'라는 용어를 쓰는데, 최근 들어 사용 빈도가 줄고 대신 漢語, 中國語, 日本語 등의 고유명사를 자주 쓴다. 영어권에서도 이에 해당하는 용어로 'English', 'French' 같은 고유명사를 쓰지만 그 실체는 문학으로 채우고, 필요할 경우 'Language Arts' 과목을 따로 설정한다.

성하게 되었다. 이는 국어·국자 운동, 〈독립신문〉과 〈제국신문〉의 순한글 운동, 브나로드 운동과 같은 한글 야학 등으로 이어지는 일련의 사건과 일맥상통한다.

이러한 태생적 문제가 이후 끊임없이 혼란을 낳아, 사람마다 국어 교과의 성격을 조금씩 다르게 보게 되었다.[11] 그에 따라 교과명을 '한국어'로 해야 한다는 주장도 생기고, '국문' 또는 '국어국문'으로 해야 한다는 논의도 있으며, 아예 '언어와 의사소통' 등의 파격적인 교과명을 제안하기도 한다. 이는 국어 교과가 개화기와 일제강점기라는 특수 상황을 거치면서 근대·민족 이데올로기와 맞물려 정착되는 가운데 그 성격이 고착되었기 때문이다. 또한 일단 명칭이 정해진 상황에서 교과의 본질이 그 이름에 강하게 얽매이기 때문이기도 하다.

● 회의 2 : 국어 교과의 시대적 소임

교육과정기마다 국어 교과의 목적과 지향이 달라진다. 그 변화의 동인은 여러 가지이겠으나, 시대마다 교과의 존재 이유가 달라지는 것도 큰 이유가 된다. 예를 들어 개화기의 국어 교과는 문자 교육과 한글 텍

---

10 한문교육이 단순한 언어교육이 아니라 복합적인 인문 교육임은 누구나 아는 사실이다. 말하기·듣기나 읽기, 쓰기 등에 대하여 가르칠 때에도 그들은 도덕과 철학을 강조했다. 예컨대 말하기에 대해서는 "孔子曰 侍於君子有三愆 言未及之而言謂之躁 言及之而不言謂之隱 未見顔色而言謂之瞽(論語 季氏篇)"이라 하였고, 읽기에 대해서도 "凡讀書者 必端拱危坐 敬對方册 專心致志 精思涵泳 深解義趣 而每句必求踐履之方 若口讀而心不體身不行 則書自書我自我 何益之有(擊蒙要訣)"이라 하여 읽기 행위 자체를 하나의 수행으로 여겼다.

11 〈지식 교과 : 기능 교과〉의 논쟁이나 국어과에서 문학 영역을 배제해야 한다는 논리 역시 교과로서의 '국어'와 개별 언어로서의 '국어'를 혼동한 데서 나온 오류이다. 국어 교과는 국어학에서 다루는 '개별어로서의 국어'를 다루는 교과가 아니라, '국어'라는 이름 아래 여러 학문 분야의 내용을 편제한 교과이다. '윤리', '사회', '과학', '실과(기술·가정)' 같은 교과에서도 비슷한 현상을 볼 수 있다.

스트 보급을 통한 민중 계몽에 소임을 두었다. 교육을 통하여 민중을 깨우치고, 그로부터 자주적인 근대화를 추진하고자 한 것이다. 하지만 위로부터의 개혁이라는 점과 일본을 모델로 했다는 점 때문에 한계에 부딪힌다. 〈서구 → 일본 → 조선〉이라는 이중의 모방 과정에서 교육 개혁의 본질이 흐려지고 급격한 개혁으로 인해 전통과의 단절이 빚어진 것이다.[12]

일제강점기에는 한글 교육과 한글 문화 보급을 통한 국어의 보전이 국어교육의 지상 명제가 되었다. 국어학계가 국어 연구를 통해 국어를 보전하고 문학계가 문학어로서 국어의 가능성을 발견하는 데 치중했다면, 교육계는 한글과 한글 문화 교육에 온 힘을 쏟았다. 주시경의 '국어강습소'라든지 전국적으로 이루어진 야학 운동이 그 구체상이다. 그러나 비정규 교육만으로는 그러한 시대적 요구를 만족시키는 데 한계가 있을 수밖에 없다. 제도 교육에서는 오히려 '朝鮮語及漢文' 과목과 '國語(=일본어)' 과목의 위상이 전도되고, 한 세대를 넘는 '國語常用敎育'의 결과 국어교육은 국어를 보존하는 데 급급했을 뿐 발전적인 교육이 이루어지지 못했다.

국어교육사의 두 번째 결정적 시기인 해방기는 국어·국자의 회복과 한글 텍스트 발굴 및 보급이 국어 교과에 부여된 사명이었다. 온 민중이 한글을 읽고 쓸 수 있도록 하고, 일제강점기를 견뎌 낸 고전과 현대의 텍스트들을 발굴하여 보급하는 일이 해방기 국어 교과의 임무였다. 그에 따라 미국 지향적인 교육 관료와 조선어학회 중심의 국어학자가

---

12 예를 들어 한글 텍스트의 전통이 약한 상태에서 일본을 통해 〈이솝 이야기〉 같은 외국 텍스트가 들어와서 퍼지고, 교과서 등에 전래 이야기라고 실은 것도 일본의 구비 문학과 뒤섞이게 되었다. 비슷한 사례를 음악과의 왜색 동요 논쟁에서도 볼 수 있다.

연대하여 다소 급진적인 국어 교과관을 설정하였으나, 한글 전용 규정과 마찬가지로 현실로 구현되기는 어려웠다.[13] 하지만 이 시기에 이르러 국어과의 시수를 확보하고, 조야하기는 하나 조선어학회 등에서 주체적인 국어 교재를 개발함으로써 이후 국어교육의 틀을 정하였다.

산업화 시대에는 듣기·말하기·읽기·쓰기의 기능적 문식성 확보가 국어 교과에 부여된 소명이었다. '문맹 퇴치'라는 슬로건에 산업화 시대 국어교육의 지향이 압축되어 있는바, 70년대를 거치면서 국어 교과의 성격은 점차 '도구 교과'로 고정되었다. 만일 국어 교과가 이러한 성격에 국한되었다면 그 입지는 매우 좁아졌을 터이나, 개인과 민중의 발견, '우리 것'의 재인식 등이 도구 교과로 좁아지고 남은 빈자리를 채우게 되었다. 70~80년대 국어과가 지식과 암기를 강조하게 된 소이가 여기에 있다. 도구 교과로서 선명성을 추구하는 한편, 그에 대한 반작용으로 내용 요소를 강조한 것이다.

국어 교과는 시대마다 주어진 소임을 다하기 위해 노력했고, 어느 때는 성공했으며 어느 때는 실패하였다. 그렇다면, 21세기에 국어 교과에 부여된 소임은 무엇일까? 영어 공용어화의 대세에 저항하는 일, 혹은 쇠퇴해 가는 인문 교양의 보루가 되는 일인가? 아니면, 적극적으로 한국어를 세계화하고 남북한을 포함한 한민족 공통어를 구축하는 일인가? 사실 그런 일들은 표면적인 문제일 뿐이다. 어떤 외부의 변화

---

13 해방기 교육은 군정청의 라카드(E.N. Lockard) 대위가 콜롬비아대학 출신 오천석에게 전체 설계를 위임하고, 오천석은 거기서 다시 국어교육 쪽을 최현배에게 위임하는 모습을 보인다. 최현배는 조선어학회의 소장파로서 일종의 민족 운동으로 국어 연구를 하던 사람이고, 그러한 국어관이 국어 교과에 그대로 투영되게 된다. 거기에 국어·국자 회복의 당위성까지 겹쳐져서 한자 사용 전면 폐지와 같은 급진적인 국어 교과관이 나오게 된 것이다.

에 대해 '우리 것을 지키는 일'이 교과의 소명이 될 수도 없고, 인위적으로 특정 언어의 세력을 확장하는 일이 가능하지도 않다. 그보다는 21세기 국어 교과의 소명으로 '사회적 소통 능력 신장'이 가장 중요한 것이 아닌가 싶다. 이 지향은 20세기 후반부터 국어교육의 무게가 텍스트 중심에서 학습자 중심으로, 지식·내용 강조에서 경험·활동 강조로, 독해 중심에서 총체적 언어활동 중심으로 이동해 온 맥락의 연장선상에 있다. 극한까지 간 자본주의와 기술 문명의 패러다임 대신 지구 생태계에 대한 거시적 안목이 강조되는 시대에, 사회적 소통 능력이야말로 국어 교과가 중요하게 착목해야 할 영역이다.

그런 점에서 2007년의 개정 교육과정은 미흡한 감이 있다. 5차에서 7차 교육과정까지 이어져 온, 사고력·언어 기능에 주력하는 문식성 중심의 국어교육을 21세기형으로 바꿀 수 있는 기회였으나, '수시 개정'을 방패 삼아 그러한 소명을 외면하거나 적어도 적극적으로 추진하지 못한 모습을 보인다. 세 번째의 '결정적 시기' 직전에 멈춘 것이다.

2) 교과의 내포와 외연

● 회의 3 : '국어과'의 개념

교과(subject matter, 敎科)란 보통 '교육 내용을 학교 교육의 목적에 맞게 조직해 놓은 묶음'으로 정의된다. 생활이 복잡하고 다양해지면서 그에 필요한 여러 교육 내용을 제도 교육에서 다루기 좋도록 유사한 영역을 묶어서 가르치는 순간 교과가 태어난다.[14]

문제는 국어 교과가 여러 교과관의 다양한 측면을 두루 담고 있다는 점이다. 곧, 학교 교육을 통해 배워야 할 교양인의 소양을 다루면서(교과 중심), 일상생활에 요구되는 언어 경험들을 체계화하고(경험 중심), 국어학과 국문학의 지식 구조에 따라 교육 내용을 조직하였다(학문 중심). 이러한 복합성은 국어 교과의 성립 이래 계속 유지되어 왔는데, 교과의 정체성 면에서 많은 어려움을 낳는 원인이 된다.

국어과의 개념과 관련되는 논쟁들을 살펴보면 국어 교과의 정체성이 매우 취약하다는 점을 알 수 있다. 교과 지식에 관한 문제만 살펴보더라도, 최현섭(외)은 『국어교육학개론(1996)』을 내면서 듣기·말하기·읽기·쓰기·문학 영역과 달리 국어지식(문법) 영역을 별도로 설정하지 않았다.[15] 국어 교과가 요구하는 지식이 '국어(학) 지식'인지 '국어 활동에 관한 지식'인지가 불분명한 상태에서 교과 지식을 듣기·말하기·읽기·쓰기의 각 영역에 분산한 것이다. 당연히 문법(교육)학자들이 거세게 반발했고, 그 결과가 김광해의 『국어지식교육론(1997)』

---

14 하나의 교과가 교과로서 성립하려면 ① 개인과 공동체 차원에서, 그리고 생활과 직업, 학문의 층위에서 지식과 기술을 학습할 필요성이 인정되고 ② 지식과 기술을 논리적으로 구조화할 가능성이 인정되며 ③ 지식과 기술 습득에서의 발달성과 교수 가능성이 인정되고 ④ 그러한 교과 설정과 구획에 대한 사회적 지지가 있어야 한다. 곧 교과의 자체 논리가 튼튼하고 사회가 그것을 인정해야 한다. 이를 바탕으로 볼 때, 국어 교과가 교과로서 성립하려면 ① 국어의 개념, 국어교육의 목적, 국어교육 내용으로서 지식과 기술의 구조 등에 대한 국어과 내·외의 합의가 필요하고 ② 국어를 의도적, 체계적으로 가르치고 배울 수 있으며 국어를 배운 사람과 그렇지 않은 사람 사이에 차이가 있다는 점을 사회 전체가 인정해야 하고 ③ 국어를 하나의 교과로 설정하고 일정한 시수를 배당하는 데 대한 교육공동체의 지지가 필요하다. 국어 교과는 과연 이 조건들을 모두 만족시키는가.

15 교육과정에서 이렇게 했더라면 2차 문법 파동이 일어났을 것이다. 제2차 교육과정기에 표준 문법을 둘러싸고 문법 파동이 일어났는데(1963), 그 저변에는 문법 교육의 방향에 대한 이론 투쟁이 깔려 있었다. 지금도 국어학자와 국어학 배경을 가진 국어교육학자는 문법의 비중을 축소하는 데 거의 알레르기적인 반응을 보인다.

및 그와 비슷한 여러 논저로 나타났다. 하지만 이 문제는 아직도 해결되었다고 보기 어렵다. 영역 명칭이 '언어'(4~6차) → '국어지식'(7차) → '문법'(2007 교육과정)으로 계속 바뀌는 과정에서도 그 사정을 짐작할 수 있다.[16]

이런 문제는 자연스럽게 국어과의 영역 및 범주 문제로 귀결된다. 4차 교육과정에서 〈표현·이해, 언어, 문학〉으로 국어과 영역을 삼분한 이래 표현·이해가 국어 교과의 중핵이고 언어와 문학은 거기에 부가되는 것쯤으로 여기는 견해가 널리 퍼졌지만, 실제로 교사들이 '가르칠 내용이 있다'고 생각하는 것은 언어와 문학 영역이다. 교사 양성 대학의 커리큘럼 또한 그러하여, 교대·사대의 커리큘럼은 '교과교육학'과 '교과내용학'으로 대별되는 경우가 대부분이다.[17] 여기서 '교과교육'은 한편으로 교육과정, 교재, 교수·학습, 평가를 다루면서 다른 한편으로 듣기·말하기·읽기·쓰기를 포괄하여, 그 성격이 매우 모호한 실정이다. 오히려 '교과내용' 영역은 국어학과 국문학으로 확실한 정체성을 갖추고 있고, 교사임용시험도 〈국어교육, 국어학, 국문학〉으로 삼분되면서 '국어교육' 영역을 은연중에 교육학 쪽으로 밀어내려 한다. 새로 거론되는 '매체' 영역 역시 사회과와 관련되는 언론정보학, 신문방송학 등과의 갈등을 풀지 못하고 있다. 요컨대, 국어과의 개념은 아직도 흔들리고 있는 것이다.[18]

---

16 '문법'이라는 용어에 대해서도 국어교육학자들이 전폭적으로 지지하는 것은 아니다. 구조주의 문법의 협의가 너무 짙기 때문이다. 실제로 학교 문법은 형태론과 통사론, 어휘론 위주이며, 텍스트, 의사소통, 사회언어학 등의 영역은 충분히 다루지 못하고 있다.

17 대학으로서는 어쩔 수 없는 측면도 있다. 교육과학기술부가 권장하는 사범대학 표준 커리큘럼과 교육과정평가원이 주관하는 교사임용시험의 출제 범위가 이렇게 구성되어 있기 때문이다. 제도가 교육을 속박하는 예다.

중요한 질문은 이것이다. 국어 교과가 무엇이며 그것이 왜 중요한지, 국어 교과에서 무엇을 어떻게 다루어야 하는지에 대한 합의가 있는가? 만일 없다면 그것에 이르기 위한 조건은 무엇인가? 이런 문제에 대해서 교과 내부에서 합의를 이끌어내지 못하면 판단을 외부에서 내릴 가능성이 상존한다.[19] 교과 안팎에서 국어와 국어 교과의 개념에 대한 이론 경쟁이 필요한 이유다. 그래야만 국어 교과가 무엇인지 기술하고, 국어 교과에 속하는 것과 그렇지 않은 것을 구별하며, 국어 교과 학습에 필요한 내용들을 유목화, 위계화할 수 있게 된다. 또한 국어 교과 전문가가 되기 위한 과정과 이수 과제도 분명하게 제시할 수 있다.

● 회의 4 : 학교 교육 체제와 국어 교과

국어 교과가 국어 교과이기 위해서는 교과의 내포와 외연이 분명해야 한다. 특히 학교 밖 교육과의 구획이 분명해야 한다. 그런데 국어 교과는 태생적으로 일상생활, 탈교육적 경험, 비제도적 교육과의 경계가 모호하다. 예를 들어 가족, 또래 집단, 매스컴 등을 통한 언어 발달(또는 언어 학습)과 언어 교육을 구별하기 어려운 경우가 많다. 이는 '학교에서만 배울 수 있는 무엇이 있다'는, 근대적 학교 교육의 이념과 맞

---

18 7차 교육과정과 2007 교육과정의 고등학교 선택 과목에도 그러한 혼란이 드러난다. 7차에 '국어 생활' 과목이 생겼다가 금방 없어지는 일이나 2007년에 '매체 언어' 과목이 갑자기 생기는 일이 모두 국어 교과의 개념이 유동적이기 때문에 벌어진 일이다.

19 교육과정 개정 작업에서 '총론'을 만드는 집단은 철학자와 교육학자들이다. 교육 관료와 사회 운동 단체, 학부모 단체가 그들과 협력하는데, 그 과정에서 교과는 철저하게 소외당한다. 이른바 '교과이기주의'를 차단하기 위한 교육지책이라 하지만, 적어도 사고와 언어, 수와 논리, 의사소통과 문화를 다루는 전문가만큼은 거기에 참여시켰어야 했다. 총론 팀에서 짠 방향과 체제에 각 교과가 따라가는 상황에서 교과의 개념이 흔들리면 교과의 목소리는 더 작아지게 된다.

지 않는 부분이다. '학교 문턱에 안 가 보고도 말만 잘 하는' 사람에 대해 국어 교과의 정당성을 주장하려면, 일상적인 언어 기능과는 다른 어떤 것이 더 필요하다.

이러한 모호함은 다른 교과와 대비해도 마찬가지로 나타난다. 국어과를 '도구 교과', 혹은 '형식 교과'라고 부르는 관습이 그러한 모호성을 잘 보여준다. '형식 교과'라면 고유한 내용 없이 사고 형식을 다룬다는 뜻이고, 이 점에서 국어과는 모든 교과의 '내용'을 다룰 수 있는 것으로 되어 있다.[20] 예를 들어 독서 지도는 국어과에서 담당하되, 학생들은 역사, 지리, 과학, 예술 등 폭넓은 분야의 책을 읽어야 한다. '국어과에서는 방법만 배우고 내용은 다른 교과에서 배워라.' — 하지만 현실적으로 이들을 분리할 수 있는가. 수능시험의 사회탐구영역이나 PSAT의 언어논리 및 자료 해석, MEET/DEET의 언어추론과 LEET의 추리논증 문제를 보면 국어 교과가 범교과, 나아가 비교과까지 포함하는 보편성을 지님을 알 수 있다. 이러한 경계의 모호함과 교과 외부와의 활발한 삼투 작용은 한편으로 단점이면서 다른 한편으로 장점이 될 수 있다. 그동안 그것을 단점으로만 인식해서 배타적 정체성을 강조했는데, 그보다는 이 특성을 적극적으로 활용하는, '반쯤 열린' 교과의 개념이 필요하다.[21]

국어 교과의 열린 가능성을 이야기하면 '교과패권주의'라는 비판이

---

[20] 2007년 교육과정에도 '여러 교과내용의 특성이 잘 나타나는 수업(7학년)'과 같은 언어 자료를 기본 자료로 제시하였다.

[21] 2000년대 들어 '진보된 도구 교과론'이 등장했다. 이때 언어는 과거와 같은 수단(tool)이 아니라 방법론(methodology)이 된다. 이 새로운 도구 교과론에서는 사고 도구로서의 언어, 소통 도구로서의 언어, 문화 도구로서의 언어, 그리고 학습 도구로서의 언어를 강조한다. '도구'의 적용 범위를 확대함으로써 협애한 도구 교과론이 지니는 문제를 해결할 수 있을지, 더 지켜볼 일이다.

나올 수 있다. 하지만 교과는 언제나 일정한 준거를 가지고 설정되며, 학문공동체 또는 권익 집단에 의해 유지, 존속되는 것이다. 교과공동체는 자체의 이해에 기초하여 행동하지만, 그러면서 교과의 개념 또한 변화한다는 점을 간과해서는 안 된다. 국어 교과만 하더라도 읽기에 대한 말하기·듣기와 쓰기의 확충으로 내적 체계를 정비하고 매체의 확충으로 외적 범주를 넓혀 왔는데, 그것은 국어 교과의 내적 논리뿐 아니라 학교 교육에 대한 사회적 요구에 의해서 그리된 것이다. 오로지 교과만을 위한 변화는 성공할 수도 없고, 성공한 적도 없다.[22]

그동안 국어 교과는 거시적 교육 체제와 언어 환경 안에서 자신의 위치를 정확하게 인식하고 역할을 수행했다고 보기 힘들다. 특히 교과 이기주의에 대한 대응 논리가 부족하여, '제일 많은 시수를 가졌다'는 점 때문에 언제나 방어하는 입장에 서 왔다. 전통적인 국어과의 개념, 곧 문자 교육과 국어국문학 교육으로 한정한다면 국어과는 분명히 과대평가되었다. 그러나 '삶의 도구'로서 국어 교과를 정의한다면, 예컨대 기초·기본 문식성, 사고, 의사소통, 문화 등의 통합으로서 국어 교과를 재정의한다면 국어과의 비중이 결코 높다고는 할 수 없다.[23] 이 지점에서 교과의 지정학과 정치학에 대한 인식이 필요하며, 다른 교과 및 비교과 영역, 학교 밖 교육과의 관계에 대한 재점검이 요구된다. 물

---

22 고등학교 '교련' 과목이나 '가사(가정)' 과목, '국민윤리' 과목의 쇠퇴 과정을 보면 교과의 변화가 교과 내적 요구와 외적 요구의 충돌로 빚어진다는 것을 알 수 있다. 인문학적 속성이 강하면서도 사회과에 속해 있는 국사의 투쟁 역시 교과 내외의 관점을 통합적으로 적용해서 봐야 한다.

23 물방울이 어느 정도 커지면 제 무게를 못 이겨서 깨지듯이, 만일 '국어라고 불리는' 교과의 덩치가 너무 커서 주체하기가 어렵다면 그것을 둘 혹은 셋으로 쪼개도 된다. 그 일은 국어 교과뿐 아니라 학교 교육의 체제를 전반적으로 재조직하는 작업이 될 것이다.

론, 언젠가는 학제와 교과 편성의 틀을 근본적으로 재검토할 때가 올 것이다.[24]

3. 국어 교과의 현실태와 이념태

1) 교과 이미지의 형성과 고착

● 회의 5 : '국어과'의 이미지

'국어과'라고 하면 곧바로 떠오르는 이미지가 있다. 예를 들어 〈기미독립선언문〉, 〈관동별곡〉, 〈진달래꽃〉 등으로 채워진 교과서, 어구 풀이와 문단 나누기, 주제 파악 등으로 시종하는 수업 시간, 박식하고 인간적이면서도 왠지 고루한 선생님 같은 것들이 그 이미지이다. 까다로운 문법과 난해한 고전문학의 이미지도 마찬가지다.

이러한 이미지는 '국어'라는 교과가 성립된 이후 백 년 동안 쌓여 온 것으로, 국어 교과의 역사와 현실을 잘 보여준다. 물론 교과의 목적이 그러하고 다루는 대상이 그러하므로 이미지가 그렇게 굳어지는 것은

---

24 예를 들어 영국계 학교에서는 중등교육에서 'Theory of Knowledge', 'Communication and Problem Solving' 같은 과목을 운영한다. 영어권 학교에서 'English'는 영문학 과목이고, 그와 별도로 'Language Arts'나 'Reading and Writing' 같은 과목이 있다. 이와 마찬가지로 국어과가 너무 무거워진다면 거기에 국어학과 문학을 떼어낼 수 있는데, 그러고 남은 과목을 '국어'라고 부르기는 어려울 것이다. 개인적으로는 사고, 의사소통, 문제해결과 같은 의미를 표상한 과목명이 좋다고 생각한다. 'Thinking and Communication Skills' 정도로 번역할 수 있으면 적당하지 않을까 한다.

어쩔 수 없다. 하지만 이러한 이미지가 반드시 긍정적이지만은 않다는 데 문제가 있다. - 국어과는 시수는 많은데 특별히 배우는 것은 없고, 재미없거나 다 아는 글을 억지로 읽어야 하며, 열심히 공부해도 실력이 쑥쑥 늘지 않는다!

왜 이런 현상이 생겼는가? 이미지를 쇄신하려면 어떻게 해야 하는가? 학부모와 학생이 국어과를 '꼭 배워야 하고 재미도 있는' 교과로 인정하게 하려면 어찌해야 하는가? 그동안 국어 교과는 교육과정이 확보해 준 시수에 안주하면서 이런 부분에 대해 고민한 적이 없다.[25] 이 문제를 해결하려면 교과를 둘러싼 환경을 고려하여 교과의 성격을 재개념화해야 하는데, 오랫동안 쌓여 온 강한 선입견이 그러한 재개념화를 막고 있다.

국어과의 이미지 쇄신을 위한 노력들이 없는 것은 아니다. 학습자 참여를 높이는 수업 방법 도입이라든지 텍스트의 개신을 통한 교육 정전의 해체와 재구성, 매체·기호학·소통이론·문화이론 등을 수용하며 외연을 확장하는 시도 등은 모두 국어과의 이미지를 바꾸기 위한 노력들이다.[26] 그러나 이들은 모두 기술적(技術的)이거나 지엽적이라는 한계를 안고 있다. 그보다 더 본질적인 이미지 개선 작업이 필요하

---

[25] 이와 관련해서는 대학의 '교양 국어'와 '대학 작문'이 걸어온 길을 참조할 수 있다. 국어/작문 과목이 필수 과목에서 빠지면서 입지가 형편없이 좁아진 현실이나, 그에 대한 대책으로 미디어, 문화 콘텐츠, 실용 국어 등을 끌어들인 사정 모두가 국어 교과에 시사하는 바가 크다. 물론 국어/작문을 대체하는 신설 과목들의 성격은 더 검토해 보아야 한다.

[26] 이러한 노력을 제일 쉽게 엿볼 수 있는 것이 만화, 영화, 드라마, 광고, 뮤직비디오, UCC 등을 교재화하려는 시도이다. 전통적인 국어 교과관에서 보면 이런 텍스트들을 국어과에서 다루는 데 거부감이 있고, 기술적으로도 쪽수가 제한된 종이책에 구현하기에 어려움이 있다. 하지만 7차 교육과정부터 시작된 이러한 시도는 2007년 교육과정기에 오면 거의 당연한 것처럼 받아들여지고 있다.

다. 예컨대 '국어과는 성적은 안 좋아도 머리 좋은 학생이 잘하는 과목' 같은 것.

바람직한 교과의 이미지가 단순히 '학부모/학생들이 선호하는 교과'로 한정되지는 않을 것이다. 그들이 학습 필요성을 인정하고(정당성) 개념을 분명하게 이해한(정체성) 뒤에, 그 다음에 재미와 선호를 따질 일이다. 그런 이미지 구축은 교과의 내용과 활동 양면에서 만들어 가야 한다. 예를 들어 매체 영역이 정착된다면 '컴퓨터와 인터넷, 프로젝터'의 이미지가 덧붙을 것이고, 프로젝트 학습이 확산된다면 '조사, 발표'의 이미지가 부가될 것이다.

교과의 이미지를 개선하는 과정에서 중요하게 고려해야 할 점은 국어 교과의 논리를 현대 사회의 특징 및 개인의 삶의 질 향상이라는 관점에서 다시 세우는 일이다. 예컨대 '국어를 잘 사용한다는 것은 무슨 뜻인가?' 하는 질문 대신 '국어를 잘 배운 학생들은 앞으로 어떤 삶을 살게 될까?' 하는 질문을 던져 보면 국어 교과의 이미지를 생동감 있게 바꿀 수 있다. 특히, 국어 교과를 둘러싸고 있는 '국(國)'의 이미지를 벗는 일이 시급하다. '국책 과목'의 이미지는 옛날 일이 되었지만, 그 그림자는 아직도 남아 있다.[27] 학부모와 학생들에게 뭔가 중요하고, 앞서 가며, 실질적이라는 이미지를 심지 못한다면 국어 교과는 자생력을 갖기 어렵다.

---

[27] 국민윤리, 국사와 함께 국어과가 대표적인 국책 과목이었던 때가 있었다. 여기에 표상된 국어관은 전형적인 민족주의, 전통주의, 보수주의의 이데올로기다. 국민교육헌장이나 '오애 운동(국토·국기·국가·국화·국어 사랑)'과 같은 범주다. 민간 차원의 국어 운동은 언뜻 보기에 국책과목론을 비판하는 듯싶지만, 사실은 제도교육의 '국가 이데올로기'를 '민족 이데올로기' 혹은 '민주 이데올로기'로 치환했을 뿐, 본질상 비슷한 국어관을 지닌다. 우리말 되살려 쓰기나 말글살이 다듬기 등이 그 예이다.

● 회의 6 : 국어 교과의 현실

국어 교과가 21세기의 요구를 잘 구현하고 있는지 물어본다면, 현재의 제도에 의해서는 불가능하다는 답이 나온다. 그 이유는 여러 가지에서 찾을 수 있다. 크게는 반공 투사에서 산업 역군으로, 다시 문화 주체로 역할이 바뀌어 가는 교육 이념의 변화와 인문학 위기론으로 압축되는 문화 체제의 변화를 들 수 있고, 작게는 디지털 기술과 매체 발달[28] 및 세계화로 인한 언어 환경의 변화를 들 수 있다. 한 마디로 21세기의 언어 현상은 19세기에 형성되고 20세기에 성장한 국어 교과의 상과 부합하지 않는 것이다. 무엇보다도, 개화기와 일제강점기, 해방기를 거치면서 정착된 국어과의 이미지가 국어 교과의 위축을 불러오고 있다.

국어 교과의 위축을 보여 주는 사례는 많다. 교육과정 차수가 바뀔수록, 학년이 올라갈수록 교육과정 시수가 감축되는 것이 대표적 사례이거니와[29], 교육의 주안점이 국어를 뺀 영어·수학으로 옮겨 가는 현상(옛날에는 국·영·수였다), 입시에서 언어영역을 필수로 하지 않는 대학의 증가, 국어능력시험 등의 응시생 감소, 영재교육이나 경시대회가 영어·수학·과학·예술·체육 쪽은 많은 데 비해 국어 쪽은 거의 없는

---

[28] 매체에서 사용하는 언어는 '매체 방언'이라 불러야 할 것 같다. 매체 방언은 세대 방언과 중첩되면서 일반 언어와 매우 다른 양상을 보인다. 외국어와의 혼효는 물론이고 이모티콘과 약어(略語)를 비롯하여 매체 방언에서 사용되는 고유한 어휘가 있고, 문법이 단순화 되며, 문단 개념이 달라지고 그래픽·동영상 자료가 섞이는 등 텍스트 구성 방식도 다르다. 매체 방언을 고려하면 종래의 '국어순화운동'은 한계에 부딪힐 것으로 보인다.

[29] 7차 교육과정과 2007년 교육과정에서 국민공통기본과정 '국어' 과목의 시수는 주당 7-7-7-6-6-6-5-4-4-4 시간으로, 학년이 올라갈수록 줄어든다. 6차 교육과정과 비교해도 중학교에서 주당 2시간이 줄었다.

점 등이 모두 분편적인 사례들이다. 대학으로 눈을 돌리면 국어국문학과가 퇴조하면서 우수한 자원들이 문학보다 영화로, 국어학보다 외국어로 몰리는 현상을 볼 수 있다.

물론, 교과의 위축에 대한 대응이 없는 것은 아니다. 재외 동포·이주 노동자 및 다문화 가정과 외국인을 대상으로 한 한국어교육이 대표적이고, 그 밖에 매체교육, 언어치료·독서치료와 같은 특수교육, 연극·영화 교육 등의 특수 분야에서 새로운 영역을 개척해 가고 있다. 어쩌면 위축되는 것은 전통적인 '국어과'이지 개념적인 '국어 교과'는 아닌지도 모른다.

결국 필요한 일은 국어 교과를 둘러싼 기존의 이미지와 새로운 요구의 조화다. 세계화와 영어교육의 강화, 중국의 부상과 한자의 득세, 매체 발달과 문자 문화의 위축 등에 대한 대응 논리를 개발하고, 학교 교육에서 국어 교과의 철학과 위치를 재정의해야 한다. 또한 프레젠테이션, 기획서·보고서, 토론·논쟁 등의 실용 언어를 과감하게 수용하며, 매체 언어의 의미와 범주를 확정하고, 교육 정전을 획기적으로 개신해야 한다. 보수적이고 안정 지향적인 교과서 체제(system)와 체재(format)도 바꿀 필요가 있다. 〈사회(정부, 기업 등) → 대학 → 초·중등 교육〉으로 이어지는 요구의 연쇄 고리를 감당하지 못한다면 교과에 대한 믿음과 투자가 줄어들게 된다. 교과에 대한 투자가 줄고 이론 투쟁이 사라진다면 교과의 정당성과 정체성 역시 사라지게 된다.

2) 새로운 요구와 새로운 대응

● 회의 7 : 국어 교과의 재개념화에 대한 요구와 응대

현대 교육 백년사는 '근대'의 논리에 기초하여 발전해 왔다. 그러나 19세기에 상정했던 근대는 이제 더 이상 근대가 아니며, 19세기와 20세기를 거쳐 정착돼 온 교과의 개념도 지금 시대에는 적절하지 않다. 개화기, 해방기에 이은 제3의 교과 구성이 필요한 것이다. 개인의 소통 능력에서 사회 전반의 소통 문화로, 정보 처리와 문제해결에서 공감과 연대로, 제도로서의 교과에서 삶으로서의 교과로 발상 전환을 이뤄야 한다.

그를 위해서 근대·민족 이데올로기에 바탕을 둔 '우리말', '겨레말'의 관념에서 벗어나, '언어를 기반으로 한 사회적 소통'으로 교과내용을 대치할 가능성을 탐색할 때가 되었다. 이럴 경우 듣기·말하기·읽기·쓰기라는 언어활동은 더 넓은 의사소통능력의 한 범주로 하강하고, 정서적 소통과 문화적 소통의 가치가 새롭게 대두된다. 또한 '국어'라는 용어에 담긴 이데올로기적 제약에서 벗어나, 더 원론적이면서 실질적인 교과내용을 구안할 수 있게 된다. 예컨대 '창의적인 문제해결'과 '사회적 소수자에 대한 배려와 소통'이 동시에 화두가 될 수 있고, 집단지능에 의한 문제해결과 의사결정을 강조하게 될 것이다. 그러려면 그에 맞는 커리큘럼 개발과 교사 양성이 전제되어야 함은 물론이다.

교육이 개인의 자아를 계발하고 직업적 필요에 부응하며 학문 발달에 기여한다는 점에 비추어, 국어 교과의 재개념화 방향도 자아 성장, 직업적 필요, 학문 발달이라는 기준으로 살펴볼 수 있다. 먼저 개인의 자아 성장과 관련해서는 국어 교과의 학습이 전인적인 인성 발달에 어

떻게든 기여한다는 믿음을 줘야 한다. 이는 문화 경험의 총체성을 확보하는 방향으로 가능하며, 교과의 내용을 이른바 교양 혹은 문화 콘텐츠와 연관 짓는 데서 출발할 수 있다. 문학을 포함한 다양한 텍스트 경험의 가치를 인식함으로써 국어 교과가 자아 성장과 직접 잇닿아 있다는 점을 분명히 한다면 교과의 의의가 살아나게 된다. 이와 병행하여 소통 능력이 그 자체로 개인의 삶의 질을 높이는 데 기여한다는 점도 재인식하여야 한다.

교과와 직업 문제를 살펴보자. 직업 교육이 아닌 이상 교과와 직업 사이에는 분명한 점이지대가 있다. 그렇다고 하여 학교 교육이 직업적 소양을 외면할 수도 없는 일이다. 직업적 소양으로 논리적·창의적 사고력, 의사소통능력, 문제해결 및 의사결정력, 정서지능 등을 든다면, 이러한 능력을 직접 다룰 때 국어 교과의 정당성이 확보될 것이다. '직업을 얻는 데 필요한 지식과 기술'을 다루지는 않지만 '직무 수행의 기초이자 전제가 되는 능력'을 다루는 교과의 이미지를 만드는 것이다. 국어를 잘하는 학생의 미래를 꼭 문필, 방송, 교사 쪽으로 한정할 필요도 없다.

제일 첨예한 문제가 교과와 학문의 문제이다. 기본 질문은 이렇다. ─ "국어 교과는 대학 국어국문학과의 초중고 버전인가?" 아무리 생각해 봐도 그 답은 "아니다."이다. 교과의 명칭이 '국어'이기는 하지만 그것은 국어국문학과에서 다루는 '국어'와는 분명히 다르다. 학교 교육의 기본이 되는 사고력과 의사소통능력, 그리고 상호 소통에 필요한 문화적 경험을 다루는 교과를 '국어'라고 이름 붙였을 뿐이다. 개화기와 해방기, 분단 및 산업화기를 거치면서 국어국문학 기반의 국어과가 정착했지만 그런 교과로는 21세기의 압력을 견뎌낼 수 없다. 굳이 초중고의 교과와 대학의 전공을 대비한다면, 그 대비가 일 대 일로 성립되는 것은 수학과뿐이다.[30] 국어 교과는 국어국문학과, 언어학과, 외국어문학부의 문학 부분, 철학과의 일부, 심리학과와 사회학과의 일부, 언론정보학과, 컴퓨터공학부의 일부, 음대와 미대, 공연예술대의 일부를 포괄하는 광범위한 교과다. 따라서 전적인 국어국문학 의존에서 탈피해서, 〈사회생활 및 직업의 여러 영역-대학의 학과-초중고의 교과〉 사이의 조응을 재조정해야 한다.[31]

교과의 재개념화 과정에서 버려야 할 것들도 있다. 우선 텍스트와 지식의 일부를 버려야 할 것이다. 국어 교과에서 가르치는 지식은 개신되고, 정전은 재구성된다. 예를 들어 문학 이론이나 세부적인 문법 지식을 어디에 배치해야 할지,[32] 〈기미독립선언문〉이나 〈진달래꽃〉 같은 텍스트를 계속 끌고 갈지 논의해야 한다. 또한 교수·학습 활동의 일부도 버려야 한다. 교과의 성격과 내용이 달라지면 방법도 달라질 수밖에 없다. 예컨대 텍스트 중간에서 "오늘은 여기까지."로 끊는 수업이나 앞뒤가 뒤바뀐 '문단 나누기'와 고식적인 '주제 파악',[33] 낭독

---

30 서울대의 경우 15개 단과대학과 1개 자유전공학부가 있다. 사범대학과 자유전공학부를 제외한 나머지 단과대학/전공을 초중고의 교과와 대비해 보면 교과와 학문의 관계가 임의적임을 금방 알 수 있다. 교과가 학문을 단순화하거나 모방한 것이 아니라는 뜻이다.

31 이것은 교사 양성 커리큘럼을 조정해야 한다는 뜻도 된다. 어쩌면 국어 교사 양성 프로그램은 연합 전공의 성격을 띠어야 할지 모른다.

32 학제 개편을 전제한다면, 이들 지식은 중등 과정 이후의 선택 과목에서 다룰 내용들이다.

33 이미 나뉘어 있는 문단을 내용에 따라 묶는 행위를 아무 의심 없이 문단 '나누기'라고 부르는 것을 보면, 국어 교과의 인습이 얼마나 강한지 알 수 있다. 이런 예는 '생활문'이라는 장르 설정이나 '최초의~' 같은 문학사 기술, '주제 → 개요 → 취재 → 집필 → 퇴고'로 일관하는 작문 지도 방법 등, 국어 교과의 여기저기에서 쉽게 발견된다.

−해설식 수업 등에 대한 재검토가 필요하다. 나아가, 전통적 개념의 교과서와 평가도 달라질 것이다. 무엇보다도 국어과에 관한 기존 이미지를 버려야 하는데, 말하기·듣기, 읽기, 쓰기, 문법, 문학의 구획이나 '말/글로 표현된 것'만 다루는 전통을 재고해야 한다.

이쯤에서 언어와 관련한 제도 교육의 초점을 한번 정리해 보자. 이 글에서는 19세기(개화기)와 20세기(해방기, 분단기 및 산업화기), 21세기 국어교육의 초점을 다음과 같이 거칠게 비교한다. 여기서 강조하는 것은 복잡하고 복합적인 소통 현상 중에서 언어(그것도 주로 문어)를 따로 분리해서 '국어'라는 교과에 집어넣고 국어 교과는 '국어만' 다룬다고 생각하는 것이 아니라, 사고와 언어, 문화의 총체성을 바탕으로 한 보편 능력으로서 사회문화적 소통 능력을 기르는 교과가 필요하다고 보는 관점이다.

	19세기 이전	20세기	21세기
기초·기본 활동	글자 익히기	문식성 갖추기	언어에 대한 관점 형성하기
중핵 활동	텍스트를 내용 중심으로 읽기	텍스트를 다루는 능력 기르기	텍스트 자체를 즐기기
발전·적용 활동	텍스트를 생산하기	텍스트를 활용하기	텍스트를 통한 소통과 연대

표2. 국어 교과의 초점 변화

● 회의 8 : 변화에 대한 국어교육학의 대응

교과도 진화한다. 윤리/도덕과처럼 교과의 개념이 변하기도 하고 사회과에 포함된 국사나 국어과에서 떨어져나간 한문과처럼 교과의 체제가 변하기도 한다. 7차 교육과정의 '국어생활'이나 '실용수학', '교런'처럼 과목이 살았다 죽었다 하기도 한다. 넓은 눈으로 보면 교과들은 서로 겹치기도 하고 밀치기도 하면서 계속 진화하고, 그 총체가 학교 교육을 이룬다. 이러한 진화의 계통수에서 국어 교과는 어디에 위치하는가? 계통수의 뿌리 근처에 자리잡고 '원시적인'(좋은 의미든 나쁜 의미든) 교과로 남을 수도 있고, 진화의 정점에 설 수도 있다. 가장 위험한 것은 계통수에서 빠져나와 독불장군처럼 존재하는 상황이다. 국어교육학은 이러한 측면에 대해 거시적인 조망을 갖고 있는가?

이러한 조망은 국어교육학, 그중에도 교과 철학에서 나올 터인데, 그동안의 국어교육학은 국어국문학 및 교육학과의 관계 설정에 골몰한 나머지 본질 부분을 소홀히 했다. 이 점에 주목하여 국어교육학의 발전 양상을 간단하게 정리하면 다음과 같다.

① 국어 연구와 국어교육의 혼융기(개화기~해방기) : 국어 운동의 관점에서 국어 전문가들이 국어교육에 임했다. 국어교육론은 있어도 국어교육학은 없었다고 보아야 한다.

② 국어 정책론과 국어교육 연구의 혼융기(1차~4차 교육과정) : 국어국문학자와 교육 행정가들이 국어 정책의 관점에서 국어교육에 접근했다. 국어국문학자들이 국어교육의 실제에 깊숙이 관여했으나, 그것은 '국어국문학 전문가'로서 관심을 가진 것일 뿐 여전히 국어교육에 대한 이론은 없었다고 보아야 한다.

③ 국어교육학의 정착을 위한 모색기(5~7차 교육과정) : 1980~90년대 들어 국어교육 전공자가 귀국하고 배출되면서 국어교육 및 국어교육학의 방향에 관한 새로운 시도들이 시작됐다. 국어교육학은 국어국문학 및 교육학과는 '애증'이라고 표현할 만한 관계를 유지했다. 국어교

육학자는 계속 독자성을 주장하고, 그에 대해 국어국문학자는 내용 빈약을, 교육학자는 방법론 미흡을 들어 비판했다.

④ 국어교육학의 반성기(2000년대) : 국어국문학에 대한 대타 의식을 극복하고, 국어교육을 위한 콘텐츠의 중요성을 인식했다. 그러면서 교육학 이론, 특히 외국의 자국어 및 제2언어교육 이론의 한계도 발견하게 되었다. 이런 과정을 통해 국어 및 국어교육 현상과 이론의 괴리를 인식하고, 국어교육학의 방법론적 정밀성에 대한 반성도 일어났다. 이 과정은 아직 진행 중이다.

여기에서 보듯이 국어교육학은 그 탄생부터 국어국문학에 강하게 얽매여 있고, 학문적 성과도 그 자장 안에 있다. 그동안 국어교육학은 국어국문학에 대해서는 거의 콤플렉스라고나 할 대타 의식을 지니는 한편 교육학에 대해서는 '무지 속의 무시'로 일관해 왔는데, 이것은 모두 국어교육학의 후진성을 보여주는 사례들이다. 도대체 국어 교과란 무엇인가에 대한 인식이 분명치 않고, 국어교육 전문가를 양성하는 데 필요한 커리큘럼도 분명하지 않은 상태에서 학문을 운위하기는 어렵다.[34] 〈유아-초등-중등-대학〉으로 나뉜 국어교육 연구의 단절도 문제이고, 외국 이론과의 교섭 양상도 논의할 필요가 있다.[35]

이런 문제를 해결하려면 국어교육의 실제에 관한 미시적이고 기술적인 연구와 함께 본질적이고 거시적인 연구가 이루어져야 한다. 구체

---

34 이 문제는 앞서 본 교과교육학-교과내용학의 구분이나 교사임용시험을 〈국어교육, 국어학, 국문학〉으로 삼분한 현상에서 잘 살필 수 있다.

35 국어교육학에서 특정 대학(원)이나 전공은 과도하게 외국 이론에 의존하고, 다른 대학(원)이나 전공은 또 의식적으로 외국 이론을 외면한다. 그러면서 그들은 서로를 경원한다.

적으로 연구 대상 조정과 연구 방법의 정교화, 연구 인력 양성과 시장 확대가 당면 과제가 될 것이다. 특히 시장 측면에서 전향적인 관점이 필요한데, '실용 국어교육'은 학교보다 학교 밖이 더 넓기 때문이다. 문화적 전통이 축적되고 민족어 교육의 역사가 깊은 유럽과의 교류도 확대할 필요가 있다. 다양한 노력으로 국어교육 현상의 기술과 설명을 넘어 예측과 조율까지 할 수 있게 될 때 국어교육학의 소임을 다했다고 할 수 있다.

4. 한 국어교육학자의 자기 회의

국어교육사를 돌아보면 국어 교과의 성립과 발전 과정에 여러 변인이 개입했음을 알게 된다. 〈개화기−일제강점기−해방기−분단 및 산업화기〉를 거치는 시대적 배경, 천 년이 넘는 한문교육의 전통, 미국과 일본에서 전수받은 근대적 교육관과 교육 이론, 사회문화적 환경의 변화 등이 대표적이다. 그 과정에서 국어교육학자들이 무엇을 했는지 물어본다면, 대체로 학교와 교육과정, 교과서라는 제도에 매달려서 국어 교과에 대한 철학적 성찰은 하지 못했다는 반성을 하게 된다. 바로 지금도 국어와 국어교육은 변하고 있는데 연구자들이 그것을 인식하지 못하고 있는지 모른다.

국어 교과가 지난 백 년처럼 '우리말 우리글'의 가치에만 기댄다면,

21세기형 교과로서 정당성을 주장하기는 힘들 것 같다. 백 년 전에 '讀書·作文·習字'에서 '國文'을 거쳐 '國語'라는 교과를 발명했는데, 이제 그 효용이 다한 것이다. 설사 '국어'라는 명목은 남더라도 실질은 변할 것이고, 변하고 있으며, 변해야 한다. 여기서 필요한 것이 "거시적인 교육의 관점에서 국어 교과는 어떻게 변할 것인가?" "그 과정에서 학문공동체는 어떤 역할을 해야 하는가?" "국어교육 전문가로서 나는 무슨 일을 해야 하는가?"와 같은 질문이다.

나는 누구인지 질문해 본다. 국어교육에 관한 이론과 지식 생산자이고, '국어'라는 제도 운영의 지원자이며, 교사 양성가이자 교육 현장 컨설턴트이기도 하다. 하지만 내가 원하는 역할은 교과의 전반적인 조정자이다. 교과의 성격을 조정하고, 다른 교과와의 관련을 조정하며, 교육 시스템 속에서 교과의 위치를 조정하는 역할을 누군가 해야 한다면 내가 그 일을 하고 싶었다. 하지만 나는 아직도 테크노크라트에 머물고 있다. 역량 있는 연구자들을 기다릴 뿐이다.

국어 교과의 재개념화를 추진할 때 몇 가지를 고려해야 한다고 본다. 우선 '바람직한/이상적인 국어 주체'의 이미지, 또는 '국어를 잘한다'고 할 때의 행동 특성을 명료화하는 일이다. 국어를 잘 배운 사람과 그렇지 않은 사람 사이에 차이가 없다면 국어교육은 무엇을 했다고 할 것인가. 그 차이를 분명하게 설명하지 못하면 국어교육학은 실패한 학문이다. 또한 개인의 발달과 거시적 교육 체제 안에서 교과의 위치를 정위하는 일도 중요하다. 교과는 사회 일반과 교육학 '총론' 팀으로부터 늘 교과이기주의의 혐의를 받는데, 거시적인 시각을 견지함으로써 그런 혐의를 벗고 자신의 위치를 찾을 수 있다. 국어와 국어교육이 영향을 주고받는 양상도 분명히 할 필요가 있다. 지금처럼 국어가 '먼저'

있고 국어교육은 거기서 내용을 추출해서 가르치는 방식이 아니라, 국어와 국어교육이 상호작용한다는 관점에서 국어 교과에 접근해야 한다. 이러한 관점은 우리에게 별로 낯설지 않은 것이, 개화기와 일제강점기에 이미 이런 관점에서 접근한 적이 있다. 나아가, 언어에 한정하지 않는, 언어를 매개로 이루어지는 제반 현상에 대한 고려가 필요하다. 국어를 좁은 의미의 음성/문자 소통에 한정하는 한 기초 문식성 교육에서 한 발도 나아가지 못하게 된다. 넓은 의미의 언어로 이루어진 모든 문화적 적층, 그것으로 이루어지는 삶의 모든 국면을 국어 교과는 다뤄야 한다.[36] 그래야 실용주의, 문화 정체성 혼란, 영어몰입교육, 인터넷 확산 등의 시대 변화에 능동적으로 대응할 수 있게 된다. 그것을 나는 '교과로서의 국어' 개념에 대한 재검토와 새로운 개념 구축이라고 규정한다.

* 이 글은 『한국초등국어교육』 40호(한국초등국어교육학회, 2009.8, pp.71-96)에 발표된 바 있다. 부분적인 표현의 차이는 있으나 내용상 같은 글임을 밝혀 둔다.

---

[36] 이런 관점에서 국어 교과를 〈사고–의사소통–문화〉의 세 영역으로 나누는 것이 의미 있다고 본다. 사고 영역에서는 논리적·비판적·창의적 사고를 다루고, 의사소통 영역에서는 기능적(機能的) 문식성과 사회·문화적 문식성을 다루며, 문화 영역에서는 언어문화와 언어예술을 다루는 것이 내가 그리는 국어 교과의 모습이다. 물론, 그 저변에는 언제나 언어가 있다.

참고문헌

구인환 외(2001), 『문학교육론』, 4판, 삼지원.

김광해(1997), 『국어 지식 교육론』, 서울대학교 출판부.

김대행(1995), 『국어교과학의 지평』, 서울대학교 출판부.

김대행 외(2000), 『문학교육원론』, 서울대학교 출판부.

김창원(2007), 『국어교육론 - 관점과 체제』, 삼지원.

노명완 외(1988), 『국어과교육론』, 갑을출판사.

박인기 외(2005), 『문학을 통한 교육』, 삼지원.

우한용(1997), 『문학교육과 문화론』, 서울대학교 출판부.

이대규(1995), 『국어 교과의 논리와 교육』, 교육과학사.

이삼형 외(2000), 『국어교육학』, 소명출판사.

이용주(1995), 『국어교육의 반성과 개혁』, 서울대학교 출판부.

정동화 외(1984), 『국어과교육론』, 선일문화사.

정준섭(1995), 『국어 교과 교육과정의 변천』, 대한교과서주식회사.

최현섭 외(1995), 『국어교육학의 이론화 탐색』, 일지사.

최현섭 외(2002), 『국어교육학개론』, 개정증보판, 삼지원.

생태학적 관점에서 본 사회과의 진화에 대한 반성과 전망

설규주

교과는 진화하는가

1. 사회과의 진화에 대한 생태학적 논의의 의의[1]

1) 생태학적 교과관의 의미와 의의

우리나라의 정규 학교교육에 각종 교과들이 도입된 이후 그 변화의 양상과 의미를 여러 측면에서 이야기할 수 있을 터인데, 생태학적 관점에서 그러한 논의를 전개하는 것도 한 가지 방법이 될 수 있을 것이다. 생태학은 생물과 그것을 둘러싸고 있는 환경과의 상호작용을 연구하는 학문으로서, 그 연구 대상으로 유기체를 전제하고 있다. 따라서 교과에 대한 생태학적 관점을 취한다는 것은 교과를 하나의 유기체로 파악하는 일종의 메타포를 활용하는 것이라고 할 수 있다. 즉, 교과를 유기체에 비유하여 그것이 하나의 종(種)으로서 외부 환경과의 상호작용 속에서 어떻게 생존과 발전과 퇴보를 경험하는가를 이해하고자 하는 접근인 것이다.

생태학은 원래 생물학의 한 분야로서, 과학기술에 의해 자연 생태가 심각한 위협에 처하고 인간을 비롯한 모든 생명체가 위기를 맞이하게 된 상황에 대한 진단과 처방을 제시하는 데 기여해 왔다. 최근에는 그러한 역할을 넘어 정치, 경제, 예술, 교육 등 다양한 사회 현상과 타학문 영역으로 전이되어 그 적용의 폭을 넓혀 가고 있다. 이러한 과정을 통해, 개체의 독자성을 강조하던 모더니즘적 세계관을 벗어나 탈주체적, 관계중심적 세계관을 형성하고 적용하는 데 적지 않은 영향을 끼

---

[1] 본 연구에서 '사회과'는 역사, 지리, (이른바) 일반사회를 포괄하는 용어로 사용되었다. 그러나 연구자가 가지고 있는 전공배경의 특성상 부분적으로, 특히 일부 사례를 제시하는 경우에 있어서는 주로 일반사회 영역이 보다 많이 언급되고 있음을 밝혀 둔다.

치고 있다(박이문, 1995).

박인기(2003; 2008)는 이를 확장하여 '생태학적 교과관'을 제안한 바 있다. 그는 모든 유기체는 그 자신의 활성 에너지를 가지는 한편, 그와 동시에 주변의 다른 요소들과 교섭하면서 자신의 삶을 영위하고 그 과정에서 자신을 위한 일종의 적응 또는 발달의 전략을 마련한다고 보고, 이와 같은 가정을 통해 세계를 바라보는 것을 '생태학적 관점', '생태학적 상상력'이라고 표현하였다. 그는 이러한 관점에서 교과교육학의 발달을 논할 수 있다고 보면서 교과를 하나의 유기체에 비유하였다. 이러한 생태학적 교과관에서는, 교과가 자기 자신을 둘러싼 외부 환경과의 관계 속에서 주고 받는 부단한 상호작용의 총합을 '교과의 생태'로 파악하고 교과의 정체성과 기능 및 발전을 그러한 틀 속에서 진단하고 조명하게 된다. 박인기는 이와 같은 생태학적 지평을 통해 교과의 발전 전략을 모색할 것을 제안하면서 특히 교과가 독자성을 유지하면서도, 기존의 자족적(自足的) 생존 구조를 뛰어넘어 외부와의 역동적인 상호작용을 활발히 해야 함을 강조하였다.

그에 따르면 교과는 어떤 특정의 교육 주체나 기관이 학교 제도와 교육과정의 틀 속에서 교육 행위를 할 때, 교육되는 내용이 일정하게 범주화되는 양상을 가리킨다. 가르치는 내용의 범주를 나누는 데 있어서 이른바 '모학문'의 범주들이 분류 준거로 기능할 수 있지만, 그러한 학문 범주 자체가 그대로 교과로 환원되는 것은 아니다. 교과는 모학문 이외에도 수많은 외적, 내적 변수들과의 부딪침 속에서 유동적이고 변형적이며 자기 조절적인 성향을 지니며, 그러면서도 자신의 경계를 가지고 있는 독자적인 성격인 것이다. 이와 같은 교과의 독자성, 유동성, 변형성, 자기 조절적 성향 등은 학문에서 비롯된다기보다는 교과를 둘러싼 다양한 사회적, 문화적 환경에 의한 것이라고 할 수 있다. 바로 이와 같은 부분이 교과를 유기체에 비유하여 상상해 볼 수 있는 맥락인 셈이다.

본 연구에서는 이러한 생태학적 접근을 교과의 발달에 대한 논의에 적용해 보고자 하였다.[2] 이를 위해서는 먼저 생태학적 관점을 교과에도 적용하는 것이 가능한가, 그리고 유용한가(혹은 적합한가) 하는 점에 대해 먼저 살펴볼 필요가 있다. 생태학이 다양한 인문 현상, 사회 현상에 적용되고 있다는 사실이 곧 교과에도 적용될 수 있는 근거가 된다고 보기는 어렵기 때문이다. 따라서 생태학적 교과관의 가능성과 유용성에 대해 잠시 논의하고자 한다.

첫째, 생태학적 교과관을 취하는 것이 가능한가? 이것은 곧 교과를 하나의 유기체로 보는 것이 가능한가와 맥을 같이 하는 질문이다. 유기체는 자신을 구성하는 다양한 내부 기관들을 가지고 있고 그것들을 활용한 신진대사를 통해 건강과 생존을 유지한다. 또한 외부 환경과의 상호작용도 필수적으로 경험한다. 이것은 결국 내적 요소를 제대로 갖추고 있느냐, 그리고 외부와의 상호작용을 제대로 유지하고 있느냐의 문제로 압축된다. 이와 같은 유기체의 내부 요소와 외부 환경과의 관계를 교과에도 적용해 볼 수 있다. 교과는 그 속에 목표, 내용, 방법, 평가 등과 같은 교육과정 요소를 담고 있다. 또한, 내용 요소 속에 그 교과에서 주로 다루는 지식, 기능, 가치·태도 등의 하위 요소들을 가지고 있다. 그리고 교과는 자신의 외부라고 할 수 있는 배경 학문, 인

---

2 이러한 접근은 박인기(2003, 2008)에게서 영향을 받은 것이다. 박인기는 생태학적 지평을 통해 국어 교과의 발전 전략을 모색할 것을 제안한 바 있다. 특히 교과가 자족적(自足的) 생존 구조를 탈피하여 외부와의 역동적인 상호작용을 활발히 해야 함을 강조하였다.

접 교과, 국가, 사회, 시대 등으로부터 영향을 받기도 하고 때로는 역으로 영향을 주기도 한다. 또한 어떤 종(種)이 환경과 상호작용을 하는 과정에서 특정 기능은 더 발달하고 또 다른 특정 기능은 퇴보하기도 하듯이, 교과 역시 시대 및 공간적 배경의 특성에 따라 어떤 영역은 더욱 전문화, 세분화되기도 하고, 또 다른 영역은 점차 사라지기도 한다. 이러한 상황은 교과를 하나의 유기체로 비유하여 이해하는 방식이 가능함을 보여준다고 할 수 있다.

둘째, 생태학적 교과관은 유용성을 가지는가? 생태학에서 다루는 유기체는 늘 살아 (명시적 또는 묵시적으로) 움직이는데 그 과정 속에서 성장이나 성숙을 경험할 수도 있고 정체나 퇴보를 겪을 수도 있다. 그런데 그러한 변화의 양태, 원인, 방향 등을 읽어내는 데 있어서 오로지 그 유기체 자체에만 집중해서는 그 메커니즘을 정확히 파악하기 어렵다. 그 유기체의 내부와 외부에 대해 시간적, 공간적으로 보다 크고 긴 맥락에서 살펴보는 노력이 필요하다. 교과의 현실태와 지향점을 이해하는 데 있어서도 마찬가지라고 할 수 있다. 교과는 고정불변의 것이 아니다. 어떤 교과든지 그것이 처음 탄생하거나 도입되던 시점과 지금의 모습을 비교하면 달라진 부분이 적지 않을 것이다. 교과 역시 내적, 외적으로 다양한 요인(교과 내부의 이해관계에 대한 반성, 배경 학문의 발달, 사회 변동 등)과의 상호작용 속에서 변화한다. 그 과정에서 교과는 성장하거나 확장될 수도 있고 퇴보하거나 소멸될 수도 있다. 교과에 대한 생태학적 접근을 취하는 것은 그러한 변화를 교과 내적 요소는 물론 외부와의 관계 속에서, 즉 보다 거시적이고 총체적인 흐름 속에서 읽어내면서 교과의 역동성을 추구하며 바람직한 변화의 방향을 전망하는 데 기여할 수 있다.

물론, 생태학과 같이 주로 자연과학 분야에서 연구되고 있는 분야를 '교과교육'이라는 사회 현상에 적용하는 것이므로 완벽하게 들어맞는 메타포가 되기는 어렵다. 사실상 부분적인 적합성, 부분적인 유용성을 가지고 있다고 보는 것이 더 정확할 것이다. 그럼에도 불구하고 이러한 메타포를 통해 어떤 교과가 자신을 둘러싸고 있는 공간적, 시간적 배경 및 인간과 어떤 관계를 맺고 있는지, 비유적인 측면에서 다른 종(種)이라고 할 수 있는 타학문이나 타교과와 어떻게 소통하는지, 그리고 하나의 유기체로서 교과는 내부적으로 건강한 몸을 유지하고 있는지 등에 관한 의미있는 시사점을 얻을 수 있을 것으로 기대된다. 본 연구에서는 그것을 곧 '교과의 진화'라고 표현하고자 한다.[3]

생물학에서 '진화'를 이야기한다면, 그것은 단순한 변화를 넘어 긍정적인 변화 즉, 발달을 전제하고 있다고 볼 수 있다. 이렇게 본다면 교과의 진화는 곧 교과의 발달적 변화를 가리키며 그것은 곧 교과 고유의 정체성과 건강함을 유지하는 가운데 유연한 자기 조절 능력을 발휘하여 외부와의 능동적 소통 및 효과적인 대응을 활발히 하는 것으로 특징지을 수 있을 것이다.

---

3 본 연구에서 사용하는 '진화'는 사회변동론에서 다루어지는 '진화론'에서의 의미와 구분할 필요가 있다. 여기서는 자문화 중심주의, 문화 제국주의 등의 개념에서 풍기는 '진화'의 뉘앙스와는 무관하다.

2) 사회과의 진화에 대한 논의의 의의와 연구의 전개 방향

앞서 언급한 진화의 속성을 염두에 두면서 사회과의 진화에 관해서도 몇 가지 질문을 제기해 볼 수 있을 것이다. 본 연구에서는 기본적으로 "사회과는 진화하고 있는가"라는 질문을 설정하고 논의를 전개하였다.4 그런데 이 질문은 사실 사회과가 정말 진화하고 있는가, 아닌가의 여부나 진화의 정도를 엄밀하게 가려 내기 위한 목적에서 설정된 것은 아니다. 이 질문을 통해 진정 답하고 싶은 것은 사회과가 진화하기 위해서는 어떻게 해야 하는가 하는 부분이다. 이는 마치 예컨대 "한국 축구는 발전하고 있는가"와 같은 제목의 TV 프로그램에서 다루는 내용이 한국 축구의 여러 항목에 대한 발전 정도를 객관적으로 평가하는 것이 아니라, 한국 축구가 제대로 가고 있느냐에 대한 반성과 향후 과제에 무게를 두는 것과 유사하다.

"사회과는 진화하고 있는가"라는 질문은 또다른 질문들, 예컨대 ① "사회과에서 진화란 무엇인가" ② "사회과는 어떻게 진화하고 있는가" 등의 것들과 한편으로는 구별된다. ①과 같은 질문보다는 (보기에 따라서) 덜 메타적이고 더 분석적이라고 할 수 있기 때문이다. 또한, ②와 같은 질문보다는 (역시 보기에 따라서) 더 메타적이고 덜 분석적이라고 할 수 있기 때문이다. 다른 한편으로는 ①②의 질문을 포함하는 측면도 있다. 본 연구의 문제에 대한 답을 하기 위해서는 ①에 대한 답이 선행되어야 하며, ②에 대한 답을 찾는 과정이 수반되어야 하기 때문이다.

이에 따라, 본 연구에서는 ①과 같은 질문에 대한 답으로서, 사회과

---

4 이외에도 '사회과는 진화할 수 있는가', '사회과는 어떻게 진화해야 하는가' 등과 같은 질문도 제기될 수 있을 것이다.

의 변화를 평가할 수 있는 기준으로 사회과가 하나의 교과로서 어느 정도의 자기 기반 위에서 독자성을 발휘하며 능동적으로 외부와 상호작용을 하고 있는지, 그리고 그 과정에서 타당한 교육적 효과를 산출하고 있는지 등을 살펴 보고자 한다. 교과를 생태계 속의 유기체로 비유할 때, 그것은 다른 개체(다른 교과, 다른 학문 등)나 환경과의 상호작용을 갖게 마련인데 그것을 어떻게 자기 발달의 계기로 삼느냐에 따라 진화와 퇴보가 갈릴 수 있기 때문이다. 그리고 그와 같은 상호작용을 통한 변화가 과연 발달을 지향하고 있는가를 고찰하는 과정에서 ②와 같은 질문에 대한 답도 모색하게 될 것이다.

본 연구에서는 앞에서 제기한 질문에 대해 세 가지 측면에서 살펴보고자 한다.[5] 첫째, 사회과와 사회의 관계이다. 어느 교과든 사회와의 관계맺음 없이 성립되거나 존재할 수 없겠지만, 특히 사회과는 사회와의 관계에 좀더 민감한 편이라고 할 수 있다. 여기에는 사회과가 사회 현상을 구성하는 공간(지역, 국가, 세계 등), 시간(과거, 현재, 미래), 인간(정치, 경제, 법, 사회 구조 등)과 관계되는 요소들을 주요 내용으로 다루고 있다는 내재적인 요인과 함께, 특히 국가적 요구[6]로부터 자유로울 수 없다는 외재적인 요인도 작용하고 있다. 한편, 우리나라 사회과의 도입과 성립 및 발전에 있어서 주변국 특히 미국의 영향은 매우 컸다. 따라서 먼저 '공간'적 측면에서 우리 사회는 물론 미국이라는 변수도

---

5 최현섭(1987)은 사회과를 둘러싼 이와 같은 측면들을 '환경'으로 본다. 그는 사회과의 근접성 차원에서 교육 내적 환경과 외적 환경으로 구분하고, 사회과의 구성요소의 성격 차원에서 물리적 환경과 사회문화적 환경으로 구분하였다. 본 논문에서 말하는 사회, 학문 등은 근접성 차원에서는 교육 내적 환경과 외적 환경에 걸쳐 있으며, 구성요소의 성격 차원에서는 사회문화적 환경에 해당한다고 볼 수 있다.

6 보다 정확히 말하면 정부나 주도적 정치 집단의 요구라고 할 수 있을 것이다.

함께 살펴께 필요가 있다. 다음으로 '시간'적 측면에서 시대적 변화와 사회과의 관계를 다루어 보고, 사회 집단, 사회 조직 등 '인간'이라는 변수가 사회과와 어떤 관계를 맺는지에 대해서도 언급하고자 한다.

둘째, 사회과와 학문의 관계이다. 사회과는 그 목표와 존재 이유에 있어서 철학적 배경을 가지고 있다. 또한, 주요 내용으로서 정치학, 경제학, 사회학, 문화인류학, 법학, 지리학, 역사학 등 사회과학과 인문학의 도움을 받고 있다. 그리고 교수방법이나 평가 등의 측면에서는 상대적으로 교육학과 밀접한 관계를 맺고 있다. 마지막으로 우리나라의 독특한 환경으로 인해 성립된 도덕과와의 관계도 고려해 볼 필요가 있다.

셋째, 사회과 내부[7]에 대한 성찰이다. 무엇보다도 사회과의 정체성과 위상이 어떻게 변화하고 있고 거기에 어떻게 대응하고 있는가의 문제가 중요하다. 이와 관련하여 사회과의 본질에 대한 문제제기와 재개념화 논의가 진행되고 있다. 한편, 사회과는 최근 들어 그 연구 및 실천 영역을 확장하고 있는데 그 양상과 의의를 살펴볼 필요가 있다. 그리고 교사모임 등을 중심으로 제기되는 사회과 수업 현장의 목소리와 학습자의 생활세계에도 주목해 볼 필요가 있다. 마지막으로 사회과의 고질적인 문제점이라고 할 수 있는 영역 간 이해관계의 대립 문제도 다루어 보고자 한다.

본 연구에서 사회과의 진화와 관련하여 내리는 진단과 평가는 부분적이고 잠정적이며 때로는 주관적일 수도 있음을 밝혀 둔다. 여기서는 사회과의 진화를 논하는 과정에서 언급되어야 할 주요 요소들을 포괄

---

7 여기서 사회과의 외부(사회 및 학문)와 내부를 구분한 것은 논의의 편의를 위한 것이다. 실제로는 폭넓은 점이 지대가 존재한다.

적으로 언급하는 정도로 만족하고, 향후 각 하위 요소와 항목에 대해 보다 엄밀한 잣대를 통한 진단과 평가 작업이 뒷받침되기를 기대한다. 그리고 그러한 진단과 평가 작업은 또다른 연구자들에 의해, 또다른 관점과 증거를 통해 계속 진행되고 보완되어야 한다. 그러한 작업의 반복과 축적 속에서 보다 적합성과 타당성 높은 판단을 내릴 수 있을 것으로 기대한다. 또한, 본 연구에서 살펴본 몇몇 영역들의 경우 다른 교과에서는 외부와 어떻게 상호작용하며 발달을 이끌어내고 있는지 비교해 보는 것도 의미가 있을 것이다.

2. 사회과와 사회의 관계

1) 사회과와 주변국
: 미국과 일본의 원초적 영향 및 미국 중심의 후속적 영향의 지속

우리나라 사회과는 도입 이후 현재에 이르기까지 미국 사회과의 영향을 많이 받았다. 교수요목기에 실행된 최초의 사회과 교육과정은 콜로라도 덴버 시의 모형을 거의 그대로 가져와서 우리나라의 내용을 거기에 대입한 것이었다(김용만, 1980). 그 명칭에 있어서도 일제 강점기의 수신, 공민, 역사, 지리 대신, 그것을 종합한 것으로서 social studies를 번역한 '사회생활과'라는 표현이 사용되었다.[8] 이 명칭은 1946년 12월부터 1955년 7월까지의 교수요목기 및 1955년 8월부터 1963년 2월까지의 교과과정기까지 계속되었다. 3장에서도 언급되고 있듯이, 초기 우리나

라의 사회과는 미국에서 직수입되기보다는 일본을 거쳐 들어왔기 때문
에 일본 색채가 매우 강했던 것으로 평가되고 있다(강우철, 1991).

미국 사회과 도입의 결과에 대한 평가는 연구에 따라 엇갈린다. 미
군정기의 교육에 대한 연구들을 살펴보면, 미군정기에 수입된 미국의
교육 이론과 실천 방법이 우리나라 교육 발전에 기여했다고 보는 발전
론적 시각이 존재하는데, 이 관점에서는 미국식 교육이 일제 잔재 청
산에 도움을 주었을 뿐 아니라 교육의 평등화, 민주화에도 공헌하였다
고 본다. 마찬가지로 미국으로부터 사회과를 도입함으로써 우리나라
민주주의 발전에 긍정적인 영향을 끼쳤다고 평가하는 입장이 있다(마
미화, 1991; 이혁규, 2008에서 재인용).

반면, 1980년대의 비판적 관점을 취하는 연구에서는 당시의 미국식
교육 수입은 미국 교육 사조의 무비판적인 수용이요, 미국 문화 이식
의 수단이 되었다고 부정적으로 평가한다. 이러한 입장에서는 사회과
역시 그러한 맥락에 있다고 본다. 특히 역사교육계에서는 미국식 사회
과의 도입이 민족교육으로서의 국사교육을 왜소화시켰다고 보고 그에
대해 더욱 부정적인 평가를 내린다. 국사 영역이 냉전과 반공 이데올
로기에 묻혀 사회생활과 속에 기형적으로 편입, 통합되었다고 보는 것
이다(이경식, 1997; 이혁규, 2008에서 재인용). 교육을 비롯한 문화 등을
미국 일변도로 소박하게 수용하고 모방하려 했던 당시의 맥락과 분위
기 속에서 사회과도 예외는 아니었다는 것이다.[9]

미국 사회과의 후속적 영향은 학계를 중심으로, 도입 이후에도 꾸준

---

8 그런데 당시 경제적, 사회적 상황에 의해 교과서 공급이 원활하지 않아 명칭이나
  틀은 미국식을 따르면서도 일부 교육 내용은 일제의 잔재를 답습하기도 하였다(김
  용만, 1980).

히 이어지고 있다. 대표적인 사례로는 미국사회과교육협회(NCSS)의 영향력을 꼽을 수 있다. 1994년 NCSS에서는 스트랜드(strand) 중심의 사회과 내용 구성을 제안한다. 우리나라 사회과에서는 이에 대한 논의를 거듭해 오다가 마침내 2007 개정 교육과정 고등학교 〈사회〉의 일부 대단원에서 처음으로 스트랜드 중심의 교육과정을 시도하였다.[10] 김한종(2003) 등의 논의를 통해 볼때, 제7차 교육과정 고시를 전후해서도 이와 같은 논의가 있었지만 실제로 반영된 것은 20007 개정 교육과정이 처음이었다.

우리나라 사회과에 대한 미국의 영향은 한국 사회의 변화와 요구에 발맞추어 그 정도는 다소 약해졌을 수 있지만 여전히 계속되고 있다. 물론 그 자체가 문제인 것은 아니다. 그러나 '왜 미국 사회과인가?', '왜 지금(도) 미국 사회과인가?'에 대한 답이 충분한지에 대해서는 진지하게 살펴볼 필요가 있다. 경제 대공황을 극복하고 세계 최강대국으로 미국을 성장시킨 원동력 중 하나로 미국 사회과의 공을 치하하는 평가가 적지 않다(강우철, 1991). 이러한 평가는 미국식 사회과의 성공적인 측면을 통해 우리나라에서도 그와 같은 성과를 기대하고 있는 것일 수도 있다. 그러나 우리나라 사회과의 뿌리가 미국에 있다고 해서 그 열매까지도 미국적이어야 할 필요는 없으며, 그렇게 될 가능성도 높지 않다. 사회과를 통한 시민교육을 논하는 과정에서도 마찬가지다. 미

---

9 이혁규(2008)는 일반사회 영역의 연구에서는 미국 사회과의 도입에 대해 대체로 중립적 혹은 긍정적 입장을, 역사 영역에서는 대체로 부정적 입장을 띠는 경향이 있다고 지적하였다.

10 2007 개정 사회과 교육과정의 10학년 〈사회〉 중 일반사회 영역 5개 대단원의 주제는 문화, 정의, 인권, 삶의 질, 세계화로 모두 통합적 성격을 띠고 있었다. 그런데 이같은 방식은 교육과학기술부 방침에 따라 2009년 3월에 기존 교육과정과 같은 방식인 내용 중심 대단원으로 수정 고시되었다.

국의 사회과와 시민교육은 역사적으로 형성된 개념이고 모델인데 우리는 그 고유한 맥락을 놓친 채 동일한 지향점과 목표만 취하면 그 결과물까지도 자연스럽게 도출될 수 있을 것으로 쉽게 낙관한 것은 아닌지 반성해 보아야 한다.

또한, 미국의 사회과는 시민성 전달 전통, 사회과학 전통, 반성적 탐구 전통 등이 각기 경쟁하면서 발전해 왔다. 그에 비해 우리는 아직 우리나라 사회과의 전통을 설명할 수 있는 독자적인 전통이나 모형을 가지고 있다고 보기 어렵다.[11] 제7차 사회과 교육과정의 특징을 기술하는 데 있어서도 여전히 미국의 사회과 전통을 구분하는 방식이 사용되고 있다.[12] 한국적 특수성과 맥락에 대한 고려, 그리고 미국 사회과의 효용에 대한 충분한 반성이 과연 선행되었는가의 측면에서 볼 때, 우리나라의 사회과는 '진화'했다기보다는 '정체'되어 있는 측면이 더 크지 않은가 하는 판단을 내릴 수 있다.

---

11 이러한 판단에 대해, 우리나라 사회과의 독자적인 실체 자체가 없는 것이 아니라, 단지 미국이나 일본에서 발전시켜 놓은 사회과 이론에 맞춰 설명할 수 있는 실체가 아닐 뿐이라고 보는 시각이 존재할 수 있다. 이러한 시각에서는 위와 같은 상황을 굳이 '정체'라고 판단할 근거가 없다. 왜냐하면 위의 상황에 대한 판단은 사실 사회과의 고유한 실체 부재 때문이 아니라, 우리의 독자적인 연구 수준이 아직 깊지 않다는 데서 기인하는 것으로 보기 때문이다. 이와 같이 우리나라 사회과의 고유한 영역이 존재한다는 점을 보다 비중있게 파악하고자 하는 목소리에도 귀를 기울일 필요가 있다.

12 김왕근(2000)은 제7차 사회과 교육과정에는 사회과의 세 가지 전통인 ① 문화유산 전달의 관점 ② 사회과학적 관점 ③ 쟁점에 대한 반성적 탐구의 관점이 모두 담겨 있다고 평가한다. 즉, 사회과의 성격을 어느 하나로 보기보다는 공동체 의식과 민주적 가치와 태도의 함양, 사회과학적 개념과 원리의 이해 및 탐구, 사회적 문제에 대한 합리적 해결 등을 각각 목표로 하는 그 세 가지 전통이 종합적으로 공존하고 있다는 것이다.

2) 사회과와 한국 사회
: 정책 교과로서의 사회과, 국정에서 검정까지

사회과는 국어과, 도덕과 등과 함께 이른바 국책 교과로서 기능을 담당해 왔다. 사회과 내에서도 특히 국사, 정치, 경제 등의 영역이 그러한 성격을 많이 나타내 왔다. 이에 따라 사회과는 그동안 국가가 요구하는 내용을 대체로 충실히 담아 왔다. 그것은 사회과가 도입될 때부터 시작되었다. 교수요목기(1946~1954)의 사회생활과는 초등학교의 경우 "사람과 자연환경과의 관계를 밝게 인식시켜 사회생활에 성실 유능한 국민이 되게 함"을 목적으로 하고 있고 중학교는 "신생국민으로서 또는 재생민족으로서 새로운 민족문화 건설을 앞두고 공민으로서의 정당한 정치에 관심을 갖게 하여 향토개발의 의무와 자치정신의 능력을 배양"하는 것으로 되어 있다. 고등학교의 목표는 "현대 사회생활을 자연 및 인문의 상호관계에서 올바른 이해를 갖게 하여 민주국가 국민으로서의 실제생활을 전개함에 유위유능(有爲有能)한 자질을 양성하는 것"으로 되어 있다(김용만, 1980).

이것은 비단 도입기에만 나타나는 특징은 아니다. 그 이후에도 사회과는 때로는 국가의 인구 증가 억제 정책에 맞추어 산아를 제한해야 한다는 메시지를 담기도 하고, 2000년대 후반처럼 저출산 고령화 현상이 국가 경제에 부담을 줄 수 있다고 판단되면 출산을 장려해야 한다는 메시지를 강조하기도 한다. 남북 관계가 원만하지 못할 때는 남북 간의 경쟁과 긴장을 주요 내용으로 담기도 하고, 남북 정상회담이나 이산가족 상봉 등으로 분위기가 좋을 때는 화해와 협력을 강조하는 내용이 부각되기도 한다. 또한, 다른 나라의 문화나 정치, 경제적 상황 등을 다룰 때에도 국가(정부)의 입장에서 볼 때 보다 가깝거나 보다 유용한 나라의 그것이 상대적으로 더 강조되는 편이다. 이미 국가의 눈에 의해 해석되고 요구되는 이미지와 내용을 사회과 속에서 더욱 강조하여 다룰 수 있는 것이다.

또한, 국가 전체적인 측면에서 추구하는 가치나 방향뿐 아니라 정부 각 부처의 요구도 사회과의 내용 구성에 영향을 많이 끼치고 있다. 예를 들어 경제관련 부처에서는 경제교육을, 통일부에서는 통일교육을, 여성부에서는 양성평등교육을, 국가인권위원회에서는 인권교육을, 국가청렴위원회(현 국민권익위원회)에서는 청렴교육을 실시해 줄 것을 사회과에 주문한다.[13] 물론 다른 교과에도 이러한 교육내용을 반영해 달라는 요구를 하지 않는 것은 아니겠지만, 내용적 측면에서 사회과와 관련이 많기 때문에 사회과에 대한 요구의 수준이 특히 높은 편이다.

물론 사회과에서도 중등학교의 경우 지속적으로 검정 교과서의 폭이 넓어지면서 보다 다양한 논의와 방식을 접할 수 있는 가능성이 열리게 되었고 국가의 정책이나 가치를 직접적으로 대변하는 경우는 다소 줄어들었다고 할 수 있다. 그러나 검정 교과서 역시 표준화된 국가 수준의 교육과정을 기준으로 하고 있고, 국가의 수정 요구가 반드시 관철될 수밖에 없는 구조 속에 있으므로 여전히 국가의 영향력이 적지 않다고 할 수 있다.

한 예로, 2008년에 있었던 한국 근현대사 교과서 수정 문제가 우리

---

13 한 예로, 2006년 당시 국가청렴위원회는 교육과정 개정기를 맞아 사회과에 '청렴'과 '반부패' 관련 내용을 포함하기 위한 연구와 공청회 등을 진행하였다. 그러나 이미 교육과정 내용 요소가 상당 부분 짜여져 있었기 때문에 청렴 관련 내용이 직접적으로 반영되지는 못했고 청렴 관련 학습자료, 수업방안 등의 형태로 제공되는 선에서 마무리되었다.

사회의 관심을 끈 바 있다. 물론 다른 교과에서도 국정이든, 검정이든 매년 부분적으로 교과서를 수정하겠지만, 다른 교과와 달리 사회과에서는 매우 민감한 내용과 방식으로 국가와 일부 단체의 수정 요구가 제기되었고 그에 대한 반발도 만만치 않게 나타났다.[14] 2007 개정 교육과정이 고시된 이후 이미 일부 사회 교과서의 집필이 시작되었기 때문에 비단 이 문제가 한국근현대사 교과서만으로 그치지 않고, 조만간 사회과의 검정 교과서 다수에게까지 확산될 가능성이 있다. 또다른 예로는 2007 개정 교육과정이 시행되기도 전에, 9학년과 10학년 〈사회〉의 일부 내용이 국가의 요구에 의해 부분 개정되어 수정 고시된 상황을 들 수 있다. 수시 개정 체제 하에서, 필요한 경우 교육과정은 얼마든지 개정이 가능하겠지만, 사회과 교육과정 부분 개정에 대한 요구 및 진행 방식에 있어서 국가 이외에 사회과 관련 다른 주체들(교사, 학계 등)이 능동적으로 관여할 만한 여지는 그리 많지 않았던 것으로 보인다.

그러면 이러한 국가의 요구가 사회과에 미치는 영향에 대해 사회과는 어떻게 대응하고 있는가? 이른바 '정책 교과', '국책 교과'이므로 그것을 충실히 수용하는 것으로 충분한가? 강우철(1991)은 사회과에 속하는 많은 선택과목들이 '정책 교과'라는 성격을 탈피하지 못하고 있는 이유는 어쩌면 의식적, 무의식적으로 정치적인 영향을 사회과 스스로 받아들였거나, 적어도 그에 대해 안일한 태도로 대응했기 때문이라고

---

14 이 과정에서 한 가지 짚어 보아야 할 부분이 있다. 검정 교과서의 수정과 관련하여 그에 대해 찬성하는 집단과 반대하는 집단의 의견이 첨예하게 대립되었는데, 양쪽 의견을 이끄는 집단의 성격이 각기 달랐다는 점이다. 찬성하는 쪽의 주류는 정치인, 정치 집단, 정부 관료 등이었고 반대하는 쪽의 주류는 학계나 교사들이었다. 이와 관련하여 벌어진 많은 토론회에서는 '학자 대 학자'의 구도가 아니라 '정치인 대 학자'의 구도가 짜여지면서, 국가의 요구와 사회과의 독자성이 충돌하는 양상으로 나타났다.

지적한다.

이러한 현상은 위와 같은 현실에 안주하면서 외부의 권위를 빌어 사회과의 위상을 튼튼하게 하려는 의도와도 일부 관계가 있다고 볼 수 있다. 한국 사회에서 사회과의 어떤 과목이 필수과목이 된다는 것은 곧 정책 교과로서의 성격을 띠는 것을 의미한다(강우철, 1991). 정책 교과라는 위상은 그만큼 중요한 과목이라는 인식을 내적, 외적으로 갖게 함으로써 해당 교과의 영역을 굳건히 할 수 있을 것이다. 그러나 이는 매우 근시안적인 태도라고 하지 않을 수 없다. 사회과에서 무엇을 왜 어떻게 가르쳐야 할 것인가를 진지하게 모색하는 대신, 단지 필수과목으로서의 지위에 만족하고 안주하지 않았는지 반성해 볼 일이다.

교육은 현상을 반영하기도 하지만 현상을 제어하고 견인하는 측면도 필요하다. 그러나 사회과는 정권의 주체나 성격과는 상관없이 그 영향을 자발적 또는 비자발적인 방식으로 크게 받아들임으로써 한국 사회라는 공간을 규범적으로 견인하는 힘은 다소 미흡했던 것으로 보인다. 그렇다면 이러한 부분 역시 '진화'보다는 '정체'의 특성이 크다고 보는 시각이 가능할 것이다.[15]

---

[15] 다른 한편으로는, 오랜 국가주의적 전통, 교육의 사회적 기능을 강조해 온 전통, 남북 분단이라는 현실, 경제 성장과 사회 통합 등과 같은 과제를 맞닥뜨리고 있던 과거 우리나라의 상황에서 사회과가 정부와 한국 사회의 요구를 반영하고 거기에 반응하는 것은 지극히 자연스러우며 그것은 정체가 아니라 진화의 또다른 모습이라고 보는 시각이 존재할 수 있다. 다소 다른 맥락이기는 하지만, 조영달(2001)이 학교 문화 체계와 불리한 여건 속에서 나타나는 사회과 교사의 적응 양식을 일컫는 데 사용하였던 "최적화 행동(optimization in teacher behavior)"이라는 표현을 이러한 상황에 확장하여 적용할 수 있을 것이다.

3) 사회과와 시대
: 시대의 변화에 대한 풍부한 민감성, 부실한 규범성

시간은 사회과에서 중요한 배경 요소가 된다. 이에 따라 시간을 매개로 한 현상은 사회과의 주요 내용을 구성한다. 흘러간 시간으로서의 역사, 우리가 살아가고 있는 현대 사회, 다가올 미래 사회 모두 사회과의 중요한 내용 요소이다. 사회과의 내용 변화에 직간접적 영향을 끼치는 이러한 시대의 변화에 대해 사회과는 민감하게 반응한다. 그래서 시간의 흐름에 따른 변화, 새로운 발견, 새로운 해석 등을 대체로 빠르게 반영하는 편이다.

또한, 사회과에서는 여러 가지 용어를 통해 시대적 특성이 반영된 현대 사회를 진단하고 그것을 교육과정에 반영한다. 세계화, 정보화, 다원화, 다문화 사회로의 변화 등이 대표적인 예이다. 특히 제7차 교육과정기에 정보화와 세계화가 주요한 변화로 새롭게 받아들여졌다면, 2007 개정 교육과정기에는 그에 더하여 다문화와 다원화 현상에 대한 조명이 눈에 띈다. 예를 들어, 제7차 교육과정 문서에서 사회과의 성격을 기술하면서 "한국인으로서의 민족적 정체성"이라고 서술되어 있던 것이 2007 개정 교육과정 문서에서는 "한국인으로서의 정체성"이라고 바뀌어 있다. 사회과의 목표 부분에서도 제7차 교육과정 문서에서는 "민족 문화 및 민주 국가의 발전"이라고 표현되어 있던 것이 2007 개정 교육과정 문서에서는 "민주 국가의 발전과 세계의 발전"이라고 바뀌어 있다(교육부, 1997; 교육인적자원부, 2007). '민족'이라는 표현을 삭제함으로써 다문화, 다원화라는 현상이 특별히 강조되고 있다고 볼 수 있는 대목이다.

한편, 그러한 이름으로 규정되는 시대의 현상들은 다분히 양면적인 특성을 띠게 마련이다. 즉, 긍정적인 측면과 부정적인 측면을 모두 포함하는 것이다. 그런데 사회과는 이러한 현상을 다룸에 있어서 다소 기계적인 중립을 취하는 측면이 있다. 예를 들어, 학교급에 따라 차이는 있지만 특히 초등학교의 경우, 세계화와 정보화를 다룰 때 그것의 심층적 원인이나 영향, 의의 등을 제시하기보다는 현상 자체에 주력한다. 또한, 그러한 현상의 양면성을 때로는 다루지 않거나 다룰 때에도 기계적 중립성을 지킬 때가 많은 것이다.[16]

사회과가 관련을 맺고 있는 국내적, 국외적 공간뿐 아니라, 시대적 흐름으로부터도 오로지 수동적인 영향만을 받는 데 만족하고 싶지 않다면, 사회과는 이러한 현상에 대한 규범적, 가치판단적 접근을 적극적으로 시도해야 할 필요가 있다. 시대의 특징을 담고 있는 현상을 단지 논쟁거리나 소재로만 다루는 수준을 넘어, 현상에 대한 올바른 가치관 정립을 일구어 내야 하는 것이다. 그러한 능동적 작업이 아직 충분히 진행되지 못하고 있다는 점에서 사회과는 여전히 '정체'되어 있는 측면이 적지 않다고 할 수 있다.[17]

---

16 제7차 교육과정 교과서를 예로 들면, 국정 교과서인 초등학교 〈사회〉 교과서에서는 찬반이 팽팽하게 대립될 수 있는 세계화의 장점과 단점, 정보화의 장점과 단점, 지역 개발의 장점과 단점 등에 있어서 대체로 전자(장점)에 좀더 많은 비중을 들여 설명하고 있다. 물론 직접적으로 장점을 강조하기보다는 예상되는 (긍정적) 현상으로 접근하는 편인데, 그 과정에서 무게 중심은 다분히 장점 쪽으로 쏠리게 마련이다.

17 한편, 이에 대해 사회과가 가치와 관련된 시대적 현상을 그 소재로 다루는 것을 회피하지 않고 내용의 일부로 반영하여 다루고 있다는 점 자체는 정체가 아니라 어느 정도 발전하고 있는 모습을 나타내는 것이라고 보는 시각이 존재할 수 있다. 보다 장기적인 안목에서 볼 때, 현재 사회과에서 다루고 있는 시대 관련 내용의 위상이 가치중립적인 소재의 수준을 넘어, 장차 규범적으로 바람직한 판단을 견인하는 수준으로 나아가기 위한 긍정적 변화의 도상(途上)에 있는 것이라고 본다면, 이러한 시각도 위의 판단이 지향하는 바와 근본적으로 다르지 않을 것으로 생각된다.

4) 사회과와 인간

: 소수자 집단 및 다양성에 대한 관심 증가 / 학습주체의 능동성 강조

'인간'은 '시간'과 '공간'을 무대로 움직인다. 인간은 때로는 시간과 공간의 종속변수가 되기도 하고 때로는 시간과 공간을 배경으로 활약하는 주인공이 되기도 한다. 사실상 시간과 공간으로부터 인간을 떼어 놓는 것은 불가능하다. '사회과와 인간'이라는 소주제 역시 앞서 다룬 '사회과와 주변국'(공간), '사회과와 시대'(시간)와 불가분의 관계에 있음은 틀림없지만, 여기서는 이념형적인 상황을 가정하고 잠시 그 관계를 살펴보고자 한다.

사회과에서 묘사하고 있는 인간과 집단의 모습은 점점 더 다양해지고 있다. 그것은 성, 인종, 계층 등의 배경 변인과 관계가 깊다. 이것은 특히 다문화적 사회로의 진전과 관계가 깊어 보인다. 그동안 이른바 정상적인 사람들, 안정적인 가정, 표준적인 사회 집단 등에 대한 이념형적인 모습에 대한 묘사가 많았던 것에 비해, 불리한 위치에 있는 사람들, 다양한 형태를 띠는 가정들도 점차 부각되면서 보다 풍부한 인간 군상과 그들이 어우러진 사회의 양상을 다룬다는 점에서 일면 '진전'이 있었다고 볼 수 있다.

예를 들어, 사회과에서는 가족을 한 내용 요소로 다루고 있는데, 교육과정 개정을 거듭하면서 어머니, 아버지, 형제자매 등과 같은 이른바 '정상 가족'만이 아니라 한부모 가정, 조부모 가정, 소년소녀가장 가정, 다문화 가정 등 다양한 형태의 가족을 제시할 수 있도록 그 변화의 방향을 제시하고 있다. 또한, 인권이라는 주제를 통해 다양한 사회적 약자와 소수자를 다룰 수 있도록 한 것이나, 소비자 주권이라는 개념

을 통해 기업에 비해 상대적으로 약자인 소비자의 현실과 대응을 담고 있는 것 등도 중요한 변화라고 할 수 있다(교육인적자원부, 2007).

한편, 사회과 수업 현상을 만들어내는 주체인 교사와 학습자의 능동성이 점차 강조되는 추세를 띠고 있다는 점도 언급할 필요가 있다. 물론 이것은 학교급에 따라 차이가 클 수 있기 때문에 단정적으로 표현하기는 어렵지만, 특히 초등학교와 중학교 수준에서는 사회과 수업 실행과 관련하여 학습자 중심 교육과정 운영, 교사와의 상호작용 노력 등의 경향이 어느 정도 나타나는 측면이 있는 것으로 보인다(설규주, 2005, 2007). 또한, 학습주체들의 능동적인 경험을 곧 사회과 수업의 내용이자 방법으로 삼는 사례들도 있다. 예를 들어 사회과에서 강조하는 개념 중 하나인 '참여'의 의미와 의의를 교과서 속에서 단지 주어진 것, 이미 있는 것으로서 받아들이는 것이 아니라, '사회참여 학습'과 같은 방식을 통해 체험 및 상호작용 속에서 만들어가고 체화하는 방식이 실제로 실천되고 있다(김원태 외, 2004).

이러한 변화는 사회를 구성하는 인간에 대한 관점, 교육 현상의 주체에 대한 관점의 변화와 관계가 깊다. 다시 말해서 구성주의적 인식론의 관점에서 환경과의 상호작용 속에서 능동적으로 지식과 의미를 만들어내는 주체로서의 인간관을 교사와 학생에게도 적용하고 있는 것이다. 사회과에서 목표하고 있는 시민이 능동성, 자기결정성, 참여지향성 등을 띤다는 점에서 이와 같은 경향은 사회과의 본질에 좀더 가까이 다가가기 위한 의미있는 노력의 과정이라고 할 수 있다.

3. 사회과와 학문의 관계

1) 사회과와 철학
: 목표로서의 '시민성'의 철학적 배경[18] 미흡 및 부진한 맥락화

 강우철(1991)에 따르면, 1945-1960년대의 사회과는 한마디로 모방과 혼란의 시기 속에서 동경교육대학(지금의 쓰꾸바대학)을 중심으로 일본에서 수용한 미국 이론들을 다시 번역하여 한국에 들여온 것이다. 그 뿌리는 미국에 있지만, 일본이 이미 모방한 것을 우리가 다시 모방한 것으로서 사실상 일본식 사회과라고도 할 수 있다는 것이다. 강우철은 사회과가 지나치게 미국화되었다는 것에 대한 비판이 다수지만, 다른 한편으로는 사회과의 도입 및 시행 과정에서 사실상 일본 것을 미국 것으로 오인한 우리의 책임도 적지 않다고 지적한다. 일본을 거쳐 들어온 사회과의 이론과 실천 방법이 다분히 유교문화권의 교육을 전제로 한 것이라면, 미국의 사회과 이론과 실천은 서구식 자유주의 교육을 물려받은 것이라는 점에서 근본적인 차이를 내재하고 있다. 즉, 사상적, 철학적 전통과 현실적 맥락이 각기 다른 상황이라는 것이다.

 사회과의 목표 설정에 있어서도 이러한 문제점을 살펴볼 수 있다. '사회과의 목표는 시민성 함양'이라는 명제는 사회과에서는 거의 공식처럼 받아들여지고 있다. 이와 관련하여 우리나라 사회과에서 제시되는 목표로서의 시민과 시민성 담론의 특징을 두 가지로 압축해 본다면, ① 철학적 기반이 약하다는 점과 ② 너무 이념형적이어서 한국화

---

18 여기서 철학은 학문으로서의 철학 그 자체나 철학적 지식보다는 철학적 사유와 반성 및 사상적 기반에 더 비중을 두고 있다.

(韓國化)가 안되어 있다는 점이라고 할 수 있다. 이는 곧 '철학과 현실'의 문제라고 표현할 수 있다.

첫째, 철학적 기반이 약하다는 점은 다음과 같은 예를 통해서 파악할 수 있다. 제1차 교육과정기의 초등학교 사회과에서는 "민주사회 건설에 공헌할 수 있는 신념과 행동을 지닌 민주시민"을 기르는 것을 목표로 진술하고 있다. 중학교에서는 시대 국가적 요청과 관련하여 민주주의, 반공, 경제발전, 국제이해를 통한 인류공영 등과 관련된 목표가 두드러진다. 고등학교 일반사회에서는 "우리 사회의 현실과 이상을 정치, 경제, 사회, 문화의 면을 중심으로 해명하여 민주 국가에서의 이상적인 공민의 자질을 도야, 계발"하는 것을 목표로 하고 있다(김용만, 1980). 동일한 교육과정기임에도 불구하고 서로 다른 의미를 지니고 있는 시민, 국민, 공민 등의 표현이 학교급에 따라 자유롭게 쓰이고 있음을 알 수 있다.[19]

사실 교과의 목표라는 것은 그리 쉽게 이식될 수 있는 성질의 것이 아니다. 교과의 일부 내용이나 방법은 기술적으로 모방하고 이식하는 것이 가능하다 하더라도 목표라는 것은 풍부한 철학적 논의와 배경적 특수성에 대한 성찰이 전제되어야 제대로 설정될 수 있다. 물론 미국에서 사회과는 우리보다 훨씬 두터운 철학적 배경과 현상적 맥락 및

---

19 한면회(1989)는 사회과의 최종적인 목표를 국민적 자질의 함양에 둔다. 그는 여러 학자들이 제시하고 있는 사회과 목표의 공통적인 특징으로 '선량한 시민 양성'을 꼽으면서도 이를 '올바른 국민적 자질 함양'과 같은 의미로 해석하고 있다. 그리고 그러한 국민상은 "현대 사회를 현명하게 살아갈 수 있는 한국인의 양성"으로 귀착된다고 본다. 여기서도 시민과 국민에 대한 구분을 특별히 하지 않고 있다. 또한 그와 동시에 뱅크스(Banks)의 의사결정모형을 따르고 있다. 이는 사회과의 전통 중 '시민성 전달' 전통의 목표를 추구하면서 '반성적 탐구' 전통의 방법을 취하는 다소 모순적인 형국을 만들어 낼 수 있는 상황이다.

유연성을 가지고 있었을 터이지만, 우리나라의 상황에서는 다소 기계적이고 박제화된 모습으로 존재하고 있는 것은 아닌지 살펴볼 필요가 있다. 물론 이러한 문제 제기가 시민성 함양이라는 사회과의 목표 자체를 폐기하거나 변경해야 한다는 의미는 아니다.

둘째, 한국화가 안되어 있다는 점은 시민의 의미에 대한 정립이 불분명하다는 것과 관계가 깊다. 사회과에서 그토록 강조하는 '시민', '시민성'이라는 개념은 한국 사회에서 어떤 의미를 지니고 있는가? 그 개념 자체에 대한 탐구가 얼마나 이루어졌는지를 따져 보면, 적어도 양적인 측면에서는, 그리고 2000년대 이전까지는 그리 풍부하지 못한 편이다. 많은 경우에 사회과 관련 논문은 주로 수업 방법 개발, 수업 모형의 효과 등에 치우쳐 있다(전숙자, 2000). 또한, 사회과의 목표에 대한 연구들은 대체로 우리가 지향해야 할 민주사회의 이상을 제시하고 거기에 적합한 시민의 모습을 제시하는 경우가 많다. 이렇게 제시된 목표는 다분히 이념형적이며 그래서 현실과의 괴리가 생기는 것은 불가피하다(한면희, 1989).

그런데 여기서 놓치지 말아야 할 것은 사회과가 기르고자 하는 시민은 시민사회(civil society)를 그 배경으로 하고 있으며 그것은 다분히 근대적인 개념이라는 점이다. 즉, 사회과에서는 그저 배경도 맥락도 없는 시민을 마냥 지향하는 아니라, 자율적인 공공 영역으로서의 시민사회를 기획하고 주도하는 주체로서의 시민을 이야기하는 것이다. 그런데 그러한 시민과 시민사회의 의미 및 가치를 서구와 한국이 같은 것으로 인식하고 있다고 보기는 어렵다. 따라서 자유, 평등, 책임 등과 같은 가치를 일부 서구 국가들처럼 예컨대 수백년 동안 피흘려 싸우거나 의회에서의 지난한 토론 과정 없이도 우리가 그대로 감정이입하여

수용하는 것은 사실상 불가능하다. 이러한 맥락에서, 이를테면 사회과
는 그동안 서구 시민사회론이나 시민성 담론을 그대로 답습해 온 것은
아닌지, 우리 스스로 한국 시민사회론을 풍부하게 구축해 왔는지, 한
국의 사상과 전통에서는 사(私)와 공(公)의 문제를 어떻게 해결하고 있
는지 등에 대한 반성을 진지하게 해 보아야 한다.

또한, 이러한 부분 못지않게 우선적으로 살펴보아야 할 더욱 근본적
인 문제는 우리나라 사회과에서는 과연 한국 사회를 시민사회의 관점
에서 분석하고 규정하면서 시민 담론을 전개하고 있는지에 관한 것이
다.[20] 이와 관련하여 시민사회에 대한 연구를 이를테면 사회학자들의
영역으로 넘겨 버리고 사회과는 교육에만 집중하려고 하는 경향을 지
적하지 않을 수 없다. 그런데 일반적으로 사회학자는 바람직한 시민 양
성을 목표로 삼지는 않는다. 따라서 사회과 종사자들이 시민성 함양을
논하고 있다면, 그러한 시민의 배경과 맥락이 되는 시민사회에 대한 사
회학자들의 연구 성과를 기다리기만 할 것이 아니라, 사회학적 논의를
넘어 교육적 맥락 속에서 스스로 연구하며 시민의 개념과 성격에 대한
철학적인 논의를 풍부하게 전개해야 한다. 또한 한국에 시민사회라는
배경이 과연 얼마나 구축되어 있는지, 또 그것은 어떻게 구현되어야 하
는지 등에 대한 논의가 선행되거나 최소한 병행되어야 한다.[21]

이러한 문제 의식을 바탕으로 향후 사회과 목표로서의 시민성 담론
을 구성하는 방식을 바꿔 볼 필요가 있다. 철학의 도움을 받아 이상으

---

20 2000년대 이전에 사회과의 목표를 연구하는 논문들을 살펴보면 그러한 시민사
회적 분석 없이 시민 개념을 주장하고 있는 경우가 적지 않다(한면희, 1995). 시민
개념에 대한 반성없이 마치 일종의 공리(公理)처럼 자명한 것으로 받아들이는 경
향이 있는 것으로 보인다. 2000년대 들어와서 점차 그러한 연구가 늘어나고 있
는 것은 반가운 일이다(송현정, 2003; 장원순, 2003b).

로서의 민주주의 사회를 그리는 노력과 함께 우리의 현실을 보는 노력을 기울여야 한다는 것이다. 우리가 사는 현실은 결코 민주주의가 완벽하게 구현된 사회 속에 있지 않다. 그럼에도 불구하고 이념형으로서의 시민만 부르짖게 되면 현실에 대한 과학적 분석과 합당한 가치 판단을 하기보다는, 그에 대해 단순한 소재로서 가치 중립적으로 접근할 가능성이 높다. 따라서 사회과 목표로서의 기반이 약화될 우려가 있다. 그러한 기반을 강화하기 위해서는 두터운 이론과 풍부한 현상이 서로 넘나들며 긴밀한 상호작용을 할 수 있어야 한다.

2) 사회과와 사회과학[22] : 내용지식의 원천으로서의 사회과학, 그리고 사회과 내용교수지식(PCK)의 의의

사회과는 지리, 역사, 정치, 경제, 사회, 문화, 법 등과 관계된 다양한 배경학문을 가지고 있다. 다른 교과들이 그렇듯 사회과 역시 학문과 밀접한 관계를 맺고 있는 것이다. 사전적 정의로 보면 교과와 학문은 다음과 같이 구분된다. 『국어대사전』에 따르면, 교과는 "가르치는 입장에서 계통을 세워 조직한 일정한 과목"이고, 학문은 "지식을 체계적으로 배워서 익히는 일 또는 체계화된 지식"이다(김민수 외, 1992; 강대

---

21 장원순(2003b)의 연구가 이러한 입장을 잘 대변하고 있다. 그는 맥킨타이어의 practice 개념을 빌어 구체적인 사회적 행위로부터 추상적인 사회 개념에 이르기까지 바람직한 시민사회와 시민 개념과 관련하여 사회과의 정체성이 규정되어야 한다고 본다.

22 사회과 내용의 원천을 사회과학으로만 한정할 수는 없다. 역사, 종교, 철학, 윤리 등 인문학은 물론이고 자연과학, 예술까지도 당연히 관련이 된다. 단, 여기서는 사회과 내용의 대표적인 원천으로서의 사회과학을 이야기하고 있는 것이다.

현, 2007에서 재인용). 이러한 정의를 참고하면서 교과와 학문의 차이를 몇 가지 살펴볼 수 있다. 첫째, 교과(지도)의 주체가 주로 교사라면, 학문(연구)의 주체는 주로 학자다. 둘째, 교과의 일차적 목적이 주로 실생활 문제 해결이나 학습자의 욕구 충족에 있다면, 학문의 목적은 현상에 대한 체계적 설명과 심층적 이해라고 할 수 있을 것이다. 그러면서도 교과와 학문은 내용상의 공통점도 가지고 있는데 그것은 교과가 학문으로부터 내용 요소의 상당 부분을 공급받고 있기 때문이다(강대현, 2007).

사회과 역시 사회과학 및 인문학 등과 필연적으로 밀접한 관계를 맺을 수밖에 없다. 사회과의 내용 영역을 크게 지식, 기능, 가치·태도라고 할 때, 사회과학은 특히 지식 영역의 내용을 구성하는 주요 원천이 된다. 바 등(Barr et al., 1977)이 구분한 사회과의 전통 중 사회과학 모형에서는 사회과의 목표를 '꼬마 사회과학자' 양성으로 보기도 할 만큼 사회과학은 사회과에서 중요한 비중을 차지하고 있다. 필립스(Phillips, 2008)와 같은 학자는 아예 교과(subject)와 학문(discipline)을 동일시하는데 우리나라에도 이러한 인식이 널리 확산되어 있는 편이다(박인기, 2008).

이같은 전통을 염두에 두면서 사회과를 그 내용적 특성을 가지고 정의한다면, 정치학, 경제학, 사회학, 문화인류학, 법학, 지리학 등과 관련된 내용을 중심으로 교수학습되는 교과로 정의할 수 있다. 그러나 이러한 정의가 사회과를 적어도 수학과, 국어과, 음악과 등과는 구분해 줄 수 있을지는 몰라도, 그 자체로 사회과의 본질을 오롯이 담고 있다고 보기는 어렵다. 이는 곧 사회과가 단지 '사회과학교육'으로 규정되어서는 안 된다는 것을 의미한다. 예를 들어, 정치교육은 정치'학'을,

경제교육은 경제'학'을 가르치는 정도에 머무르거나 학생들에게 정치학개론, 경제학개론을 쉽게 풀어 가르치는 정도가 되어서는 안 된다는 것을 의미한다. 그러한 측면이 어느 정도는 존재할 수 있겠지만, 그와는 별도로 정치교육, 경제교육 등의 영역이 일정한 독자성도 갖추고 있어야 한다는 것이다.[23]

이러한 점을 고려하여 사회과와 사회과학을 다음과 같이 구분해 볼 수 있다. 첫째, 사회과학은 사회과 그 자체가 아니라, 사회과의 내용과 연구방법이 도출되는 원천이다. 사회과학 전공자들의 연구 업적은 사회과의 역사, 지리, 정치, 경제 등의 내용지식의 원자료를 제공할 뿐 아니라, 연구방법에도 영향을 준다. 특히 사회학의 연구방법, 조사방법은 사회과의 내용을 구성하기도 하지만 그 자체로 사회과를 연구하는 방법을 제공해 주기도 한다. 둘째, 사회과학은 가치중립적인 성격을 갖는데 비해 사회과는 가치지향적이다. 사회과학자는 가치중립적 자세를 견지해야만 학문적으로 사심없이 현상을 설명할 수 있지만, 사회과는 지극히 가치지향적인 행위인 교육을 전제라고 하고 있기 때문에 그와는 다를 수밖에 없는 것이다(윤덕중, 1994).

과거 우리나라의 학문 수준이 상대적으로 높지 않고 국가 수준의 보통교육에 사회과가 지금보다 더 많이 기여하던 시기에는 오히려 사회과에 대한 사회과학의 영향이 상대적으로 적은 편이었다. 1946년에 사회생활과를 만들 때 여기에는 크게 두 가지 목적이 있었던 것으로 보인다(권오정, 1987). 첫째, 인간과 환경과의 관계에 대한 올바른 인식, 둘째, 바람직한 국민 형성이 그것이다. 실제로 초기 교수요목에는

---

23 물론 정치교육이나 경제교육 그 자체가 사회과와 동치는 아니다.

"사람과 자연환경 및 사회환경과의 관계를 밝게 인식시켜 사회생활에 성실 유능한 국민이 되게 함"이라고 명시되어 있다. 지식·이해보다는 가치·태도를 더 우위에 두고 전자를 후자의 수단으로 생각하고 있음을 알 수 있다. 이렇게 본다면 당시 사회과학은 사회과의 도구요, 수단이자 단순한 자료 공급처 역할을 했다고 이해할 수 있다(권오정, 1987).

그러나 1967년에 정점에 달했던 미국의 신사회과가 우리나라의 제3차 사회과 교육과정에 영향을 주면서 사회과학의 비중이 매우 커졌다. 이 시기에는 사회과교육은 훌륭한 사회과학자가 해야 한다는 기본 전제 아래 '사회과=사회과학', '사회과교사=사회과학자'라는 도식 속에서, 그동안 거의 불변의 목표였던 '좋은 시민' 양성 대신 '사회과학자' 양성을 내세운 미국의 변화를 적극 수용하였고 1973년 사회과 교육과정은 그러한 방향으로 개정되었다.[24] 경험중심 교육과정 전통과 인간중심 교육과정 전통에서 사회과학이 단지 수단적, 보조적 위치에 머물렀다면 학문중심 교육과정 전통에서는 사회과학이 곧 사회과라는 압도적 지위를 차지하게 된 것이다.

사실 사회과가 학교교육의 공식 교과로 설치되는 시점에서는 사회와 국가의 이념과 요구를 전달하는 목적을 공유하였다. 이 과정에서 학문의 요구로부터는 상대적으로 자율성을 누릴 수 있었다(김왕근, 2006). 미국과 한국 모두 사회과에서의 학문적 엄밀성 여부가 크게 부각되지 않다가 1960년대 이후 신사회과 운동의 분위기를 타고 기존의 '좋은 시민'에서 '식견있는 시민(informed citizen)'으로의 방향 전환이 일어났다. 기존에는 좋은 시민이라는 가치를 중심으로 역사나 지리적

---

[24] '시민'에서 '사회과학자'로 변화했다고 보지 않고 '좋은 시민'의 모습이 곧 '유능한 사회과학자의 능력을 가진 사람'으로 구체화되었다고 보아도 무방하다.

정보를 교과의 주된 내용으로 파악하는 교과주의, 경험주의가 유행하였는데, 그러한 풍토를 대신하여 학문중심주의가 풍미하게 된 것이다(김왕근, 2006). 그 이후 우리나라에서도 내부적으로 사회과학이 점차 발달하면서 이론적, 실제적 연구 성과들이 축적되었고 이러한 성과물들을 중심으로 과거에 비해 사회과의 내용에 보다 많은 영향을 주는 현실로 이어졌다. 이처럼 미국 사회과 전통을 수입하는 과정을 통해 형성된 사회과학의 영향이, 이제는 어느 정도 축적되고 내실화된 한국 사회과학의 결실 자체로 인한 영향으로 이어지는 측면이 있다.

한편, 강대현(2007)은 사회과와 사회과학의 바람직한 관계를 모색하면서 양자 사이의 관계를 크게 세 가지로 구분한다. 첫째, 웨슬리(Wesley)의 입장과 가까운 것으로, 사회과는 사회과학을 '단순화'한 것으로서 사회과 내용은 사회과학의 핵심 개념과 일반화로 구성된다. 둘째, 브루너(Bruner)의 관점과 가까운 것으로, 사회과는 사회과학의 '모방'으로서 사회과 내용은 사회과학의 탐구 방법과 절차를 익힐 수 있도록 구성한다. 셋째, 올리버와 뉴만(Oliver & Newmann) 등의 관점과 유사한 것으로, 사회과는 사회과학을 '활용'하는 것으로서 사회과 내용을 현실의 사회문제나 쟁점을 중심으로 구성하고 그것을 이해하고 해결하는 데 사회과학 개념이나 탐구 방법을 활용한다. 강대현은 앞으로의 사회과 교육과정, 교과서, 수업 수준에서 이 세 가지 단순화, 모방, 활용의 방식을 종합적으로 구성하고 적용할 필요가 있다고 보고, 사회과의 교육목적에 맞는, 그리고 학습자의 수준에 맞는 내용의 취사선택이 능동적으로, 주도적으로 나타나야 함을 강조한다.

이 중에서도 특히 '활용'에 많은 관심을 기울일 필요가 있다. 이는 곧 '사회과학의 사회과적 변용이요 재구성'이라고 할 수 있다. 이것은 20여년 전부터 제기되어 온 내용교수지식(pedagogical content knowledge, PCK)과도 관련될 수 있다. 사회과 PCK는 단지 사회과학적 내용을 많이 알고 있는 것으로 충족될 수 있는 것은 아니다. 사회과학의 주요 내용을 가르치는 경우에도, 그것이 학습자의 수준, 지역사회와 학교의 맥락, 시대적 특수성, 교수학습방법 등에 대한 고려 속에서 사회과 수업에 적합하게 번역되어 학습이 일어날 때 비로소 PCK가 발휘되었다고 할 수 있다. 이 점에서 사회과 PCK는 사회과학에 대한 내용지식(content knowledge)과 구별될 수 있다. 이는 사회과가 단지 사회과학의 축소판을 자처하거나, 사회과학을 맹목적으로 따라가는 데 데 그치지 않고 그것을 소재로 하여 사회과의 전문적 영역을 구축하고자 한다는 점에서 의미있는 시도라고 할 수 있다(강대현, 2008). 사회과의 '진화'(의 단초)를 조심스럽게 이야기할 수 있는 부분이라고 판단된다.

3) 사회과와 교육학: 방법지식의 원천으로서의 교육학, 그리고 사회과 내용교수지식(PCK)의 의의

어떤 교과가 성립되기 위한 요건을 교육과정 구성요소를 통해 아주 단순하게 살펴보면, 우선 각 교과가 추구하는 목표가 있어야 한다. 그리고 그것을 위해 선정되고 조직된 내용이 있어야 하며 그 내용을 표현하고 공유하는 데 필요한 교수학습방법이 있어야 하며 그러한 과정과 결과의 적합성 및 타당성을 판단할 평가 영역을 가지고 있어야 한다. 실제로 교과교육은 그러한 네 가지 기본적인 영역에서의 연구와 실천의 수준이 지속적으로 개선되면서 발달해 오고 있다. 이러한 요소들은 모든 교과의 교육과정에 공통적으로 포함되어 있다.

교과교육을 논할 때 교육학과의 관계를 빼놓을 수는 없다. 양자 사이에는 긴장과 협력이 존재한다. 교육학 연구자 중에는 각 교과를 각론 수준에 두고 교육학에 총론 혹은 메타적 지위를 부여하면서 각 교과의 교육과정 구성 방식, 교수학습방법, 평가 논리 등을 교육학이 총론적으로 구축하고 제시해야 한다고 보는 경우가 적지 않다. 반면, 다수의 교과교육 연구자들은 각 교과에 고유한 논리와 원리가 존재하며 그로부터 구체적인 내용, 방법, 평가 등이 도출될 수 있다고 본다. 바로 이 지점에서 교과와 교육학 일반과의 관계 사이의 일정한 긴장과 협력 체제가 구축된다.

이러한 협력과 긴장 관계는 사회과에도 비슷하게 적용된다. 대체로 사회과의 목표와 내용은 사회과에 고유한 것으로 본다. 그 영역은 곧 교과의 정체성에 직결되는 것으로서 교육학 일반의 논리만으로는 채워질 수 없는 부분이다. 그에 비해 사회과의 교수학습방법과 평가 영역은 교육학과의 상호작용이 긴밀하게 필요한 부분이다. 특히 사회과의 평가 중 선다형 평가 부분에서는 교육평가의 엄격한 논리와 기법을 보다 많이 배울 필요가 있다.

장원순(2003a)은 사회과와 교육학 일반의 관계에 대해 고찰하면서 사회과는 내용과 교수학습방법의 기본적인 연원이 서로 다르다고 지적한다. 즉, 내용은 사회적 실천에서, 교수학습방법은 교육심리학, 교육철학 등에서 그 연원을 찾을 수 있다는 것이다. 이 경우 교수학습방법은 사회과의 내용을 가르치기 위한 수단으로서 주로 기능할 뿐 양자 사이에 필연적 관계는 존재하지 않는 셈이다.

따라서 사회과의 고유한 내용을 가장 적합하게 잘 가르치기 위해 필요한 교수학습방법의 선택과 실행은 단순한 방법적 지식을 넘어 사회과 내용교수지식(PCK)의 개발과 활용으로 이어지도록 할 필요가 있다. 교수학습방법으로 많이 연구되고 있는 것들 중에, 예를 들어 토의토론, 역할극, 시뮬레이션, 협동학습 등은 비단 사회과에서만 독점적으로 활용되는 방법이나 모형이 아니다. 그러므로 그러한 방법이나 모형이 사회과의 어떤 내용 요소와 결합되었을 때 내용적, 절차적 측면의 학습에 있어서 그 효과를 극대화할 수 있는가와 관련한 판단이 매우 중요해진다. 여기서 바로 PCK가 크게 기여할 수 있는 의의를 갖는다.

PCK는 단지 어떤 수업방법의 원리를 잘 이해하거나 특정 수업모형의 절차를 잘 파악하고 있는 것으로 한정되지 않는다. 그와 같은 지식은 교수학적 지식 또는 교수방법적 지식(pedagogical knowledge) 정도에 해당될 것이다. 물론 PCK는 교수학적 지식과 무관하지 않다. 교수학적 지식은 PCK를 구성하고 발휘하는 데 있어서 하나의 기반이 될 수 있다. 그러나 그 둘이 결코 동치는 아니며 교수학적 지식으로부터 PCK가 필연적으로 도출되는 것도 아니다. 따라서 교육학 영역에서 상대적으로 많이 강조되는 교수학적 방법으로부터 어느 정도 선을 그을 수 있는 부분이 바로 사회과의 PCK라고 할 수 있다. 이러한 의의를 가지고 있는 사회과 PCK와 그에 대한 컨설팅 관련 연구와 실천 노력이 점차 늘고 있다는 점에서 사회과의 '진화'를 어느 정도 논할 수 있는 부분으로 보인다.[25]

---

[25] 한국교육과정평가원(2007, 2008)과 경인교육대학교(2007, 2008)에서 사회과 PCK와 수업 컨설팅에 관한 연구 보고서와 단행본을 계속 발행하고 있고 경기도교육청, 경상남도교육청에서도 2008년~2010년 연이어 사회과 PCK 연수를 실시하고 있다.

4) 사회과와 도덕과[26]
: 가치·태도 영역 및 내용 요소의 일부 중복으로 인한 책임 전가

미국으로부터 사회과를 도입할 때 그 명칭은 social studies였다. 여기에는 지리, 역사, 공민, 윤리 등이 모두 포함된다. 그러나 우리나라의 독특한 사정으로 인해 이른바 도덕, 윤리 영역은 사회과와 분리되어 초등에서 도덕과, 중등에서 윤리과가 별도로 성립되었다. 이 과정에서 사회과와 도덕과는 일부 지식 영역과 가치·태도 영역이 중복되는 상황이 불가피하게 나타났다. 예를 들어, '사회화', '시민사회' 등과 같은 내용 요소나 가치명료화, 가치분석 등의 가치 교육 영역이 특히 그러하다. 이러한 현상은 교육과정이나 교과서에서만 나타나는 것이 아니라 사회과 관련 개론서에서도 마찬가지다. 미국과 한국에서 많이 읽히는 사회과 개론서에서는 모두 가치 교육을 하나의 장(章)으로서 다루고 있다.

사회과와 도덕과는 이처럼 같은 뿌리, 같은 전통을 가지고 있으면서도 한국 사회에서 오랫동안 분리되어 학습되어 오면서 어느 정도 구분되는 측면도 있다. 첫째, 가치·태도 영역에 대한 접근 방식의 측면에서 볼 때, 도덕과에서 상대적으로 바람직한 가치의 내면화에 좀더 초점을 맞춘다면, 사회과에서는 가치에 대한 분석을 보다 강조하는 편이

---

26 도덕과는 학문이 아니라 교과 명칭이므로 엄밀히 말해서 '사회과와 학문'이라고 하는 범주에 정확히 들어맞는 내용은 아니다. 앞서도 밝혔듯이, 여기서는 학문의 범주를 전략적, 조작적으로 다소 느슨하게 보아 교과로서의 이론과 실천의 영역을 가지고 있는 것으로까지 넓혀서 도덕과에 대한 논의를 이 범주에서 다루고자 한다. 이것은 도덕과가 엄밀하게 학문의 범주에 포함되어서가 아니라, 본 연구에서 전개되는 논의의 맥락을 고려하여 4절을 3장의 범주에 넣는다는 의미이다.

다. 둘째, 내용적인 면에 있어서도 사회과에서는 사회학, 정치학 등과 같은 인접 학문에 보다 초점을 맞추는 데 비해, 도덕과에서는 철학적 연원, 배경, 맥락 등을 더욱 강조하는 편이다.

강환국(1972)도 이미 오래 전에 사회과와 도덕과의 공통점과 차이점을 언급한 바 있다. 그는 바람직한 민주시민 양성을 목표로 하는 사회과와, 민주적 도덕성 내면화를 위한 도덕과는 상위 교육목표에 있어서 일치하며 교육내용에 있어서도 그 목표를 달성할 수 있게 되어 있다고 보았다. 그러면서도 특히 도덕과는 반공·도덕교육을 보다 집중적, 체계적으로 실시하기 위한 교과로서의 성격을 띤다고 지적한다. 사회과의 목표를 더욱 세분화하였을 때, 도덕과는 보다 심화된, 그리고 특수한 목표를 달성할 전문 교과로서의 성격을 지닌다는 것이다. 권오정(1987)은 이와 관련하여 좋은 국민, 사회인, 가정인을 기른다는 목표 측면에서는 사회과와 도덕과가 동일함이 있지만 그 접근방법은 다소 다르다고 지적한다. 사회과는 결론이나 선택에 있어서 상대적으로 덜 직선적이지만, 대신 과학적인 탐구과정을 통해 지성적으로 문제를 파악하고 판단함을 중시하는 경향이 더 있다는 것이다.

한편, 안천(1990)은 도덕과와 사회과의 관계 유형을 세 가지로 구분한다. 첫째, 일원론적 입장에서는 도덕과와 사회과는 궁극적으로 동일체라고 본다. 사회현상에 대한 인식에서 가치문제로 나아가지 않을 수 없고, 도덕적 판단이나 행동도 사회적 인식 및 이해와 관련될 수밖에 없다는 점이 이러한 관점의 주된 근거이며 대체로 많은 나라들에서 이러한 입장을 취하고 있다.

둘째, 이원론적 입장에서는 도덕과와 사회과를 분리한다. 우리나라에서는 제3차 교육과정기부터 도덕과가 정식 교과로 설정되면서 이러한 입장이 부각되었다. 이 시기에 대학에서는 국민윤리과가 개설되고, 고등학교에서는 국민윤리, 초등학교와 중학교에는 도덕이라는 명칭을 갖게 되었다. 특히 북한과 통일관련 문제를 도덕과에서 다루는 우리나라의 현실에서는 이원론이 더 적합하다는 견해도 적지 않다.

셋째, 절충론적 입장에서는 도덕과와 사회과는 완전히 하나일 수도 없고 전혀 다른 두 개일 수도 없다는 입장을 취하는데, 이는 다시 일원적 분담론과 이원적 공조론으로 나뉜다. 일원적 분담론은 일원론을 기본으로 하되 두 교과의 역할이 다르다고 본다. 양자의 목표, 내용, 방법 전혀 일치도가 높지만 도덕적 가치, 판단, 태도 등을 특히 중시하여 유교적, 동양적 흐름에 의해 도덕과과 독립 교과로 승격되어 담론한 것이라는 입장이다. 원적 공조론은 양자는 서로 다른 교과지만 비슷한 주제를 다루면서 서로 돕는 형국을 취한다는 것이다.

어느 입장을 취하더라도, 그리고 학교 현장에서 사회과와 도덕과가 독자적으로 운영되는 상황이 앞으로도 계속되더라도, 두 교과의 기원, 추구하는 목표, 내용적 측면 등에서의 일부 공통점마저 부인하기는 어려울 것이다. 문제는 그러한 관계로 인해 사회과에서도 응당 책임져야 할 몫의 상당 부분을 도덕과의 책임으로 전가시키는 측면이 있다는 것이다. 통일, 인권, 양성평등과 같은 주제는 물론 가치 교육 영역에 있어서도 그러한 경향이 존재한다. 사실 이러한 주제나 영역은 각 교과가 자신의 영역으로 간주하여 이기적으로 접근하기보다는 범교과적, 탈교과적으로 수시로 교육이 이루어져야 하는 성격의 것이다. 따라서 사회과 역시 그러한 교육의 한 축을 마땅히 담당해야 함에도 불구하고 도덕과와 겹치지 않는 부분으로만 연구와 실천의 역량을 한정하는 것은 어떤 의미에서는 책임을 방기하는 것이라고 볼 수 있을 것이다. 따라서 일원적 역할 분담이든, 이원적 공조든 사회과의 내용적, 방법적 특성을 활용하여 목표 도달에 도움을 줄 수 있다면 독자 노선을 취하기보다는 도덕과와 긴밀한 소통과 협력을 모색할 필요가 있다. 그러한 노력이 부재할 경우, 여전히 이 부분은 정체 내지는 퇴보를 피하기 어려울 것이다.

4. 사회과 내부에 대한 성찰

1) 사회과의 정체성 확립과 위상 변화에 대한 적응 노력 대두

이혁규(2000)는 다른 교과와 차별되는 사회과의 특성을 다음과 같이 정리한다. 첫째, 목적 측면에서 사회과는 민주시민 양성을 목적으로 한다. 그런데 이것은 사회과의 목표이기도 하지만, 학교교육이나 교육 전체의 목적이기도 하다는 점을 지적하고 이 점에서 사회과는 교과교육은 물론 학교 현상과 사회 현상 전반을 규범적으로 조망하고 변혁을 모색할 수 있는 위치에 있다고 본다. 둘째, 내용면에서 사회과는 단일한 학문적 배경을 가지고 있지 않다. 다시 말해서 이른바 '내용학'과의 관계에 있어서 일대일 대응관계가 성립되지 않는다는 것이다. 이것은 사회과의 정체성과도 관계가 된다. 즉, '무엇'을 가르칠 것인가의 문제가 학문적으로 검증되지 않았으므로 그만큼 반성이 더 필요하다는 것이다.

이러한 정체성의 혼란은 윗슨(Whitson)의 예시에서도 잘 나타난다.

수학이나 과학의 경우 교과와 관련하여 제공되는 진로 정보가 대체로 수학자, 과학자로 집약되는 경향을 띠는데 비해, 사회과는 사회과학자 뿐 아니라, (더 정확히 표현하면 오히려 그보다는) 정치인, 경제인, 외교관, 비평가 등으로 확산된다고 지적한다. 사회과가 무엇을 가르치는 교과인지, 어디에 도움이 되는지 등을 한마디로 표현하기 어렵게 만드는 특성을 잘 나타내 주고 있다. 또한, 사회과의 성격에 있어서도 사회과학 지식 및 과학적 탐구로 보는 견해와 사회적 지식 및 반성적 탐구로 보는 견해가 나뉘어 있다는 특징이 있다(Whitson, 2004; 김왕근, 2006에서 재인용). 사회과의 정체성을 명쾌하게 규정하기 어려운 현실을 나타낸 것으로 볼 수 있다.

이와 같이 사회과가 하나의 교과로서 갖는 불명확성, 다중적(혹은 모순적) 성격이 혼재하는 것을 극복하기 위한 노력이 부분적으로 이루어지고 있다. 이는 대학의 강좌명이나 학회지의 명칭 변화에도 영향을 주고 있다. 1990년대 중반 서울의 한 국립대학의 사범대학 사회교육과에서는 전공 강좌의 명칭을 '교육' 중심으로 대폭 바꾸었다. 예를 들어 〈경제사상사〉을 〈시민교육과 경제사상〉으로, 〈국제정치론〉을 〈시민교육과 국제정치〉 등과 같은 방식으로 바꾼 것이다. 또한, 2000년대 들어 한국사회과교육학회에서는 학회지 명칭을 기존의 『사회와 교육』에서 『시민교육연구』로 변경하였다. 이것은 사회과학으로서의 사회과보다는 교과로서의 특징과 정체성을 보다 강화하고 '시민 양성'이라는 교과 목표를 더욱 부각시키기 위한 노력에서 비롯된 것으로 평가할 수 있다.

김왕근(2006)은 사회과의 정체성 확립과 관련하여 사회과의 재개념화를 요구한다. 이러한 노력은 기존의 독자적 교과중심주의적 입장을 탈피하고자 하는 것으로 평가할 수 있다. 교과중심주의 입장에서 보면 사회과는 주로 사회과학을 중심으로 내용을 선정하고 주로 교육학으로부터 교수학습방법을 차용한다. 그래서 결국 사회과를 구성하는 내용 선정 원칙과 조직 준거는 사회과 내에서 찾기가 어려워지고 사회과학, 철학, 교육학 등으로 그 범위가 국한되고 만다는 것이다. 김왕근은 사회과학이나 교육학 어느 한쪽에 경도될 것이 아니라 학습자 자신의 학습 능력에 의존하는 가운데 부차적으로 교육학적 일반 원리와 방법을 차용하려는 노력이 중요하다고 보고 사회과는 학습자 스스로 생래적인 사회과 학습 능력을 통해 사회 현상 및 사회적 관계에 관한 실제적 지식을 구성하는 교과로 자리매김해야 한다고 주장한다(김왕근, 2006). 외부로부터 차용한 것을 가지고서 타교과와 구분되는 정도의 정체성에 만족할 것이 아니라, 사회과 스스로의 내용과 방법을 모색함으로써 사회과의 정체성을 확립할 필요가 있다는 주장으로 이해할 수 있다.

사회과학과 교육학 사이에서의 사회과의 위치와 관계를 그와 같이 설정하면서, 사회과 내부의 목표와 본질에 대한 성찰이 보다 깊이 이루어져야 한다. 이를 위해서는 결국 사회과의 목표로 돌아갈 수밖에 없다. 이것은 시민성에 대한 논쟁 자체가 사회과의 가장 중요한 정체성의 원천이 되기 때문이다. 시민성에 대한 논쟁을 통해 사회과의 정체성을 만들어 가는 과정을 거칠 필요가 있다. 그동안 사회과의 목표, 시민성의 구체적인 요소에 대한 '합의'의 경험없이 그저 이미 규정된 목표를 수용하거나 동조하는 과정이 많았다. 논의와 합의 없이 당연한 것으로 여겨지는 목표는 사실상 아무도 그것을 진지하게 받아들이지 않으며 그것을 실천하지도 않으며 실현할 수도 없다는 것과 다름없다

(이종렬, 2000). 시민성의 본질에 보다 다가가려는, 그리고 합의를 만들어가려는 노력이 사회과 종사자들에게 요구된다.

한편, 약간 다른 차원에서 보면 (이것은 근본적인 문제일 수 있는데) 사실 시민성 함양이라는 것은 우리가 지향하는 교육의 기본 전제이자 방향이기도 하다. 동시에 그것은 사회과가 추구하는 본질적인 목표이기도 하다. 이종렬에 따르면, 동일한 목표를 다른 차원에서 추구한다는 것은 사회과에서의 시민교육을 강조하며 우선성, 고유성을 인정하는 것이 될 수도 있고 반대로 사회과 시민교육의 실종으로 이어질 수도 있다(이종렬, 2000). 따라서 과연 사회과는 시민성 함양에 더 타당하고 더 적합한 교과인가가 중요한 질문이 되어야 한다.

그 질문에 대한 답은 미국의 영향이나 국가 정책과의 관계, 사회과 학과의 관계 등만으로는 제시하기 어려울 것이다. 문서나 교과서 속의 민주주의 논의를 넘어 시민교육의 민주적 환경 구축을 위한 노력, 민주적 정치 문화 형성을 위한 노력이 필요하다. 이것은 곧 생활양식이자 삶의 태도로서의 민주주의 향유, 학교의 시민사회화, 교사의 시민적 자질 함양 등의 모습으로 구현될 수 있다. 아직까지는 미진하지만, 꾸준히 이어지고 있는 그와 같은 노력을 통해 사회과의 정체성 확립과 위상 설정에 있어서의 진화가 엿보인다고 평가할 수 있을 것이다.

2) 연구 및 실천 영역의 확장과 미시화 경향 증가

최근 사회과의 연구 및 실천 경향은 영역의 확장 및 미시적 연구 증가의 특징을 띤다고 할 수 있다. 우선, 인권교육, 다문화교육, 미디어

교육 등과 같이 비교적 최근에 부각되고 있는 영역에 사회과가 기여할 수 있는 부분이 확대되고 있다. 인권, 다문화, 미디어, 환경, 정보화, 성 등의 영역은 특정 교과에서만 독점할 수도 없고, 그렇다고 독자적인 교과처럼 다루기도 어려운 성격을 띠고 있다. 직간접적으로 관련되는 각 교과에서 필요한 부분을 채워 주는 형태가 오히려 바람직하다. 다만 이 경우에 내용상의 중복이나 배제 문제가 발생하지 않도록 주의해야 한다.

사회과는 다양한 사회 현상을 능동적으로 이해하고 거기에 규범적으로 대응하는 능력을 가진 시민을 기르고자 한다는 점에서 위와 같은 범교과적 주제를 다루는데 적합하다. 실제로 개정된 교육과정에도 위의 주제들이 직접 다루어지거나 부분적으로 녹아 있기도 하다. 예를 들어, 인권의 경우 초등학교에서는 제7차 교육과정에 이어 2007 개정 교육과정에서도 성취 기준에 인권을 명시하고 있고, 중고등학교에서는 대단원명에 포함시켜 보다 자세히 다루도록 하고 있다. 다문화의 경우에는 2007 개정 사회과 교육과정에 인권와 성격 부분에서 민족이나 혈통을 배타적으로 강조하지 않도록 변화를 주었고 내용에 있어서도 문화 관련 단원에 세계화와 함께 다문화적 현상을 보다 강조하여 다룰 수 있도록 하였다. 정보화의 경우에도 대중 매체에 대한 바람직한 이해와 활용 등을 통해 중요하게 강조하여 다룰 수 있다. 사회과의 연구와 실천 대상으로 포함되는 이러한 주제들은 사회과가 활용되고 기여할 수 있는 폭 자체를 넓힐 뿐 아니라, 다른 교과는 물론 학문 영역과의 소통 기회도 확대하고 있다는 점에서 진화를 논할 수 있는 부분이라고 판단된다.

한편, 사회과는 미시적인 수업 현상에 관한 관심이 점차 늘어나고 있는 추세에 있다.[27] 물론 이러한 부분이 아직 충분한 정도이거나 대세라고 보기는 어렵다. 사회과 관련 주요 학회지의 논문을 분석한 이혁규(2001)의 연구에 의하면 사회과 수업 연구 관련 논문의 다수는 수업 방안, 교수학습 전략, 수업 모형 등 교수학습 모형에 관한 것, 특정한 수업 방법의 효과 검증을 위한 것 등이고, 교실 사회과 수업을 미시기술적으로 접근한 논문은 많지 않다. 그리고 대체로 처방적인 성격의 것이 많고 기술적인 것은 소수에 불과하다. 이혁규는 이를 사회과 수업 연구 동향에 있어서 "기술적, 해석적 전통의 부재"라고 표현한다. 충실한 이해와 진단에 기반하지 않은 처방이나 해외의 최신 수업 이론이나 방안을 소개하는 것이 많다는 것이다. 또한 본격적인 수업 연구의 전통이 없어서 주로 연구자의 관점에서 해석될 뿐, 수업 현상을 만들어 가는 교사나 학생의 시각을 드러내지 못하고 있다고 지적한다. 이혁규(2001)는 학제적 연구와 함께 사회과 교과 현상을 더 드러내는 수업 연구가 필요하다고 제안한다. 이를 위해서는 대학이나 연구소뿐 아니라, 궁극적으로는 연구자로서의 사회과 교사가 많이 나타나고 성장하는 것이 바람직하다.

연구 영역과 대상의 범위가 넓어지고 연구 기법이 보다 체계화되어 간다는 것은 사회과 외부(시대, 사회 현상, 관련 기관 등)와의 상호작용이 활발하게 이루어지고 있으며 사회과 내부(수업 현장, 연구 현장 등)에 대

---

27 사회과 현장 수업에 관한 연구로는, 연구자로서 수업을 관찰하며 수행한 조영달(1992), 이혁규(1996), 강기원(2003), 옥일남(2003), 박영석(2005), 강대현(2003), 설규주(2005, 2007) 등의 연구와, 현장 교사가 자신의 수업을 직접 이끌며 그 과정에 대한 진단과 평가 및 개선 방안을 도출해 내는 실행연구 경향으로 대별될 수 있다. 실행연구는 특히 초등 사회과를 중심으로 늘고 있다. 여기서는 연구 주제와 연구 방법의 관련성을 기준으로 연구물을 소개한 것이고 이 연구들의 내용적 타당성이나 방법적 엄밀성에 대해서는 평가하지 않았다.

한 성찰이 깊어지는 측면이 있다고 볼 수 있다. 그 상호작용 방식의 다양함과 세련됨, 성찰의 결실에 대한 기대가 높다고 평가할 수 있다는 점에서 일면 또하나의 영역에서의 '발달'의 단초를 논할 수 있는 부분이다.

3) 사회과 현장과 이론, 생활세계와 학문세계의 거리 유지

미국과 일본 등 주변국으로부터 사회과를 수입하기 이전부터, 그리고 해외의 이른바 '선진 이론'의 도입과는 상관없이 현장에서 실질적으로 존재해 온 사회과의 실체는 늘 있었다. 그리고 그러한 현상을 이론적으로 진단하고 규정하며 처방을 내리려고 시도하는 연구자들의 눈에 비친 사회과의 모습도 있었다. 사실 전자의 풍성함과 유동성을 후자의 고정적이고 제한적인 틀로 다 설명할 수는 없다. 이러한 괴리 자체는 사회과의 진화를 가로막는 혹은 더디게 하는 요인이 될 수 있다.

이러한 상황 속에서도 2000년대 들어오면서 사회과교육 분야에서 교대나 사대 교수, 국책연구기관의 연구원들이 현장 수업을 주요 연구 대상으로 삼는 경우가 점차 늘고 사회과 수업 개선 연구에 나서고 있는 것은 고무적인 현상이다. 또한, 많은 현장 교사들이 대학원에 진학하여 공부하고 있고 사회과 교사 출신 교수들이 적지 않다는 것도 사실이다. 그럼에도 여전히 현장과 이론 사이의 거리는 존재한다. 사회과 교사들이 보기에 사회과 이론가들은 여전히 현학적, 사변적일 수 있고, 연구자들이 보기에 사회과 교사들은 여전히 덜 체계적이고 학습 모형에만 매달리는 것처럼 느껴질 수 있다. 사회과의 진화를 도모하기 위해서는 이러한 거리를 좁히려는 상호 간의 노력이 더욱 절실히 필요하다.

한편, 어떤 의미에서는 현장과 이론 사이의 거리는 양자의 빈번한 접촉과 상호작용을 통해서라기보다는 현장의 연구 영역 확대를 통해 좁혀지는 측면이 있다. 특히 중등교사를 중심으로 하여 지리과, 역사과, 사회과 교사모임이 조직되어 활발한 활동을 벌이고 있다. 이러한 모임은 교과 전문성을 높이기 위한 분명한 목적을 가지고 있다. 교과의 세부 내용 영역에 따라 분과를 조직하고 각 분과마다 정기적인 스터디 모임, 연수, 교수 초청 강의 등을 통해 내용학적 기반을 튼튼히 하고 현장 교사들이 가장 목말라하는 수업 자료, 대안 교과서, 대안 지도서를 발간하는 등의 활동을 벌이고 있다.[28] 그리고 그러한 성과물은 사회과 관련 학회를 통해 이론과 현장 종사자 양자에게 공유되기도 한다.[29]

사회과 교사들의 이러한 노력은 단지 교실 수업 개선이나 지원에 그치지 않고 사회과 교육과정과 교과서 개발에 반영되는 것이 바람직하다. 현재 사회과 교육과정 및 교과서 개발에 일부 교사들이 참여하고는 있지만, 그것은 단지 '교사' 자격만을 가지고서 참여하기보다는 특정 대학의 대학원에 소속되어 사실상 해당 대학원의 교수와 유사한 관점과 성향을 가진 '대학원생' 교사로서 참여하는 경우가 많다. 현장에

---

28 전국사회교사모임을 예로 들면, 2009년 현재 고등연구분과, 대안사회분과, 시민교육분과로 나뉘어 각각 활동하고 있다. 지역 모임은 서울, 광주, 대전, 울산, 경기, 강원, 경북, 충북, 전남, 제주 등에서 활동하고 있다.

29 한 예로, 2007년 10월 부산대학교에서 있었던 한국사회과교육학회 월례발표회에서는 사회과 교사들이 중심이 되어 개발하여 출판한 법교육 교재 활용 사례에 대한 발표가 있었다.

서 실행되는 교육과정 주체로서의 '사회과 교사'의 고유한 전문성과 실천지를 사로 인정하는 가운데 참여의 폭을 넓혀 나갈 필요가 있다.

한편, 사회과 현장이 주요 연구 대상이 되고 실질적인 사회과 수업 개선에 대한 관심이 높아지고 있는 현상 자체는 바람직하지만, 그러한 연구의 초점 대상이 사회과 교사에게 집중되는 경향이 있지 않은지 살펴볼 필요가 있다. 물론 교사가 주체임은 틀림없지만, 학습자 역시 현장을 구성하는 또하나의 중요한 주체임에 분명하다. 사회과는 시간, 공간, 인간 등과 같은 요소를 주요 내용으로 다루면서 정작 학습자의 생활 세계를 학습면에서의 주요 소재로 다루는 것에, 그리고 연구의 주요 대상으로 삼는 것에 다소 인색하지 않았는지 반성해 보아야 한다. 사회과의 진화를 가져올 수 있는 또하나의 길은 바로 현장과 이론 사이의 거리, 생활세계와 학문세계 사이의 거리를 좁히는 데 있다고 할 수 있다.

4) 영역 간 이해관계의 대립 유지

사회과는 크게 지리, 역사, 일반사회 영역으로 구성되어 있다. 교육과정 개정기에는 이른바 '지분'이라는 것을 확보하기 위해 각 영역은 치열한 경쟁을 벌인다. 특정 전공 분야의 비중이 얼마나 되는가에 따라 전공별 교사의 수, 교사 양성과 관련된 학과 간 경쟁에도 영향을 미치기 때문이다(류재명, 2005). 심지어 통합적 성격의 교과를 지향하는 초등학교에서도 지분 균등 배분 양상은 마찬가지다.[30] 지리, 역사, 공민(일반사회)의 3분법이 양적으로 균형을 이루어야 한다는 논리는 사실 교육 그 자체에서 온 것은 아니다. 이러한 사실을 관련 당사자들 모두가 모르는 바는 아니지만, 여전히 해결되지 못하고 있다. 사회과의 진화를 논함에 있어서 정체는커녕 오히려 퇴보하고 있다는 냉정한 평가를 받을 만한 부분이다.

교육과정은 물론이고 교원임용시험에서도 지리, 역사, 일반사회의 삼분법은 엄격하게 지켜지고 있고 가급적 그 분량까지도 균등하게 하기 위해 각 영역에서 노력을 하고 있다. 삼분법의 논리는 현장의 필요, 특히 학생들의 필요에서 출발하지 않았고 교육과정 개발자, 교과교육 전문가, 정책결정자들의 정치적 타협의 결과물로 보는 시각이 많다(강대현, 2005). 지금은 인문학, 사회과학, 자연과학이라는 대범주마저도 서로의 경계를 넘나들고 있는 것이 현실이며 딱히 어느 범주로 분류할 수 없는 새로운 영역이 등장하고 있는 시대다. 하물며 주로 사회과학과 인문학에 속하는 일부 하위 내용요소 정도를 가지고 있는 사회과에서 지나친 영역 다툼을 하는 것은 바람직하지 않다.

이와 관련하여 강대현(2005)의 논의를 참고해 볼 필요가 있다. 사회과의 기반이 되는 것으로 기본적인 문화유산과 가치, 사회과학적 지식과 과학적 사고, 개인의 일상에 대한 반성적 삶 및 공동체의 현실과 이상 등을 꼽을 수 있는데, 강대현은 이 중 가장 일차적이고 중요한 기반으로서 일상의 삶을 제시한다. 문화유산과 사회과학적 배경도 우리의 일상과 연결되어야 의미가 있기 때문이다. 이에 따라 강대현은 사회과의 내용 구성도 반성과 비판, 참여로 이어지는 것으로 이루어져야 한다고 지적한다. 그러나 역사와 전통이 없는 얕은 일상, 사회과학적 지

---

30 2007 개정 교육과정에서 3~6학년 사회과 대단원 24개 중 6개는 통합, 6개는 지리, 6개는 역사, 6개는 일반사회에 해당된다.

식과 사고가 부재한 비과학적, 비합리적 일상만으로는 부족하므로 그 두 가지를 접목할 필요가 있다고 본다. 사회과의 내용 구성에 있어서 지나치게 세부 전공 중심의 분과지향적인 논리와 배분 방식을 넘어설 수 있는 하나의 대안적 방향으로 귀를 기울일 만하다.

5. 교과로서의 사회과
: 확립인가, 축소인가? 확장인가, 혼란인가?

학교 현장에서 수업을 통해 접하게 되는 교과로서의 사회과는 학습 주체들에게 어떤 의미로 다가갈까? 예컨대 어쩌면 학습자들에게는 (기성 세대들이 중요하다고 하니까) '싫지만 해야 하는' 교과일 수도 있고, 어떤 학부모에게는 자녀가 사회과학계열을 전공하는데 필요한 발판으로 보일 수도 있다. 수많은 초등 교사에게는 수업하기 참 힘든 교과, 일부 중등 교사에게는 현실 비판의 통로가 될 수도 있을 것이다.

어떻게 보든 사회과가 갖는 교과로서의 상대적 지위는 과거에 비해 낮아지고 있는 것으로 보인다. 이른바 '주지 교과'라고 하는 범주 속에 여전히 들어가 있고 일정한 시수도 확보하고 있지만, 적어도 사교육 시장에서 사회과는 주지 교과 중 가장 낮은 위치에 있을 뿐 아니라, 이른바 예체능이라 불리는 영역에 비해서도 활성화되어 있지 않다. 사교육 시장에서 차지하는 교과의 위상이 공교육 체계 속에서의 위상에까지도 영향을 미치는 우리나라의 기형적 구조 속에서 사회과가 맞이하는 현실은 엄하기만 하다.

사회과는 이러한 도전 앞에서 어떻게 대응해야 할 것인가? 본 연구에서는 사회과의 정체성 '확립'과 영역 '확장'에 무게를 두고 진화를 도모해야 한다는 점을 제안하고자 한다. 이것은 사실 같은 현상을 두고 방점을 어디에 찍는가 하는 문제일 수도 있다. 모호한 것으로 이해되고 있는 사회과의 정체성과 영역의 경계를 분명히 세우는 작업은 한편으로는 사회과의 모습을 '확립'하는 것일 수도 있지만, 다른 한편으로는 그것을 '축소'하는 것일 수도 있다. 또한, 사회과의 관심 분야가 기존의 학문적 지식에서 일상으로, 새로운 사회 현상 등으로 바뀌어 가는 것은 한편으로는 사회과의 영역을 '확장'하는 것일 수도 있고, 다른 한편으로는 그것에 '혼란'을 주는 것일 수도 있다. 여기서 '축소' 대신 '확립'에, '혼란' 대신 '확장'에 방점을 찍으면서 사회과를 둘러싼 현상을 규정하고 견인하자는 것이 본 연구의 입장이다. 여기서 '확립'은 어떤 고정불변의 정적인 상태라기보다는 사회과의 정체성 확립을 향해, 그리고 그것을 만들어 가는 과정에 초점을 두고 있다. 또한, '확장'이라는 것 또한 문어발식으로, 이기적으로 모든 것을 사회과에 담아내야 한다는 것이 아니라, 특정 영역은 특정 교과가 전담해야 한다고 인식되는 일종의 기득권적 구조를 개선해 보자는 것이다.

한편, '확립'과 '확장'이라는 것이 일견 모순되어 보일 수도 있다. 정체성을 분명히 하게 되면 영역을 확장하는 것이 쉽지 않고, 영역을 확장하게 되면 정체성이 모호해질 수 있기 때문이다. 그러나 사실 확립과 확장의 문제를 반드시 배타적으로 볼 필요는 없다. 학교교육 속의 교과라는 범주에만 머물지 않고 수많은 외부 요인들(국가, 시대, 학문,

타교과 등)과의 상호작용을 통해 사회과의 영역을 확장해 가되, 그러한 영역 확장의 목적은 무엇이고 방향은 어디인지, 그것은 사회과가 추구하는 본질에 부합하는지 등을 끊임없이 반성하는 과정을 통해 사회과의 정체성을 확립해 나갈 수 있을 것이다.

이와 같은 논의를 마무리하면서 〈그림 1〉과 〈그림 2〉와 같은 도식을 통해 사회과의 어제와 오늘을 살펴보고 앞날을 전망해 보고자 한다.

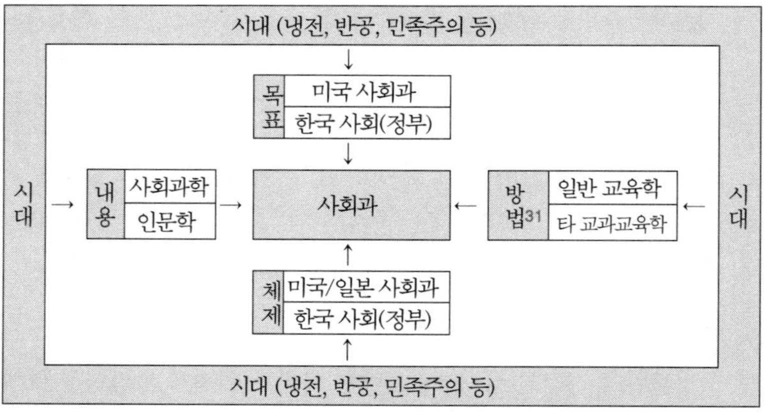

그림 1. 사회과에 영향을 주는 요인들과 시대적 특징

〈그림 1〉은 사회과의 목표, 내용, 방법, 체제 등에 영향을 주는 외적 요인들과 그러한 상황 자체의 배경이 되는 시대적 특징이 제시되어 있다. 화살표는 영향력이 작용하는 대체적인 방향을 나타낸다. 외적 요인들로는 미국 및 일본 사회과와 한국 사회 및 정부, 사회과학과 인문학 등과 같은 인접 학문, 교육학과 타교과 등을 꼽을 수 있을 터인데,

---

31 여기서의 방법은 넓게 보아 평가를 포함하는 것으로 본다.

대체로 사회과가 그로부터 영향을 받아들이는 측면이 강했다고 평가할 수 있다. 냉전이나 민족주의 등으로 특징지을 수 있는 시대적 환경은 그러한 과정의 커다란 배경이 될 수 있을 터인데, 그러한 환경의 영향 역시 대체로 일방향적이다. 이러한 메커니즘 속에서 사회과의 성격이 규정되어 왔고 학교교육 속에서 그 기능을 담당해 왔다.

한편, 〈그림 2〉에서는 앞으로의 사회과가 꾸준히 진화하기 위해 지향해야 할 모습을 제시해 보았다. 역시 화살표는 영향력이 작용하는 방향을 의미한다. 앞으로의 사회과는 이와 같은 형태로 외부 요인들과의 적극적인 상호작용을 펼칠 수 있기를 기대한다.

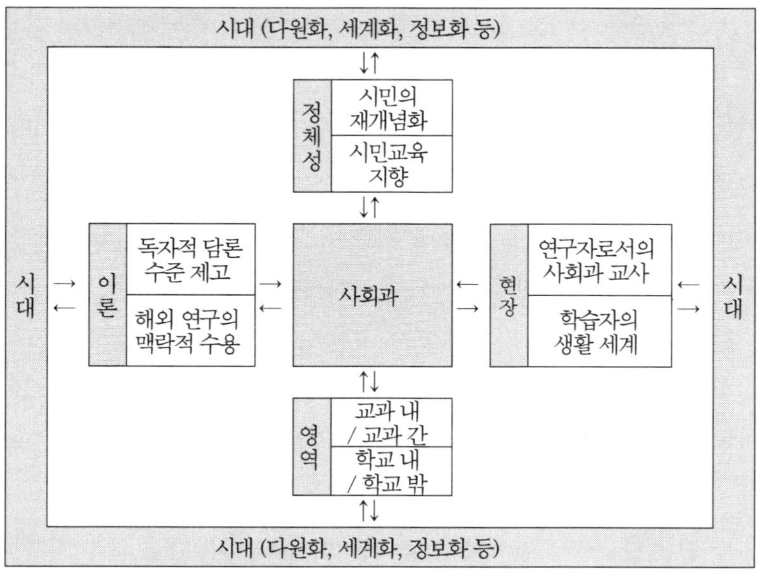

그림 2. 진화하는 사회과가 지향해야 할 모습

미래 사회는 지금보다도 다원화, 세계화, 정보화 등의 추세가 가속화되고 강화될 가능성이 높다. 그러한 현실 속에서 사회과는 '시민성 함양'이라는 목표를 막연하게 주어진 것으로 그저 받아들이기보다는 그것에 대한 맥락적인 재규정을 통하여 실질적인 시민교육의 모습을 구체화하는 과정에서 정체성을 만들어 갈 필요가 있다. 그리고 해외 사회과 연구를 한국화하여 소화하고 독자적인 담론 수준을 높이면서 사회과의 이론적 기반을 구축하는 노력을 기울여야 한다. 또한 사회과 수업 현장에 대한 관심을 높이면서 연구 조력자나 연구 대상으로서의 교사만이 아니라 연구자로서의 사회과 교사의 역할을 강조하고 학습자의 일상적인 생활 세계가 사회과의 내용과 방법 측면에서 무겁게 다루어져야 한다. 또한, 사회과의 영역을 '학교 안', '교과'의 테두리 안으로 축소시키지 말고 교과 간 연계, 지역사회와의 소통, 관련된 민관 주체들과의 협력을 통해 활발한 상호작용을 지속하는 것이 바람직하다. 그리고 〈그림 2〉 속의 화살표가 보여주듯이 사회과와 외부 요소들과의 관계는 〈그림 1〉과는 달리 쌍방향적이어야 한다. 그리고 그것을 사회과 내부에 대한 성찰과 개선으로 전이시킬 수 있어야 한다.

사회과는 분명 하나의 교과로서 여전히 기능하고 있고 앞으로도 그러할 것이다. 그리고 특히 남북 관계와 통일, 사회 통합 등의 문제와 관련하여 한국 사회와 정부가 사회과에 기대하고 요구하는 고유한 부분도 여전히 남아 있을 것이다. 그러나 그러한 측면이 사회과의 본질과 존립을 담보해 줄 수 있는 것은 아니다. 교과라는 것을 외부 환경과의 상호작용 속에서 발달하기도 하고 쇠퇴하기도 하는 하나의 유기체로 비유할 때, 사회과는 독자 생존, 독자 발달을 도모하기보다는 사회 현상의 성립에 관여하는 다양한 주체들과 적극적으로 소통할 수 있는 능력, 그리고 늘 새롭게 변화하는 다양한 환경에 유연하게 적응하며 바람직한 방향으로 견인할 수 있는 능력을 높임으로써 꾸준히 '진화'하는 모습을 만들어 낼 수 있을 것이다. 그것은 사회과가 단지 하나의 교과로서만 기능하는 데 머물지 않고, 보다 큰 기획으로서 우리 사회의 교육을, 그리고 현상을 가치 있게 빚어내는 것을 의미한다.

*이 글은 2009년 2월 7일 한국사회과교육학회가 주최한 동계학술대회 〈한국사회과 교육 40년의 회고〉에서 발표된 논문과, 2009년 6월 『시민교육연구』(제41권 제2호)에 발표된 논문을 수정·보완한 것이다.

참고문헌

강기원(2003). "수업 딜레마에 관한 해석학적 사례 연구". 서울대학교 대학원 박사학위논문.

강대현(2005). "사회과의 기반과 내용에 대한 비판적 고찰".『사회과교육』. 제44권 제1호.

강대현(2007). "사회과교육 목표로서의 시민 개념에 대한 분석".『사회과교육』. 제46권 제1호.

강대현(2008). "사회과 교사의 내용교수지식(PCK) 분석 실제 2".『중등 사회과 내용교수지식(PCK) 및 초임교사 수업컨설팅 연수』. 서울: 한국교육과정평가원.

강우철(1991). "도전받는 사회과".『사회과교육』. 제24호.

강환국(1972). "도덕과교육학 개발을 위한 체제에 관한 연구".『사회와 교육』. 제1호.

교육부(1997).『사회과 교육과정』. 서울: 교육부.

교육인적자원부(2007).『사회과 교육과정』. 서울: 교육인적자원부.

권오정(1987). "사회과와 사회과학".『사회과교육』. 제20호.

김왕근(2000).『일반사회 교육과정의 목표 및 내용 선정의 준거, 사회과 교육의 목표 및 내용구성의 원리와 방향』. 한국교육과정평가원.

김왕근(2006). "사회과 교육의 재개념화에 관한 연구".『시민교육연구』. 제38권 제4호.

김용만(1980). "한국 사회과교육의 변천과 전망".『사회과교육』. 제20호.

김원태 외(2004).『아름다운 사회참여』. 서울: 돌베개.

김한종(2003). "사회과 수업내용 재구성의 원리".『사회과학교육연구』. 제6호.

류재명(2005). "국가 교육과정과 사회과 교과체제 구성의 문제점 및 개선 방향".『한국지리환경교육학회지』. 제13권 제1호.

모경환(2006). "사회과 교육과정 개발체제 및 개정방식에 관한 연구".『시민교육연구』. 제38권 제2호.

박상준(2002). "사회과 교육의 목표에 대한 새로운 접근: 행위와 사고의 통합.『시민교육연구』. 제34권 제2호.

박성혁(2001). "21세기 한국 사회의 변화와 사회과교육 내용 요구에 관한 연구".『시민교육연구』. 제32집.

박영석(2005). “수업장학에 대한 질적 사례 연구”. 서울대학교 대학원 박사학위논문.

박이문(1995). “21세기의 문화: 전망과 희망 - 생태학적 문화를 위한 제안”. 한국철학회 편(1995).『문화철학』. 서울: 철학과현실사.

박인기(2003). “생태학적 국어교육의 현실과 지향”.『한국초등국어교육』제22집.

박인기(2008). “교과의 생태학, 그리고 교과의 진화”.『교과교육의 현재와 미래』. 경인교육대학교-서울교육대학교 공동 2008 국제학술대회.

설규주(2005). “제7차 사회과 교육과정의 운영실태와 개선방안”.『시민교육연구』. 제37권 제3호.

설규주(2007). “초등 사회과 수업의 패턴 고찰을 통한 수업 전문성 제고 방안 연구”.『사회과교육』. 제46권 제4호.

송현정(2003). “사회과교육의 목표로서 시민성의 의미에 대한 연구”.『시민교육연구』. 제35권 제2호.

안천(1990). “국민학교 사회과에서의 이념교육”.『사회과교육』. 제23호.

옥일남(2003). “사회가 수업의 상호작용에서 나타나는 학생 소외 연구”. 서울대학교 대학원 박사학위논문.

윤덕중(1994). “사회과교육과 내용학으로서의 사회학”.『사회와 교육』. 제18호.

이영춘(1987). “사회과교육과 도덕과교육과의 관계”.『사회과교육』. 제20호.

이정우(2005). “시민교육의 내용에 대한 사회과 교사들의 다양한 관점”.『시민교육연구』. 제37권 제1호.

이종렬(2000). “시민교육의 정체성 위기와 딜레마”.『시민교육연구』. 제30집.

이진석(2001). “‘신사회과’가 우리나라 사회과 교육과정에 끼친 영향에 대한 연구”.『시민교육연구』. 제32집.

이혁규(1996). “중학교 사회과 교실 수업에 대한 일상생활기술적 사례 연구”. 서울대학교 대학원 박사학위논문.

이혁규(2000). “오늘의 학교를 어떻게 바라보고 연구할 것인가”.『21세기 학교 현장에 대한 이해와 모색』. 서울대학교 대학원 사회교육과 세미나 발표 논문집.

이혁규(2001). “사회과 교실수업 연구의 동향과 과제”.『사회과학교육연구』. 제4호.

이혁규(2008). “도입기 사회과에 관한 연구의 성과와 한계”.『시민교육연구』. 제40권 2호.

장원순(2003a). "사회과교육 정체성에 내재적인 사회과교수학습방법". 『한국교육연구』. 제9권 제2호.

장원순(2003b). "한국사회과교육에서 시민의 실천문제와 과제". 『시민교육연구』. 제35권 제2호.

전숙자(2000). "사회과교육 연구논문분석: 1963-1998". 『사회과교육학연구』. 제4호.

조영달(1992). "정형화된 사회공간 속에서의 한국적 상호작용 유형의 이해". 『사회와 교육』. 제16호.

조영달(2001). 『한국 중등학교 교실수업의 이해』. 서울: 교육과학사.

최현섭(1987). "사회교육 환경의 문제와 90년대의 과제". 『사회와 교육』. 제11호.

한면희(1989). "사회과 목표론". 『사회과교육』. 제22호.

한면희(1995). "21세기에 대응하는 사회과교육의 과제". 『사회과교육』. 제28호.

한면희(2001). "사회과교육의 과제와 전망". 『사회과교육』. 제34호.

허종렬 외(2001). "한국 사회과 교육과정 영역별 연구동향 분석". 『사회과학교육연구』. 제4호.

Barr, Robert & Barth, James L. & Shermis, S. Samuel(1978). The nature of social studies. Palm Springs: ETC Publication.

Phillips, Denis C.(2008). "The organization of knowledge in the complex contemporary world: Do subject-matter disciplines have a future?". 『교과교육의 현재와 미래』. 경인교육대학교-서울교육대학교 공동 2008 국제학술대회.

과학 교과의 성장과
진화에 대한 소고

임희준

교과는 진화하는가

1. 과학의 의미

    과학의 영어 단어인 science는 '~을 안다'라는 뜻의 라틴어 'scientia' 에서 유래하였다. 이 의미에서 유추해볼 수 있듯이 초기 과학은 자연 세계에 대한 앎 즉, 지식을 핵심적인 요소로 파악하고 있었다고 할 수 있다. 그런데 이 'scientia'의 의미를 더 들어가보면 과학에 부여했던 의미를 좀더 되새겨볼 수가 있다. 이는 '~을 안다'를 뜻하는 접두사 'scio-'에서 나왔으며, 이것의 근원을 더 찾아보면 '구분하다' 또는 '분별하다'는 의미의 인도-유럽 어근에서 나왔다고 한다. 이것은 찢다, 가른다, 자른다와 같은 의미를 지니며 라틴어 scindere와 관련이 있다. 과학(science)을 과학이라고 부르기까지 사람들이 부여했던 의미를 파악해보면 과학이란 사물을 분별하고 구분하고 세부적으로 가르고 쪼갬으로써 체계화시킨 지식이라는 의미를 포함했을 것임을 짐작할 수 있다.

    우리나라의 경우 science를 과학(科學)이라고 하는데, 이는 일본에서 유래하였다. 이는 초기 일본의 학자들이 외국의 과학(science) 책들을 살펴보고 이것이 매우 다양한 여러 분야의 내용들이 모여 있는 것이어서 이를 백과학문(百科學文)이라고 지칭하였으며, 이것을 단순화하여 과학(科學)이라고 하게 되었다고 한다. 즉, 과학(科學)이란 용어에서도 과학이란 다양하게 세분화된 지식의 체계라는 의미를 내포하고 있음을 알 수 있다.

    그런데 이러한 초기의 의미와는 달리 최근에 우리가 과학에 부여하고 있는 또는 부여하고자 하는 핵심적 개념 중 하나는 바로 '통합', 또는 '융합'이다. 에드워드 윌슨(Edward Wilson)의 '통섭(consilience)'으로 대변할 수 있듯이 21세기에는 거의 모든 학문 분야에 통합의 바람이 거세게 불고 있다. 통합이란 과학뿐만 아니라 여러 학문 분야에서 일고 있는 큰 흐름이다. 과학에서도 서로 분절되고 구분되고 유리된 과학이 아니라 통합된 과학, 하나된 과학, 간 학문적 성격으로서의 과학 등이 점점 더 강조되고 있다. '과학'이라는 학문에 대하여 초기에는 구분하고 세분하는 것에 많은 의미를 부여했던 것에 반해 최근에는 합치고 통합하는 것을 강조하는 흐름으로 변하고 있는 것이다. 과학이라는 학문과 교과가 그러한 명칭을 갖게 된 근원을 생각해보면 최근의 통합에 대한 강조는 매우 아이러니하고도 초기에는 예기치 못했을 변화가 아닌가 싶다.

세상에서 변하지 않을 진리는 '이 세상에서 변하지 않는 것은 없다.'라는 것뿐이라는 말처럼 생물도, 물질도, 학문도, 교과도 변화와 진화를 겪어왔다. 객관, 논리, 합리 등의 이미지로 대변되는 과학도 이러한 변화에서 예외일 수 없으며 과학의 본질에서부터 과학의 내용, 과학의 방법도 변화를 거쳐 왔다. 그에 따라 교과로서의 과학도 변화를 거쳐 왔다. 이러한 변화의 과정에서 과학 교과의 변화와 성장 및 현재의 문제, 그리고 미래지향적인 관점에서의 과학 교과에 대하여 생각해보고자 한다.

2. 교과로서의 과학의 태동과 변화

1) 교과로서의 과학의 태동

과학교과는 19세기 말부터 학교 교육과정의 교과로 자리잡기 시작하였고 현재까지 그 목표와 내용의 변화를 거듭해왔다. 19세기는 과학적 발견과 세계를 보는 방법에 있어서 중요한 변화의 시대라고 할 수 있다. 19세기 초에는 고전적 학습을 강조함에 따라, 읽기, 쓰기, 간단한 계산을 할 수 있는 능력을 기준으로 교육받은 사람과 교육받지 못한 사람이 구분되었다. 이러한 고전적 교육은 대부분의 사람들에게 단순히 사회적 계급의 장식이었을 뿐, 변화를 바라는 사람들에게 실용적이지 않았고 사회적으로 관련된 이슈들을 다루지도 못하는 등 교육 체계와 내용이 시대에 뒤떨어졌다는 비판을 불러 일으켰다.

19세기 중반에 많은 학자들은 과학적 학습의 유용성을 강조하며 기존의 고전적인 학습과 교육과정의 문제점을 지적하였다. 헉슬리, 스펜서, 유만스와 함께 라이엘, 패러데이 등은 과학이 학교 교육과정에서 고전어의 학습을 대치해야 한다고 주장하며 과학을 교육과정에 포함시켜 가르치기 위한 운동을 전개하였다. 이들이 제안한 과학 교수의 형태는 자연 세계의 직접적인 관찰을 통해 얻어진 과학 개념의 의미있는 학습에 초점을 둔 것이었다. 당시 이러한 변화의 시도는 매우 혁신적인 것으로 과학이 학교 교육과정 속에 광범위하게 포함되기 시작한 길을 열게 되었다(드보어, 1991).

2) 과학교육의 목표 변천

19세기 말과 20세기 초반에 과학은 학문의 한 과정으로서 학교 교육과정에 확실하게 도입되었으며, 과학이 교과로서 자리매김하기 위한 여러 가지 학문적 토대를 만들어가게 되었다. 이 때 과학교육에서는 발견과 탐구의 정신, 귀납적 연구를 통한 일반화와 원리 이해, 실험 활동을 통한 과학 탐구의 중요성을 강조하기 시작하였다.

20세기 중반에 이르러서는 진보주의의 영향을 받아 과학교육이 학생들의 실생활 및 학생들이 흥미를 갖는 것과 연관되어야 한다는 접근이 이루어졌다. 이에 과학교육의 주된 초점이 과학 지식 학습에서 벗어나 사회적 관련성을 강조하는 것으로 변화하였다.

그러나 사회 발전에 따른 과학 지식의 급격한 팽창과 학생들의 과학적 능력 저하에 대한 반성을 토대로 한 1960년대의 교육과정 개혁 운동은 보다 과학 본연의 모습에 가깝게 과학 원리를 학생들에게 가르치는 것을 주된 목표로 제시하였다. 인간탐구의 논리적으로 구조화된 영역으로서 과학 원리를 제시하였고, 과학 연구의 본성을 다룸으로써 학생들에게 과학자처럼 생각하고 활동하도록 가르쳤다.

그러나 1970년과 80년대에 과학교육의 관심은 다시 사회와 관련된 과학으로 모아졌다. 학생들에게 흥미있고 적절하면서도 사회와 관련된 과학에 대한 이해와 문제 해결 및 가치 판단이 보다 강조되었다.

이러한 변화와 성장의 과정에서 과학교육은 그것이 원론적이든 실생활과 관련이 있든 단편적인 과학 지식을 주입하는 것보다 학생들에게 과학의 과정과 방법을 가르치는 것이 더 중요하다는 현재의 과학교육학적인 철학과 이론적 기반을 다지게 되었다. 또한 과학과 기술, 사회에 대한 유기적인 연결에 대한 이해를 바탕으로 과학적 소양을 배양함으로써 창의적으로 문제를 해결할 수 있는 미래의 책임있는 시민을 기르고자 하는 것을 과학교육의 중요한 목표를 지향하게 되었다.

3. 과학교육의 성장

학교 교육과정의 중요한 교과로 과학이 자리매김하고 모든 학생들에게 의미 있는 지식과 경험, 사고 기능을 제공하기 위한 목적을 수행하기 위하여 과학교육이 어떻게 이루어져야 하는가라는 질문 속에서 과학교육의 발전이 진행되었다.

1) 과학교육의 발전

과학교육이란 무엇인가를 이야기할 때 흔히 드는 비유는 수소(H_2)와 산소(O_2)가 만나서 이들의 혼합 기체가 아니라 물(H_2O)이라는 새로운 화합물이 형성된다는 것이다. 과학이라는 내용을 수소, 교육학을 산소라고 한다면, 과학교육은 이들의 단순한 혼합이 아니라 화학적 변화를 통해 구성된 새로운 분야라고 할 수 있다. 과학을 가르친다는 것은 과학이라는 분야와 교육학 일반 이론의 단순한 합이 아니라 과학을 가르치는 것에 대한 새롭고 통합된 관점을 필요로 한다. 이러한 과학교육의 발전은 일반 교육과는 달리 과학교육 특수적인 또는 과학교육에 보다 적합한 학습 방법인 과학탐구학습이나 학생들의 과학 개념과 개념 변화에 관한 연구와 논의, 이를 통한 과학 수업 모형들을 형성하게 된다. 발견학습모형, 가설검증수업모형, 순환학습모형, 5E 모형, 개념변화학습모형, STS 수업 모형, POE 모형 등이 그 예이다(김찬종 등, 2002).

과학 수업의 방법도 과학 개념에 대한 교재 중심의 수업이나 실험 수업 외에도 학생 중심 수업과 시범 실험, 컴퓨터나 계산기를 활용한 실험, 자연친화적인 실험 등 과학과 기술의 발전을 반영하거나 최근의 친환경적인 경향을 반영하는 방법들에 대한 모색이 이루어지고 있다. 또한, 토론 학습, 협동학습, 역할 놀이, 개념도, V−다이아그램, 과학글쓰기, 과학 시화나 과학 동화의 활용, 과학 연극, 완구나 장난감을 활용한 과학교육 등과 같은 다양한 수업 방법들이 개발되고 활용되고 있다. 특히, 이러한 다양한 수업 기법은 과학을 과학답게 가르치는 것 뿐만 아니라 과학도 사회 속에서 다른 사람들과의 상호작용을 통하여 이루어진다는 점이나 과학을 가르치고 배우는 것에서 무엇보다 중요한 것은 학생들의 긍정적인 태도와 흥미라는 점 등이 고려되어 나온 산물이라고 할 수 있다.

2) 과학교육의 다양화

과학은 학교 교육과정에서 기본적이고 필수적인 교과라는 것에서 멈추지 않고 기존의 분과적, 분절적인 속성에 대한 반성으로 통합적 과학교육에 대한 논의와 노력이 계속되고 있다. 또한 과학과 기술과 사회는 서로 밀접하게 연관되어 있으며 그 연관 속에서의 과학교육에 대한 노력이 증대되고 있다. 과학교육을 단지 학교 내에서의 교과로만 제한하지 않고 학교 밖에서의 과학교육에 대한 논의들을 통하여 그 동안의 제한된 틀과 범주를 넘어선 교육적 접근들도 이루어지고 있다. 우리 주변의 생태, 공원, 지층 등의 자연에 대한 과학, 석굴암, 팔만대장경, 앙부일구 등에서 찾아볼 수 있는 역사 속의 과학교육, 천연염색, 자동차 등 우리 일상생활 속의 과학교육, 과학관, 자연사 박물관 등을 활용한 과학교육 등 교과로서의 과학과 관련을 맺고 있으면서도 이의 제한성을 넘어서는 과학교육에 대한 고민과 노력들이 이루어지고 있다.

과학교육의 대상도 일반 학교 교육과정에서 일반 학생을 위한 과학교육 뿐만 아니라 일반 학생 중에서도 과학에는 다소 괴리감을 느끼는 여학생을 위한 과학, 학습 부진아를 위한 과학, 영재 학생을 위한 과학, 특수 아동을 위한 과학 등 다양하고도 서로 다른 특성을 지닌 대상들에게 각각 적합한 방식으로의 과학교육이 고민되고 시도되고 있다.

아울러, 과학의 발달과 더불어 과학교육에서 가르칠 과학적 내용뿐만 아니라 과학과 관련된 다른 분야에 대한 교육 또한 중요한 과학교육의 대상이 되어가고 있다. 가치 교육이나 과학 윤리, 과학 연구 윤리 교육 등이 그 예이다. 기존의 과학교육은 과학 지식과 과학적 방법을 배우는 것에 치중했던 반면에 최근의 과학의 발달과 과학과 사회의 긴밀한 관련성은 지식과 방법으로서의 과학뿐만 아니라 가치 판단이 필요한 과학이 되어 가고 있으며 과학과 관련된 여러 문제에 대하여 합리적인 판단을 내릴 수 있는 과학적으로 소양 있는 민주시민을 양성하는 것이 중요한 하나의 목표로 자리매김하고 있다. 또한, 과학 기술이 어떤 일(예를 들어 유전자 복제)을 기술적으로 또는 지식적으로 할 수 있느냐를 넘어서 이것을 해야 하는가, 어떻게 하는 것이 윤리적으로 바람직한가에 관한 과학 윤리의 문제도 올바른 과학적 소양인의 양성을 위해서 가르쳐야 하는 중요한 항목이 되었다.

3) 사회적 필요에 바탕한 과학교육

이와 같은 과학교육의 변화와 양적·질적 증대 및 발전은 결국 무엇에 기초하고 있는가? 그것은 바로 과학교육에 대한 '사회적 필요'에 근거하고 있다고 말할 수 있다. 즉, 근대 이전에 교양인이라고 하면 읽고 쓸 수 있는 사람을 말하는 것과 같이 소위 과학기술 사회라고 대변되는 현대 사회에서는 과학은 모든 이의 필수적인 소양으로 인식되고 있으며 이러한 사회의 변화와 그에 따른 사회적 요구는 과학교육의 방향을 '모든 이를 위한 과학', '모든 이의 과학적 소양 증진'으로 자리매김하게 하고 있다.

한 때 학교교육에서 핵심적인 교과였던 고대어와 고문학은 현대 사회에서는 그 의미와 필요성이 거의 없기 때문에 학교 교육과정에서는 배제되었다. 이와 달리 과학은 근대 이전에는 소수에게만 필요한 것으로 여겨졌지만 현대에서는 모든 사람의 삶과 관련이 있고 따라서 모든 사람에게 필요한 부분으로 여겨지고 있다. 학교에서 과학을 가르쳐야 할 이유 중 하나는 과학은 여전히 또는 더더욱 미래 세대에게 중요한 영향을 끼치는 분야일 뿐만 아니라 과학적 사고 방법이나 과학적 태도 등과 같은 과학적 가치 역시 미래에도 인간 지식의 중요한 측면이라는 것이다. 지난 100여년 동안 과학은 우리 문화의 중요한 측면이었고 따라서 교육과정의 필수적인 부분으로 자리매김하고 있다.

4. 과학교육의 변화와 적응

1) 과학지식 변화의 기작

과학적 지식은 객관적 관찰과 합리적인 사고를 통하여 얻어진 것이므로 쉽게 변하지 않는다는 것이 일반적인 통념이다. 흔히 과학 지식을 객관적 지식, 과학적 방법을 합리적이고 논리적인 방법이라고 한다. 그러나 과학의 역사와 과학자가 과학을 하는 과정들을 면밀히 들여다보면 알 수 있듯이 완전한 객관이란 있을 수 없다. 주관이 전혀 개입되지 않고 자연을 있는 그대로 보는 것은 보는 사람이 하나의 인간인 '나'이고 '어떤 과학자'인 이상 불가능하다. 과학의 가장 기본적인 탐구 방법인 관찰은 흰 것은 희고 검은 것은 검은 것이라고 말할 수 있는 더없이 '나'를 배제하는 객관적인 활동인 것 같으나, 실제로 관찰은 보고 싶은 것을 보고 믿고 싶은 것을 보는 주관의 바탕 위에서 이루어진다. 과학에서의 관찰에 대한 관점도 이처럼 객관적 관찰에서 관찰자의 주관적인 이론의존적 관찰의 관점으로 변화하였다(차머스, 1982).

또한 불변의 진리일 것만 같았던 한 시대의 세계관으로 자리잡고 있었던 과학 지식도 새로운 증거와 추론에 의해 완전히 새로운 이론으로 대체되는 경우가 많다. 대표적으로 지구가 세상의 중심이고 태양을 비롯한 모든 천체가 지구를 중심으로 돈다는 중세의 천동설은 수많은 반론과 저항 끝에 지동설로 대체되었다.

토마스 쿤(Kuhn, 1962)이 논하였듯이 정상과학 시기에 과학자들은 비교적 안정적인 테두리인 패러다임 안에서 패러다임이 적용되는 범주를 넓히고 정확성을 증대시키는 활동을 주로 수행한다. 그러나 이러한 정상과학 상태가 영원히 지속되는 경우는 없다. 어느 단계에 도달하면 패러다임의 기본 이론과 모순되는 변칙이 나타나고 이러한 사례들이 현재 패러다임의 역할을 전면적으로 부정하게 되는 위기가 도래한다. 그리고 이러한 위기를 해결하기 위해 새로운 이론 체계가 나타나고 과학자들이 이 체계를 받아들이는 과학혁명이 일어난다. 과학혁명은 전문가들의 공통적인 전제가 변하기 때문에 세계관의 변화를 수반하게 된다.

쿤은 이러한 패러다임의 전이와 선택의 기준에 대해서 상대주의적 입장을 취하고 있다. 즉, 패러다임 선택의 기준은 시대에 따라 달라지며 특정 시기에 과학자 집단이 중요하다고 믿는 공통적인 기준이 패러다임 선택의 기준이 된다는 것이다. 그리고 이러한 패러다임의 변화는 소위 혁명에 비유할 수 있으며, 과학혁명은 한 이론 체계가 포기되고 그것과 양립할 수 없는 다른 이론 체계가 그 자리를 메꿈으로써 이루어진다.

2) 과학교육의 변화와 적응

과학교육의 변화도 이러한 패러다임의 변화와 견주어 살펴볼 수 있다. 과학교육의 변화와 발전에 대한 고찰을 통해 알 수 있는 것은 과학의 대상인 자연은 태초부터 지금까지 언제나 우리 주변에 있었고 사람들은 자연에 대한 호기심을 가지고 있었지만 과학이 중요한 교과로 자리잡게 된 것은 불과 100여년에 불과하며, 그 과정에서도 많은 변화가 있었다는 것이다.

학교 교육과정의 핵심적인 교과로 자리를 잡은 이후에도 과학교육은 물리학, 화학, 생물학, 지구과학 등에서 만들어진 체계적인 지식과 정립된 과학적 방법(사실 과학 지식과 과학적 방법도 흔히 생각하듯이 늘상 잘 정돈되고 깔끔하게 정리되는 것은 아니다.)을 가르치면 된다는 생각에 만족하고 안주하지 않았다. 과학교육이란 무엇이며 무엇을 어떻게 가르칠 것인가에 대하여 끊임없이 고민하고 논쟁하고 시대와 사회와 문화의 변화에 따라 교과로서의 과학의 모습도 끊임없이 적응하고 변해왔다.

생활중심적이고 아동중심적인 교육을 강조했던 생활중심사조는 과학을 구성하는 지식의 구조와 과학적 방법을 배우고 어린 과학자를 길러야 한다는 학문중심사조로 패러다임이 변화한다. 그리고 이것에 대한 실패의 경험과 과학의 발달에 따른 사회적 요구의 변화에 기초하여 과학-기술-사회 교육, 가치 교육을 지향하는 모든 이의 과학적 소양 증진을 위한 과학교육으로 다시 과학교육의 패러다임이 변화하였다.

이러한 교육적 패러다임의 변화는 과학 이론의 변화와 같이 기존의 패러다임과 새로운 패러다임이 양립이 불가능한 것은 아니라는 차이

점이 있다. 그러나 이러한 차이에도 불구하고 패러다임의 변화에서 동일한 점은 이것이 절대적으로 옳고 저것은 반드시 틀리게 때문에 패러다임이 선택되고 폐기되는 것은 아니라는 것이다. 우리는 결국 절대적으로 옳은 진리는 무엇인지 영원히 모를 수도 있다. 다만, 과학교육에서도 패러다임 선택의 기준은 시대에 따라 달라졌으며 특정 시기에 사회가, 그리고 교육 공동체가 중요하다고 믿고 필요로 했던 기준이 패러다임 선택의 기준이 되었다는 것이다. 그리고 정상과학 시기에 과학자들이 그 패러다임 내에서 과학을 양적으로 성장시키고 확장시키듯이 과학교육도 해당 패러다임의 시기에는 그 패러다임을 풍부하게 할 수 있는 다양한 교수법, 학습 자료, 이론들이 발달하며, 이러한 패러다임이 사회의 요구와 필요를 만족시키지 못하고 패러다임에 저항하고 부딪치는 사례들이 많아지면 새로운 패러다임으로 이동하게 된다.

쿤은 자연 현상을 설명하는 과학 이론에서도 과학자 공동체의 사회적 성격을 강조하면서 해당 시기에 과학자 집단이 중요하다고 믿는 기준을 강조하였다. 과학교육에서도 이러한 집단의 필요와 신념은 요구되는 프로그램과 교육 방법, 철학 등에 직접적이고 많은 영향을 끼치며 선택과 변화의 기준에 영향을 미치게 된다.

지금의 과학교육에서는 개념 이해와 탐구를 기반으로 하면서도 새롭고 독창적인 아이디어의 산출을 강조하면서 창의성을 과학교육의 중요한 항목으로 강조하고 있다. 이 또한 과학기술 사회의 도래와 성실한 개미보다는 창의적인 베짱이가 요구되는 사회의 변화에 부응하고 이에 적응해가는 과학교육의 모습을 반영한 것이라고 할 수 있다.

5. 과학교육의 현 문제

과학이 교과로서 자리매김함에 따라 과학 자체를 연구하고 탐구하는 과학이라는 학문과는 달리 교과로서의 과학에 대하여 탐구하고 과학을 가르치고 배우는 것에 대하여 연구하는 과학교육학이라는 학문 영역이 구성되었다. 우리나라의 경우, 이러한 과학교육학의 전문가들이 연구하고 활동한 것은 불과 40여년에 지나지 않는 짧은 역사를 가지고 있다. 외국의 경우, 과학교육학을 비롯한 교과교육학이 이보다는 훨씬 일찍 태동했기 때문에 우리나라의 과학교육학이 외국의 영향을 많이 받으면서 짧은 시기에 급속도로 성장해왔다. 이러한 빠른 성장과 발전에도 불구하고 교과로서의 과학에 대하여 보다 책임있는 전문가 집단이라고 할 수 있는 과학교육학계에는 여전히 고민하고 풀어나가야 할 고리들이 많이 있다. 여기에서는 과학교육 커뮤니티 내외의 문제와 교과로서의 과학이 풀어나가야 할 문제의 측면에서 살펴보고자 한다.

1) 과학교육 커뮤니티의 문제

먼저, 과학교육을 하는 커뮤니티 내에서의 상호 인정과 협력의 문제이다. 과학교육 커뮤니티는 크게 과학교육을 전공하고 연구를 수행하는 과학교육학자, 과학 탐구를 수행하는 과학자, 그리고 일선 학교에서 과학을 가르치는 과학 교사로 구성된다. 과학교육의 발전을 위해서는 이들이 각자의 영역에서 과학교육을 수행하며, 고유한 역할을 수행하는 것과 함께 이들 사이의 긴밀한 상호작용이 필요하다.

그러나 현실은 이들 세 집단 사이에 불신과 알력이 상당히 존재한다는 것이다. 과학자들은 "과학을 잘 아는 사람이 과학을 가르치면 되는 것이지 과학교육이라는 것이 따로 있느냐?" 또는 "과학을 아는 것과 과학을 가르치는 것은 분명 다른 것 같다. 그렇다고 해도 과학교육학을 하는 사람들은 교육학을 하는 사람들이 하는 일을 과학 교과라는 맥락에서만 할 뿐 이것이 특별히 과학교육을 위한 연구는 아니지 않느냐?", "과학교육학이라는 것의 명확한 이론과 답이 무엇이냐?" 등의 비판을 한다. 과학교육학에 대한 비판의 목소리는 현장 과학 교사에게서도 많다. "과학교육학은 연구에 그치는 학문이고 탁상공론일 뿐, 실제적으로 현장에서 과학을 가르치는 것에 도움이 되지 않는다."는 것이다. 과학교육자들도 과학자 및 과학 교사에 대하여 대상인 학생을 고려하지 못하는 과학 지식 또는 이론적 토대가 없는 실용화된 교수법 등에 대하여 비판하기도 한다.

이러한 상호간의 비판은 과학교육학에 대한 피상적인 수준에서의 판단에서 발생하는 서로간의 오해일 수 있고 알력일 수도 있다. 그리고 최근 들어서는 그 이전과 비교할 때 서로의 역할과 성과에 대하여 많은 부분을 서로 인정하는 분위기이다. 이는 일단 과학교육학을 하는 인적 자원의 확대와 더불어 과학교육에 대한 계속적인 연구의 확대, 그리고 현장 교사, 과학자와의 지속적인 교류와 상호작용, 공동 작업 등을 통한 과학교육 현장과의 연계에 대한 노력으로 과학교육학이 점차 그 역할 정체성을 확립해가고 있기 때문으로 생각된다. 그러나 커뮤니티 내의 잡음과 부조화는 여전히 존재하고 있다. 사실 발전이라는 것도 무조건적인 이해와 인정에서가 아니라 이러한 불협화음과 비판 속에서 나올 수 있을 것이다. 과학교육학을 하는 사람들은 과학교육 커뮤니티에서의 비판의 목소리를 과학교육학의 더 나은 발전과 역할 정립을 위하여 긍정적으로 소화해나가야 할 것이다.

과학교육학의 문제는 과학교육학을 하는 사람들 내에서도 존재한다. 일단 과학이 그러하듯이 과학교육자도 물리, 화학, 생물, 지구과학 전공 등으로 세분된다. 크게 과학의 네 분야가 과학이라는 하나의 범주로 묶이며 이는 다른 학문과는 보다 많이 구분이 되지만 알고 보면 이 네 분야도 상당히 다른 내용을 다루는 다른 학문이다. 과학의 여러 분야를 어우르는 통합과학의 필요성이 주장되고 많은 시도들이 이루어졌지만 실제적으로 혼합이 아니라 만족스러운 통합과학교육이 이루어지지 않는 것은 그만큼 과학의 네 영역이 차별적인 내용과 속성을 다루고 있기 때문이다.

그러나 과학교육자는 각 분야의 과학자가 다른 것과 비교해서는 서로 공유하는 점이 훨씬 더 많다. 과학교육 이론이나 방법론 등이 공유되기 때문이다. 그럼에도 불구하고 과학교육학자들 내에서도 세부 전공 분야에 따라 어떤 것을 어느 수준에서 어떻게 가르칠 것인지, 각 분야를 각 학교급에 따라 어느 정도의 분량으로 가르치는 것이 적합한지에 대해서는 이견과 지분 싸움이 있다. 또한, 전공 영역의 상이함에 따른 의사소통의 문제도 존재한다. 즉, 전공 분야가 다르면 과학 현상에 대한 용어와 개념에 대한 공유가 서로 다른 경우들이 있어서 동일한 현상을 설명하거나 하나의 용어를 논할 때 서로 다른 관점에서 논의가 되기도 한다. 이러한 문제는 결국 학생들에게 같은 개념에 대해서 지구과학 시간에 배운 내용과 화학 시간에 배운 내용이 다름으로써 혼돈을 주게 되는 현상들을 낳는다. 이러한 문제점은 어떻게 보면 특히 학교 과학에서는 통합과학이 필요하고 또 가능할 수 있다는 출발점이 될 수도 있다. 그러나 이를 위해서는 공동체 내의 지속적인 의사소통과 상호작용을 통한 조절이 요구된다.

과학교육자들 사이의 의사소통의 문제는 서로 다른 과학 분야로부터 오는 문제에만 국한되지 않는다. 방법론 측면에서는 거의 동일하다고 할 수 있는 과학교육자들 사이에서 과학교육학의 주요 내용에 대한 인식이 다르기도 한다. 예를 들어, 과학적 지식을 구성하는 요소인 사실, 원리, 이론, 법칙 등에 대해서 서로간의 해석이 다르다. 순환학습이란 무엇이고 과학적 탐구란 무엇인가에 대해서도 서로간의 공유된 해석과 관점이 부족한 경우도 많다. 과학에 비하여 과학교육학은 자연과학처럼 명확한 정의와 구분이 가능하지는 않다고 인정하더라도 때로는 동일한 용어와 개념에 대한 해석이 너무 달라서 본질적인 의사소통에 문제가 있는 경우도 많다. 이러한 이해와 해석의 차이, 또는 보다 큰 문제라고 할 수 있는 불명확하고 애매모호한 해석과 이해는 하나의 학문 영역을 구성하면서 교과로서의 과학에 대한 책임있는 전문가 집단으로서 해결하고 정립해나가야 할 과제들이다.

2) 과학 교과와 관련된 또 다른 문제

이러한 과학교육 커뮤니티 간 또는 내의 문제와 함께 교과로서의 과학의 정립과 발전과 관련하여 여전히 문제점으로 남아있는 사항들이 있다.

첫째, 학교 과학의 범위와 내용 및 이들의 위계적인 구조의 문제이다. 과학이란 학문 자체가 체계적이기 때문에 교과로서의 과학도 그 구조와 위계를 쉽게 잡을 수 있는 것 같지만 과학도 끊임없이 그 범위와 깊이가 확장되어 가고 있다. 이에 따라서 교과로서의 과학도 그 변화를 일정 정도 담아내야 한다. 그리고 이보다 더 고민해야 하는 문제는 학교 교육의 상황에서 과학을 어떠한 범위와 내용에 대하여 어떠한 위계와 구조로 가르쳐야 하는가 하는 문제이다.

물론 이견이 있을 수 있다는 전제에서, 현 교육과정에 제시된 화학 개념 및 위계에 대한 한 화학자는 다음과 같이 비판하였다(이덕환, 2006). "…학생들이 힘들어한다는 이유만으로 산화환원 반응의 전극전위의 개념을 송두리째 빼버린다고 한다. 결국 새로 마련하는 과학교육과정은 20년 전의 교육과정에서 이곳저곳을 빼버린 누더기가 되어버렸다. 교육 내용이 낡은 것만이 문제가 되는 것이 아니다. … 학생들의 오개념이 문제가 아니라 교육과정 전체가 오개념 투성이라고 해도 크게 틀리지 않는 형편이다. 고등학교 화학에서 가장 중요한 개념인 '화학 평형'에 대한 설명도 완전히 틀린 것이다. … 가르치기 쉽다는 이유만으로 화학 평형을 반응속도를 이용해서 설명하고 있는 것이 우리 교육과정이다. 그런 설명으로는 평형상수의 의미도 이해할 수 없게 된다."

과학 개념 자체의 위계와 이것을 학생들의 수준에 맞게 가르치기 위한 위계 구조에는 차이가 있을 수도 있다. 여기에서 무엇이 정답이라고 제시할 수는 없지만 개념의 위계 문제, 구조화의 문제는 과학 교과에서 지속적으로 고민하고 풀어나가야 할 문제임에는 틀림이 없다.

이 문제는 개념 자체의 위계뿐만 아니라 각 학교급에서 중심이 되어야 하는 것이 무엇인가에 대한 문제도 함께 포함하고 있다. 즉, 과학교육이 필요하다는 것과 과학교육에서는 과학 지식, 과학적 방법, 과학적 사고, 과학적 태도 등이 포함되어야 함에는 이견이 없으나 이것도 모든 학교급에서 동일하게 중요한 것인지, 학교급 및 학습자의 수준에 따라서 어떠한 측면이 어떠한 방법으로 보다 강조되어야 하는지에 대해서는 보다 깊은 논의가 필요하다.

둘째, 교과 설정과 구획의 문제이다. 과학은 흔히 물리, 화학, 생물, 지구과학으로 구분되며 우리나라의 경우에는 특히 이 네 분야가 초중고 모든 학교급에 걸쳐 거의 정확하게 사분되어 포함되어 있다. 반면 미국의 경우에는 초등학교급에서는 과학의 원리와 미시세계에 대한 이해가 보다 많이 필요한 물리와 화학은 생물과 지구과학에 비하여 비교적 적게 다루고, 중등학교 이상에서는 반대로 두 영역에 비하여 물리와 화학 영역의 비중이 더 커진다. 어떤 것이 옳다는 정답이 있을 수는 없고 이것 역시 선택과 판단의 문제이지만 영역의 구분이 적합한지, 그리고 비율의 구성은 어떠한 것이 바람직한지에 대한 논의는 지속될 것 같다.

그리고 이러한 네 영역으로의 구분의 문제를 넘어서 통합과학에 대한 시도가 보다 구체적이고 실제적인 차원에서 이루어져야 한다. 한때 10학년을 '과학(이전에는 '공통과학')'이라는 이름으로 통합과학으로서의 의미를 가지고자 했으나 결국 이는 다시 네 분야의 과학 내용 일부를 같은 양만큼 모아놓은 것이 그쳤다. 통합과학에 대한 지향은 점차 더 높아져 단순히 네 영역을 모아놓은 것에 그치는 것이 아니라 이들을 큰 개념 아래 완전히 융화시켜 과학을 가르칠 수 있도록 고등학교 과학 내용이 개정되었다. 그러나 여전히 이에 대한 불만과 비판도 만만치 않다. 통합과학에 대한 지향에는 대부분 동의하지만 이를 구현하는 방식은 아직도 그 답을 찾았다고 보기 어려운 상황이다. 또한 최근에는 통합의 개념을 넘어서 융합과학이 화두로 떠오르고 있다. 과학 내의 융합은 물론 과학과 인문사회, 예술 간의 융합이 논의되고 시도되면서 과학 교과는 지속적으로 변화와 성장을 지향하며 또 요구받고 있다.

오랜 교과의 구분이 지속되어야 할 것인지, 영역간 통합, 그리고 이를 넘어선 범교과적 융합이 실제로 가능하며 어떻게 이루어질 수 있는지에 대한 것은 과학교육계가 해결해야 할 중요한 문제 중 하나이며 지식의 통합이 강조되는 미래 사회에는 보다 핵심적으로 고민하고 해결해야 할 문제가 될 것이다.

6. 마치며

과학이 학교 교육과정에 교과로서 포함되어야 하는 이유는 과학이 미래 세대가 잃지 말아야 할 인간 지식의 중요한 부분이라는 인식에 기초하고 있다. 라틴어와 고문학 등이 학교 교과에서 사라졌던 것과는 달리 과학은 지난 100여년 동안 우리 문화의 중요한 측면이고 필요한 부분이었기 때문에 교육과정의 필수적인 부분이 되었다. 앞으로의 사회도 과학과 기술이 사회 문화의 큰 부분을 차지할 것이기 때문에 여전히 과학은 중요한 교과로 인식될 것으로 기대해본다. 역사적으로, 사회적으로, 개인적으로 의미 있는 결과를 산출하기 위한 기능을 하는 것으로 생각되는 과목은 교과로서 자리잡았고 지속되었다. 그러나 이러한 교과가 어떠한 방식으로 자리매김하느냐도 교과의 생존과 발전에 중요한 영향을 미친다.

일례로 물리학은 여전히 현대 과학의 중요하고 핵심적인 부분이지만, 학교에서 이론 중심의 이해하기 어렵고 매우 복잡한 물리 과목은 국내외적으로 점차 그 과목을 선택하는 학생 수가 현격히 줄어들고 있는 현상을 낳고 있다. 사회에서 필요로 하기 때문에 존재한다는 안이한 생각에 머물러서는 하나의 교과가 다른 과목으로 대체되거나 또는 소외될 수 있다. 생물이 주어진 환경에 살아남기 위하여 환경에 적응하듯이, 교과도 기본 필요성의 전제하에 사회적 요구와 필요를 적극적으로 이해하고 이를 최대화하는 방식으로 적응할 때 의미 있는 교과로 생존하고 진화할 수 있다.

과학이 교과로서 자리매김해 온 지난 100여년 동안 과학 교과란 무엇이고 무엇을 가르치는 것인가에 대해서 다음의 세가지로 정리할 수 있다. 첫째, 학습해야 할 구조화된 지식으로서의 과학, 둘째, 탐구 과정 및 사고 기능과 태도로서의 과학, 셋째, 기술 및 생활에의 적용과 사회에 밀접하게 관련된 인간 활동으로서의 과학. 시대에 따라 어떤 측면이 다른 측면보다 더 강조되거나 덜 강조되는 방식으로 과학은 이 세가지 측면을 축으로 구성되어 왔다. 최근에는 소양으로서의 과학이 강조되면서 특히 세 번째 과학-기술-사회의 측면이 다른 시대보다 더 주목받고 있다.

과학이 교과로서 생존하고 진화하기 위해서는 이러한 세 측면에서 "과학을 왜 가르치는가?", "무엇을 가르칠 것인가?", "어떻게 가르칠 것인가?"에 대한 고민과 논의가 지속되어야 한다. 과거 과학교육의 역사가 보여주듯이 이러한 문제에 대한 대답은 시대와 상황에 따라 달랐고 앞으로도 그럴 것이다. 미래지향적인 관점에서의 과학교육은 과학기술이 급속도로 발전하고 있음에 따라 기존의 방대한 과학 지식에 더하여 새로운 과학 지식들이 무한히 생산되는 현대 사회에서는 세부적 내용을 분과적으로 가르치는 것보다 더 효과적으로 학습할 수 있는 일반적인 주제, 통합적인 주제, 핵심 주제(Big Idea)를 중심으로 내용과 탐구를 통합적으로 조직하는 것이 21세기 주된 과학 교과의 방향이 될 수도 있다. 교과로서의 과학이 사람들에게 필요한 것으로 지속되고 발전되기 위해서는 과학 교과가 시대와 사회의 요구를 반영함은 물론, 시대의 흐름과 변화를 예측하고 이를 주도할 수 있는 토대를 제공해야 한다. 이를 위한 과학교과의 진화와 적응의 노력은 계속될 것이다.

참고문헌

김찬종, 채동현, 임채성(2002). 과학교육학 개론. 서울: 북스힐.

앨런 차머스(1982). What is this thing called Science? 신인철, 신중섭 옮김(1985). 현대의 과학철학. 서광사.

이덕환 (2006). 과학 교육과정은 완전히 새로 만들어야 한다. 사이언스타임스.

조지 드보어(1991). History of Ideas in Science Education : Implications for Practice. 정진우 옮김(1999). 과학교육사. 서울: 시그마프레스.

토머스 쿤(1962). The Structure of Scientific Revolutions. 김명자 옮김(1992). 과학혁명의 구조. 동아출판사.

음악교육학의 진화를 위한 과제

권덕원

교과는 진화하는가

1. 음악교육학에 대한 반성

해방 이후 한국 음악교육학의 역사적 전개는 크게 2단계로 구분될 수 있다. 전기는 해방 이후 1980년대까지의 시기로서, 서양음악을 중심으로 하는 전통적 음악교육의 시기이고, 후기는 서양음악과 국악이 공존하면서 서양의 다양한 음악교육학이 영향을 미치고 있는 현재까지의 시기이다.

전기의 음악교육자들의 주된 관심은 일제 잔재로부터의 탈피에 있었으나, 음악교육자 자신들의 교육적 배경의 한계로 인하여 그 뜻을 충분하게 이루기 어려웠다. 서양음악을 배우되 일본을 통하여 배운 사람들이 많았으므로, 그들의 음악교육 활동이 일본식의 교육에서 완전히 벗어나는 데는 오랜 시간이 걸렸다.

우리의 음악교육의 내용과 방법에 있어서 큰 틀에서의 변화는 1980년대 미국 음악교육학의 영향을 받은 학자들이 활동하기 시작하면서부터 비롯되었다. 그 학자들을 통하여 당시 미국의 음악교육학에서 중요시되던 이론들, 예컨대 포괄적 음악성의 교육, 개념적 음악 교수법, 심미적 음악교육론 등의 이론들이 우리나라의 음악교육자들에게 알려지기 시작하였다. 때마침 1980년대는 일제강점기에 음악을 배워서 대학이나 중·고등학교에서 음악을 가르치던 교육자들이 퇴임을 하던 시기여서 미국의 음악교육학 이론의 유입은 더욱 가속화되었다.

1990년대는 유럽의 음악교수법들(오르프 교수법, 코다이 교수법, 달크로즈 교수법 등)의 영향이 두드러지기 시작한 시기였다. 유럽에서 공부한 학자들이 그 교수법들을 소개하면서 우리나라의 음악교육자들은 그 교수법들을 어떻게 음악 수업에 적용할 수 있을지 다양한 측면에서 생각하면서 시도해 보았다. 1990년대 이후 각 교육대학원에서 음악교육을 전공한 사람들이 쓴 다양한 논문들은 그 경향을 잘 반영하고 있다.

1980년대 이후에 일어난 또 하나의 중요한 변화는 '음악교육에서 국악 비중'의 증가이다. 1980년대 서서히 시작된 국악교육은 오늘에 이르기까지 꾸준히 발전하여 현재 음악 수업에서 약 30%의 비중을 차지할 수준에 이르렀다. 학교에서의 일반 음악 수업에 자기 민족음악을 30% 이상 다루고 있는 나라는 아마 아시아에는 거의 없을 것으로 판단된다. 최근에는 중국이나 일본에서도 민족 전통음악을 많이 가르치고 있는 우리나라의 음악 교육 현상에 대하여 깊은 관심을 보이고 있다.

이처럼 한국의 음악교육은 해방 이후 다양하게 변화되어 온 모습을 보여 주고 있는데, 과연 실제로 진화된 흔적을 나타내고 있는가? 음악교육 또는 음악교육학을 하는 전문가들의 공동체의 한 구성원으로서 필자는 몇 가지 점에서 반성적 고찰을 해 보고자 한다.

첫째로, 음악교육에 대한 열정이 점점 식고 있다는 점을 지적할 수 있다. 여기서 말하는 열정은 곧 철학이고 신념이다. 음악교육에 대한 신념은 곧 '학생들에게 음악을 가르치지 않으면 안된다'는 확신을 의미한다. 음악 교사로서 음악 교육에 대한 신념이 약해진다면 자연스럽게 학생, 학부모에게로 전달된다. 음악을 잘 배우지 않아도 된다는 생각이 교실 밖으로 퍼져 나가게 되는 것이다. 음악교육에 대한 교사의 열정을 식게 만드는 또 다른 영향력은 교실 밖에서 들어온다. 학교의 교육과정을 제정하는 모든 단계에서 다른 교과에 비하여 음악 교과의 비중을 축소시키려는 힘이 끊임없이 작용하고 있다. 물론 음악 교사를 제외한 그 외의 사람들의 생각 속에 음악 교과의 비중을 줄여도 된다는 의식이 심어진 데에는 음악 교육 전문가들도 공동의 책임에서 벗어나기 어려울 것이다.

둘째로, 외국의 음악교육학 이론이나 교수법에 대한 충분한 이해와 적용이 잘 안 되고 있다. 우리나라의 음악교육 전문가들 중에는 외국의 이론이나 교수법에 대하여 지나치게 '수용 불가'의 입장을 견지하는 사람들이 있다. 어느 민족의 문화도 결코 영원히 홀로 설 수 없는 것임을 생각해 볼 때, 음악교육의 이론과 방법 역시 우리만의 내용과 방법을 고집하는 것보다는 외국의 다양한 내용과 방법들을 연구하면서 필요한 것은 적절하게 수용하자는 생각이 받아들여져야 할 것이다.

셋째로, 외국의 음악교육학 이론이나 교수법에 대한 이해와 적용의 수준이 아직 미흡하다. 음악교육자들에게 회자되고 있는 이론이나 교수법들 중에는 원래 그 이론과 교수법이 탄생된 배경과 의미를 충분히 반영하지 못하고 눈에 보이는 체계나 방법을 피상적으로 수용하는 경우가 적지 않다. 유럽의 A교수법을 한국에 적용하고자 하는 그 전문가는 다른 음악교육자들이 하기 어려운 분야의 연구를 하는 사람이기 때문에 더 높은 책임감을 갖고 A교수법에 대하여 더욱 깊이 연구하고, 한국의 음악교육자들이 오해하지 않도록 정확하게 전해 주어야 할 것이다. 심지어 같은 교수법을 전공하고 귀국한 학자들간에도 서로 충분한 소통이 되지 못하고 각자 어긋난 입장에서 그 교수법을 소개한다면, 그들을 통해 배울 수밖에 없는 한국의 음악교육자들은 적지 않은 혼란에 빠지게 될 것이다.

넷째로, 음악교육학자들간에 소통과 협력이 미흡하다. 현재 우리나라에서 음악교육학을 전공하고 활동하고 있는 학자들의 배경은 매우 다양하다. 그러므로 음악교육학의 어떤 문제에 대하여 각자 다양한 입장을 갖고 있는 것은 당연한 결과라 할 것이다. 그 다음 단계로 중요한 것은 서로간에 소통하고 협력해 나가는 과정인데, 이 점이 매우 부족한 것으로 보인다. 본인이 배우고 경험한 것이 옳을 수 있다면, 다른 사람의 생각과 경험도 옳을 수 있다는 열린 마음을 갖고 서로 협력하면서 공동의 문제 해결을 추구하는 자세가 필요한데, 이러한 노력이 아직은 미흡한 편이다. 자신의 이론이나 생각만 옳고 다른 사람의 이론이나 생각은 항상 틀리다고 여긴다면 결코 발전적인 음악교육학이 나올 수 없을 것이다.

다섯째, 일반내용학과 교과교육학 사이에 긴밀한 수용과 협력이 미흡하다. 교과교육에서 일반내용학이 중요하지만, 그 내용학이 교육에 적절하게 수용되기 위해서는 충분한 검토와 협의가 필요하다는 점이 인식되어야 할 것이다. 그러기 위해서는 내용학 전문가와 교과교육학 전문가 사이에 충분한 논의와 협력이 요구된다. 내용학 전문가가 교과교육학 전문가를 무시한다든지, 또는 그 반대의 현상이 일어난다면 바람직한 교육이 전개되기 어려울 것이다. 가야금을 잘하는 것과 가야금을 잘 가르치는 것은 서로 같은 것이 아님이 내용학 전문가와 교과교육학 전문가 모두에게 바르게 인식되어야 할 것이다.

해방 이후 1980년대까지 전통적 음악교수법을 견지하면서 일본의 영향에서 벗어나기 위해 노력했던 시기를 지나고, 1980년대 이후 오늘에 이르기까지 일본 외의 다른 지역(미국, 유럽 등)의 음악교육학 영향을 받아들인 시기를 지나고 있다면, 이제 앞으로 그렇게 다양한 음악교육학 이론과 교수법들, 그리고 우리가 자체로 지니고 있는 속성들을 어떻게 융합하고 발전시켜서 보다 진화된 음악교육학을 형성해 나갈 것인가를 집중적으로 연구해 나가야 하는 시기가 되었다고 말할 수 있다. 현재의 상황에서 어떤 노력을 기울여야 음악 교과의 진화를 이룰 수 있을지 그 과제에 대하여 구체적으로 짚어 보고자 한다.

2. 음악교육학의 진화를 위한 과제

1) 자기 확신

음악교육학은 음악을 가르치는 일 또는 그 현상에 대한 체계적인 연구를 의미한다. 음악교육학이 학문으로서 제 위상을 정립하기 위해서는 음악교육학의 울타리 안에 있는 구성원들의 '자기 확신'이 중요하다. 자기가 하는 일에 대한 확신, 즉 음악교육의 역할과 가치에 대한 확고한 신념이 필요하다.

우리나라 학교 교육에서 음악교육은 대체로 수동적인 상황에서 시작되었다. 19세기 말 근대식 학교에서 음악을 가르치는 과목이었던 '창가'는 외국인들에 의해 시작되었고, 외국의 음악을 주로 가르치는 과목이었다. 당시 창가를 가르쳤던 교사들도 주로 외국인들에게 음악을 배운 사람들이었다. 1910년에 시작된 일제강점기에도 '창가' 과목은 대체로 일본 학교의 교육과정에서 비롯된 것이었다. 이때도 한국인 교사들은 음악교육에 대하여 자기 확신을 갖기 어려웠다. 해방이 된 후에도 학교 교육에 '음악' 과목이 들어가게 된 것은 음악교육자들의 노력이라기보다는 이미 외국에서 시행하고 있는 전통을 따르거나 또는 일제강점기의 습관에 의한 것이었다. 음악교육이 학교교육에서 왜 꼭 필요한 것인지에 대한 철학적 담론은 거의 이루어지지 않았다. 다른 선진국의 학교 교육에 음악 과목이 이미 들어 있다는 것만으로 우리나라의 학교 교육에도 당연히 포함되어야 하는 것으로 간주되었다. 이러한 경향은 우리나라의 학교 교육에 음악 과목이 포함된 지 1세기가 지난 지금까지 '음악교육철학'에 대한 음악교육자들 스스로의 연구와 확신이 부족하게 된 가장 근본적인 이유가 되었다. 음악 교과에 대한 철학적 근거의 제시와 확신이 없이 단지 내가 전공한 과목이라는 이유로 학교에서 음악 교과를 지키려 한다면 남들로부터 '교과 이기주의에 빠진 사람'이라는 비난에서 피하기 어려울 것이다. 지금도 적지 않은 음악교육자들이 학교 교육에 음악 과목이 포함되어 있는 것이 그저 당연하다고 여기고 있지만, 또는 학교 안에서 음악 교과의 비중이 더 이상의 도전을 받지 않고(더 이상 위축되지 않고) 현상 유지만이라도 되어 주기를 속으로 간절히 염원하고 있지만, 과연 오늘날 학교 교육에서 음악 과목의 위상은 안정되어 있는가?

　음악 교육의 가치에 대한 철학적 연구는 음악교육학의 발전을 위해서 가장 중요한 영역 중의 하나이다. 음악 교사들이 음악 교육에 대한 철학적 신념을 확고하게 지니고 있을 때 그들의 교육은 더욱 분명한 의미를 갖게 되고, 학생들도 음악의 가치를 체험하게 될 것이다. 여기서 말하는 자기 확신은 '배타적인 신념'이 아니라 '바람직한 긍지와 자존감'을 의미한다. 자기 확신을 지닌 음악 교사는 자기 삶에 대해서, 그리고 자기가 하는 일에 대해서 자존감과 자신감을 가진 사람이다. 이렇게 자기 확신이 분명한 교사는 학생들에게 힘 있게 음악을 가르칠 뿐만 아니라, 주위의 사람들에게 음악 교육의 가치와 역할에 대하여 설득하는 능력을 갖게 된다. 음악 교사들이 자기 확신을 갖게 되는 것은 음악교육의 철학에 대한 인식과 각성을 갖추게 되면서부터이다. 그러므로 음악교육학의 구성원들은 지금까지의 철학적 연구의 결과를 토대로 더 다양하고, 더 심도 깊은 철학적 연구에 대하여 관심을 갖고 집중해 나가야 할 것으로 생각한다.

2) 일반 내용학과의 관계 정립

음악교육학은 '음악예술'에 기초를 두고 있다. 음악가들이 하는 모든 예술활동은 음악교육의 가장 중요한 소재가 된다. 그들이 하는 음악회, 그들이 내는 음반, 그들이 만드는 악보, 그들이 사용하는 악기 등 음악가들이 생산해 내는 모든 형태의 음악은 음악 수업의 1차적인 자료가 되는 것이다. 그러므로 음악교육자들은 음악의 현상과 변화에 대하여 매우 민감한 눈과 귀를 가져야 한다.

음악예술가들도 음악교육에 대하여 바르게 이해하는 시각을 가져야 할 것이다. 음악예술가들은 모두 '전문가' 교육을 받은 사람들이지만, 학교에서 이루어지는 교육은 '일반 애호가'를 길러 내는 교육이다. 간혹 음악예술가들 중에 전문교육과 일반교육을 혼동하는 사람들이 있다. 그들은 학교에서 이루어지는 음악교육의 수준이 왜 그렇게 낮은가라고 말하면서 학교 음악 교육의 '음악 기술적' 측면에 비판을 가하곤 한다. 아마 이런 현상은 첨단의 과학자들이 학교 과학 교육의 수준에 대하여 비판하는 것과 크게 다르지 않을 것이다.

간혹 음악학을 전공하는 사람들도 자기 중심적인 시야를 드러내곤 한다. '음악학'은 '음악현상'을 연구하는 분야이다. 음악교육학이 음악을 가르치는(또는 음악을 배우는) 현상을 연구하는 분야이듯이, 음악학은 음악 현상에 대하여 연구하는 또 다른 분야이다. 그런데 어떤 음악학자는 음악교육학이 음악'학(學)'을 가르치는 것으로 오해하기도 한다. 음악교육은 음악학을 가르치는 것이 아니라 음악을 가르치는 활동임을 바르게 인식해야 할 것이다.

음악교육학자들은 내용학과 교과교육학 사이의 관계를 바르게 정립하는 것이 중요함을 인식할 필요가 있다. 음악교육학자는 음악학에서 음악교육에 필요한 내용을 추출할 수 있는 능력을 가지고 있어야 한다. 그래서 외부에서 필요 이상의 내용을 가르쳐야 한다고 주장해 올 때, 논리적으로, 그리고 학문적으로 그 주장에 대하여 대응하고, 또 필요한 내용을 반영해 나갈 수 있는 능력을 갖추어야 할 것이다.

3) 일반 교육학과의 관계 정립

그동안 이루어진 교육학의 발전은 교과교육학으로서 음악교육학의 발전에도 많은 도움을 주었다. 음악교육학에서 논의되었던 주제들, 예컨대 개념 중심의 학습, 구성주의 학습, 수행 평가, 문제 중심 학습, 다중 지능 이론, 다문화주의적 접근 등 다양한 이론의 기초는 교육학에서 비롯되었다. 아마 앞으로도 교육학의 새로운 이론들은 음악교육학에도 많은 도움을 주게 될 것이다.

교육학의 많은 이론들은 일반적인 교육 현상에 대한 연구에서 나온 것이기 때문에, 교과교육에 영향을 주는 것은 당연하고 자연스런 일이라고 생각한다. 그리고 교육학의 이론은 음악 교과의 범위를 벗어나는 '일반적인' 현상을 다루기 때문에, 그동안 음악교육학에서 생각하지 못했고, 발견하지 못했던 새로운 통찰을 줄 수 있다는 점에서 교과교육의 발전을 위한 중요한 토대로 작용할 수 있을 것이다.

교육학의 일반적인 이론을 교과교육의 특수한 상황에 적용하기 전에, 보다 합리적인 검증의 과정이 요구된다. 그동안 음악교육학에서 교육학의 일반적인 이론에 대한 '타당성' 연구가 없었던 것은 아니지만, 매우 미흡했다. 음악교육학 연구자들은 교육학의 일반적인 이론이 음악교육학에도 타당할 것이라고 믿고 무조건 적용만을 위한 연구를 하기 이전에, 그 이론이 음악교육 현상에서도 적합한 이론인지 그 타당성을 확인하는 연구를 먼저 해야 할 것으로 본다.

많지는 않지만, 음악교육학 연구자들 중에는 교육학의 일반 이론에 대하여 '무조건' 반대하는 입장에 있는 이들도 있다. 이들은 음악교육학 이론이 순수하게 음악예술 또는 음악학에서만 도출되어야 한다는 생각을 중시하는 사람들이다. 이들은 학문 일반의 보편성을 별로 인정하지 않고, 학문의 특수성을 더 중시하는 사람들이다. 이러한 생각이 음악교육학의 자체적인 이론을 생성해 내는 데 도움을 줄 수 있겠지만, 음악이 사회 속에 다른 학문이나 문화와 공존하고 있다는 현실을 무시하는 관점이 되기 쉽다. 음악 교과는 홀로 있는 것이 아니라 학교 안에서 다른 교과들과 공존하고 있고, 음악예술은 홀로 있는 것이 아니라, 여러 형태의 문화 양식들과 공존하고 있으므로, 음악 교과의 특수성 못지않게 보편성도 매우 중요한 것이다. 그러므로 다른 교과의 연구로부터, 또는 일반적인 교육학 이론으로부터 '음악

교육학에 의미 있는' 이론을 검증하고 수용하려는 자세는 반드시 필요하다. 그 외국의 이론을 수용하는 데에 있어서도 균형잡힌 시각을 가져야 한다.

음악교육학자들이 편협된 시각에서 벗어나려면 보다 일반적이고 객관적인 이론에 대하여 열린 마음을 가져야 할 것이다. 이러한 넓은 시야를 갖는다는 것은 외부 이론에 종속되는 것도 아니고, 음악교육의 자체적인 이론을 경시하자는 것도 아니다. 음악교육학이 진화하기 위해서는 음악 교과 안에서의 자체적인 이론 생성 뿐 아니라, 외부의 이론(교육학 또는 다른 교과교육학의 이론)에 대해서 더 깊이 연구하고 적용해 나가는 노력을 기울여야 할 것이다.

4) 상생의 학문 추구

학문은 완성된 무엇이 아니라 완성을 추구해 가는 과정이라는 점에서 항상 불완전성을 인정해야 한다. 학자가 다른 사람의 의견을 받아들이지 않고 일종의 '아집'에 빠져 있는 것은 여러 면에서 해로움을 가져 온다. 본인 뿐 아니라 주변에서 영향을 받는 모든 사람들에게도 편협된 시야를 심어 주는 결과를 가져오게 된다.

음악교육학자들은 '상생의 학문'을 추구해야 한다. 건전한 태도를 가진 학자라면, 자기 주장에도 일리가 있을 수 있지만, 동시에 다른 학자의 주장에도 일리가 있을 수 있다는 생각을 해야 한다. 학문은 서로 건물을 쌓아가는 것이지 다른 사람의 건물을 허물고 내 건물만 짓는 행위가 아니다. 상생의 학문을 위해서는 서로의 연구 결과를 인정하고 상대방 이론의 장점을 적극적으로 수용하는 연구 태도를 가져야 한다.

상생의 학문은 상대방을 깊이 이해하려는 마음에서 비롯된다. 내 전공 분야가 중요한 만큼 다른 전공 분야에 대해서도 신중하게 배려하는 마음이 중요하다. 같은 현상을 관찰함에 있어서도 내가 보는 측면과 타인이 보는 측면이 서로 다른 것은 둘 중의 하나가 틀린 것이 아니라 둘 다 필요한 것임을, 더 많은 눈들을 통해 그 현상을 다양하게 관찰해야 보다 완전한 이해에 이를 수 있음을 서로 진정으로 인정하는 것이 필요하다.

5) 이론과 실제의 융합

음악교육의 실제를 담당하는 교사와 음악교육의 이론을 연구하는 학자 사이에 보다 진전된 협력이 필요한 시점이 되었다. 학자들은 음악교육학 이론에 대하여 보다 정확하게, 그리고 깊이 연구하고, 교사들은 그 이론을 보다 구체적으로, 보다 다양한 환경에서 적용하고 그 효과를 관찰, 분석, 정리해 나갈 때, 음악교육학은 한 단계 진화될 수 있다. 아직도 이론들에 대한 개념적 이해는 불충분하며, 그 이론들의 현장 적용의 수준은 다양하지 못하다는 비판을 면하기 어렵다.

교사와 학자 사이의 소통이 원활하지 못하고, 둘 사이에 신뢰감이 쌓이지 못하면 음악교육학의 이론과 실제는 평행선을 긋게 되고 음악교육의 수준은 제자리 걸음을 하게 될 것이다. 다행히 최근에 대학원 과정을 통해서, 또는 공동 연구의 과정을 통해서 교사와 학자, 실제와 이론이 적절하게 융합되는 경우가 많아지고 있다. 음악 교사들이 학교에서 현실적으로 겪고 있는 다양한 문제들에 대하여 학자들은 보다 진지하게 그 상황에 대하여 같이 고민하고 같이 연구하여 해결해 나가고자 하는 노력을 기울여야 할 것이다.

학자들은 이론적으로 중요하다고 생각하는 내용들이 과연 학교에서 어떻게 다루어지고 있는지 궁금하면서도, 그에 대한 폭넓은 피드백을 얻지 못하여 음악교육 이론을 발전시켜 나가는 과정에 머뭇거리게 된다. 교사와 학자가 다양하게 만나는 기회를 통하여 음악교육의 이론과 실제 면에서 현재 진행되고 변화되고 있는 상황을 면밀하게 서로 소통하고 논의하면서 문제 해결을 위한 공동의 대안을 만들어 나가는 노력이 매우 필요하다.

6) 음악 교과의 전통과 변화

서양의 고대 국가들에서 음악 교육은 중요한 분야 중의 하나였으며, 로마와 중세 시대에도 음악 교과는 7교과(문법, 수사학, 논리학, 대수, 기하, 천문, 음악) 중의 하나로서 중시되었다. 19세기 말 우리나라에 근대식 학교 제도가 형성된 이후 지금까지 음악 교과는 학교 교육에서 필수적인 교과의 하나로 인정되어 왔으며, 오늘날에도 음악은 학교 및 사회의 모든 분야에서 매우 중요한 역할을 담당하고 있다. 대부분의 음악가들이 초·중·고 음악 수업 시간을 통해 그 음악성을 인정받았으며, 또한 음악성을 키워 나갈 수 있었고, 많은 대중 음악가들도 그들 음악의 기초적인 능력을 초·중·고 음악 수업 시간을 통해 배울 수 있었다.

더 중요한 것은 보이지 않은 '국민 전체의 음악적 심성의 발달'이다. 오늘날 대부분의 음악회장의 객석을 채워주고 있는 관중들은 학교 음악 수업 시간을 통해 음악의 아름다움을 알게 된 사람들이며, 현대 음악 사회를 지탱하고 있는 가장 중요한 토대 계층을 이루고 있다. 학교 음악 교육을 통해 일반 음악 애호가로 길러진 그들이 없었다면, 오늘날 대부분의 음악 시장은 아마도 문을 닫고 말았을 것이다. 음반과 음악 관련 서적, 음악회 티켓을 소비하는 일반 애호가들의 구매력이 곧 음악 사회의 생명줄이다. 방송 매체에서는 주로 눈에 드러나는 대표적인 음악가뿐만 아니라 개성있는 음악을 추구하는 신진 음악악가들에 이르기까지 그 모두를 살려 주는 힘은 우리 눈에 보이지 않은 '음악 시민'이며, 이 시민들은 학교 음악 교육을 통해 양성된다.

이러한 음악 교육의 확고한 위상에도 불구하고, 여전히 학교와 사회는 음악 교과를 향해 어떤 변화를 촉구하고 있다. 학교 안에 많은 교과들이 새로 들어 왔고, 또 기존의 교과들도 생존을 위해 끊임없는 변신을 추구하고 있다. 음악 교과 역시 변화가 필요한대 그 새로운 변화를 추구하기 위한 방안은 무엇인가?

첫째로, 음악 교과의 본질을 회복하는 작업에 충실해야 한다. 음악이 인류 사회에서 어떤 기능을 하기 시작한 이래 오늘날까지 매우 다양한 분야에서 음악이 역할을 감당하다 보니, 마치 그 사회적 역할이 음악의 존재 이유가 된다는 생각에 사로잡히게 되었다. 음악이 사회의 여러 분야에서 일정한 역할을 하고 있다는 생각은 대체로 음악 밖의 사람들이 하던 생각인데, 이제는 이러한 생각이 음악 안의 사람들에게까지 영향을 주어 음악 안의 사람들마저 음악의 사회적 역할을 마치 음악의 존재 이유인 것처럼 잘못 여기는 생각을 하게 된 것이다.

초·중·고의 학생들에게 음악을 가르치면서 지나치게 음악의 사회적 역할을 강조하는 것은 비본질적인 동기에 의존하는 것이다. 음악의 본질은 '음악의 미'에 있으며, 음악 수업에 대한 가장 강력한 동기력도 '음악 그 자체가 주는 힘'에서 비롯된다. 인류 역사와 함께 음악이 오늘날까지 존재하고 있는 가장 큰 이유 역시 음악이 지니고 있는 흡인력에 있다. 사회의 여러 분야에서 음악을 활용하는 이유는 그들의 '의식'에 음악의 힘이 필요했기 때문이다. 병원, 백화점, 식당, 호텔 등에서 음악을 들려주는 이유는 바로 그 장면에서 음악의 힘이 필요하기 때문이다. 다양한 종교에서 거행하는 의식에서 음악이 중요하게 등장하는 이유 역시 그들의 종교적 모임에 음악의 힘이 꼭 필요하기 때문이다. 음악이 사회의 여러 분야에 활용되기 때문에 음악이 중요한 것이 아니라, 음악 자체의 힘이 강력하기 때문에 사회의 여러 분야에서 음악을 빌어다 사용하는 것임을 바르게 인식해야 할 것이다.

둘째로, 음악 교과와 다른 교과와의 통합에 대하여 신중하게 연구해야 한다. 음악과 다른 교과와의 통합을 논의하기 전에 경계해야 할 생각은 '교과의 통합은 항상 좋은 것이다'라는 편견이다. 그리고 '사회가 변하고 있기 때문에 각 교과들은 새로운 변화에 대응할 수 있도록 재구조화되어야 하며, 그러기 위해서는 반드시 교과의 통합이 이루어져야 한다'는 생각도 편견이다. 변화는 구심점을 갖는다. 구심점이 없는 변화는 없다. 교과의 통합도 역시 구심점을 중심으로 이루어질 수 있다.

음악에서 '대조(contrast)'는 매우 중요한 형식적 개념이다. 음악 형식 중에 ABA가 있다. 음악이 A로 시작하여 그 뒤에 B가 오면 대조 현상이 일어난다. 그러다가 다시 A가 나오면 두 가지 현상이 복합적으로 일어난다. 즉 바로 앞의 B를 기준으로 보면 대조가 되고, 처음 부분을 생각하면 반복 현상이 된다. 음악에서 말하는 '대조'는 청각적인 대조 현상이다.

미술에도 대조가 있다. 질감의 대조가 있고, 색감의 대조가 있다. 미술에서 말하는 '대조'는 시각적인 대조 현상이다. 음악에서도 대조가 있고, 미술에서도 대조가 있다 하여 같은 의미의 대조라고 할 수는 없다. 청각적인 '대조'와 시각적인 '대조'는 단지 서로 '비유적인' 관계일 뿐이다. 그러므로 '대조' 개념을 중심으로 음악과 미술 교과의 내용을 통합하려는 것은 사실상 성공하기 어렵다.

한 때 '즐거운생활' 교과서에 음악·미술·체육을 '운동장'이라는 주제로 통합을 한 적이 있었다. 그 교과서 단원을 구성한 사람들은 운동장을 중심 주제로, 음악 시간에는 운동장에 관한 노래를 부르고, 미술 시간에는 운동장에 대한 그림을 그리고, 체육 시간에는 운동장에 있는 기구를 활용하여 신체적인 놀이를 하는 것을 '통합'이라고 본 것이다. 그러나 과연 그것이 통합일 수 있을까? 1980년대 이후 우리나라 교육계에서 '통합'이라는 개념을 너무 쉽게, 그리고 너무 얕은 수준에서 논의해 온 것에 대한 깊은 반성이 필요하다.

셋째로, 음악 교과에서 변하는 것과 변하지 않는 것에 대한 바른 인식이 필요하다. 고대사회로부터 오늘의 현대 사회에 이르기까지 음악이 변하지 않은 적은 없었다. 음계도 변했고, 악기도 변했으며, 음악적 양식도 변했다. 연주 형태도 다양하게 변했고, 음악가들의 철학도 변했으며, 그 음악을 수용하는 사회의 형태도 실로 다양하게 변해 왔다. 그럼에도 불구하고 변하지 않는 것이 있는데, 그것은 '음악과 인간의 본질적인 관계'이다. 플라톤 시절에 당시 철학자들이 청년들에게 유익한 음악이라고 여겼던 '좋은 음악'은 더 이상 오늘날 좋은 음악도 아니고(물론 어떤 음악이었는지 잘 알 수 없으나), 오늘날에는 그와 비교할 수 없을 정도로 변해 버린 '다른' 음악들이 널리 퍼져 있지만, 그럼에도 불구하고 플라톤 시절이나 오늘이나 '음악이 인간에게 어떤 영향을 준다'는 생각은 본질적으로 동일하다. 공자 시대에도 음악을 좋은 음악[德音]과 나쁜 음악[溺音]을 구별하여 백성들에게 좋은 음악을 들려주어 그들의 도덕성을 높여 주어야 나라가 편안하고 발전한다는 생각(예악 사상)이 있었다. 공자 시대의 덕음이 어떤 음악인지 오늘날 잘 알 수 없지만, 오늘날에도 사람에게 좋은 음악이 분명히 있다는 생각이 인정되고 있음을 볼 때, 예나 지금이나 '음악이 인간의 품성에 영향을 준다'는 생각은 본질적으로 동일하다.

현대의 철학과 교육학에서 '구성주의'가 던진 영향은 지대하여 음악 교육에도 적지 않은 영향을 주고 있다. 즉 학생들에게 '의미를 지니는 음악'은 교사가 지정해 주는 것이 아니라, 학생의 흥미와 맥락에 의해서 결정된다는 생각이 점점 호응을 얻고 있다. 단, 이러한 생각은 학생들이 음악에서 의미를 얻고 못 얻고의 관점이 아니라, 학생들이 어떤 맥락에서 그리고 어떤 음악을 통해서 '음악적 의미'를 얻는가에 관련된 관점이 중요함을 말해 준다. 학생을 둘러싼 맥락과 의미는 달라질지라도, 한 인간으로서의 학생이 자기 맥락에서 '음악을 통해 나름의 의미를 얻는다'는 사실만큼은 변하지 않는다.

7) 교과교육학의 형성

교과교육학에 기여하는 학문적 그룹은 두 방향에서 형성된다. 일반 교육학을 연구하는 학자들 중에 '교육과정이론'을 연구하는 사람들은 필연적으로 교육학의 관점에서 교과교육학을 바라보게 된다. 또 하나의 그룹은 각 교과에서 형성된다. 이들은 처음 특정의 교과(예컨대, 음악교육학)에서 시작하여 점점 연구의 범위가 넓어지면서 다른 교과들도 만나고, 일반 교육학도 만나면서 교과교육학의 학문적 울타리 안으로 들어오게 된다. 일반적으로 교육학에서 출발한 학자들은 일반성(보편성)을 중시하고, 각 교과에서 출발한 학자들은 특수성에 의존한다. 일반 교육학자들은 교과에 대하여 역사적으로 어떻게 변천되어 왔는지, 학생과 부모들이 어떤 과목을 더 원하는지, 사회의 변화에 더 유용한 교과가 어떤 것들인지 등에 주안점을 두고, 가능한 한 보다 객관적이고 타당성이 있는 교과를 중심으로 학교 과목을 구조화하려고 한다. 반면 각 교과에서 출발한 학자들은 대체로 자기 교과의 중요성과 가치를 중심으로 학교 과목에 왜 자기 교과가 반드시 포함되어야 하는지를 중심으로 생각하게 된다. 사실상 이 두 관점 사이에 '완벽한 타협'은 완결되기 어려울 것이다.

학교 교과의 구조에 대한 보편성 중심, 특수성 중심 시각은 모두 존중되어야 한다고 생각한다. 교과교육학은 일반교육학의 관점을 가진 학자들과 교과론적 관점을 가진 학자들이 상호 존중하는 마음으로 협력할 때 발전적으로 형성될 수 있다고 본다. 교과교육학 연구에 있어서 일반교육학적 관점의 학자들이 지닌 약점을 교과론적 관점의 학자들이 보완해 주고, 또 교과론 중심의 학자들이 지닌 약점을 일반교육론 중심의 학자들이 보완해 줄 때 비로소 교과교육학은 바르게 설 수 있게 될 것이다(차호일, 2000). 지금도 이미 일반교육학적 관점의 학자들이 가진 교과교육학에 대한 입장과, 교과교육학적 관점의 학자들이 주장하는 입장 사이에 미묘한 차이가 존재하고 있다. 이 미묘한 차이가 앞으로 쌍방의 노력으로 좁혀질 때 교과교육학은 제대로 발전하게 될 것으로 본다.

교과 중심의 학자들 사이에서도 자기 교과의 특성에 따라 교과교육학을 보는 시각에 적지 않은 차이가 존재한다. 새로운 사회에 적응할 수 있는 새로운 형태의 교과로 '혁신적인 변화'를 이상적인 방향으로 보는 관점이 있는가 하면, 새로운 사회에 적응하되 가능한 한 전통적이고 본질적인 형태를 지켜내려고 하는 관점도 있다. 음악교육학의 관점은 대체로 후자에 속한다. 이러한 두 입장의 차이는 크게 볼 때, 교과 전문가들의 울타리 안에 같이 있기 때문에 그 조율이 간단해 보이지만, 좀 더 깊이 들어가 보면 결코 쉬운 작업은 아니다. 교과교육학이 하나의 체계적인 학문으로 정립되는 앞으로의 과정은 짧지 않을 것이다. 교과교육학에 참여하는 각 분야의 연구자들이 어렵게 어떤 '학문적인 업적'을 달성하였다고 해도, 각 교과 교육의 모든 구성원들이 인정할 수 있는 수준에까지 도달하기 위해서는 훨씬 더 많은 논의와 조정의 과정이 필요하기 때문이다.

그럼에도 불구하고 어떤 교과든지간에, 그 교과의 교육학 연구에는 공통적인 요소들이 있다. 가르치는 대상이 학생이라는 점, 가르치는 교사가 있어야 한다는 점, 학습 내용을 체계화해야 한다는 점, 그리고 교육을 위해서는 적절한 공간, 시설, 자료 들이 필요하다는 점, 그리고 그 모든 요소들이 효율적으로 작동하는 데 필요한 이론이 요구된다는 점에서 모든 교과간 '공통적 연구 주제'가 있다. 이로써 우리는 각 교과교육의 범주를 초월하는 연구(즉, 모든 교과교육에 대한 메타적 연구)가 가능하고, 또 필요한 것임을 인정할 수 있다.

강신웅(1998)은 교과교육학 연구에는 사회적 학문적 학습자의 입장에서 교과의 내용을 선정하는 연구, 선정한 내용을 배열하는 원리와 방법에 대한 연구, 학습 방법에 관한 연구, 평가 방법에 대한 연구 등이 기본적으로 포함된다고 하였다. 또 진영은(2001)은 모든 교과가 가진 공통적인 요소로는 학교에서 학생들에게 가르치는 내용이라는 점, 논리적으로 구분이 가능한 개념체계와 영역을 갖고 있다는 점, 그리고 사회적 학문공동체 또는 권익 집단에 의해 유지·존속된다는 점이 있다고 하였다. 일반 교육학에서 출발한 학자든지, 또는 교과 교육에서 출발한 학자든지간에 앞으로 더 많은 학자들이 교과교육에 대한 메타적 연구에 많은 관심과 노력을 기울여 나갈 필요가 있다.

8) 음악교육학 연구의 과제

진영은(2001)은 교과교육 연구의 과제로 교과교육 전문가 양성, 교원 양성기관의 개혁, 현장 연구 풍토의 개선과 활성화, 교육연구기관의 교과교육 연구의 활성화, 그리고 교과교육이 발전할 수 있는 방향으로의 입시개혁 등을 제시한 바 있다. 강신웅(1998)은 교과교육학의 연구과제로, 교과교육학에 대한 체계적인 학술적 연구가 필요하고, 교육과정 교육방법 평가 등에 관한 연구자 및 교사들의 자율성이 존중되어야 하며, 교사들이 활용할 수 있는 실제적인 연구가 활성화되어야 하고, 교과교육학 전문가를 양성하는 체제 마련이 필요하며, 교과교육 연구의 가치가 중시되어야 하고, 일반교육학자·교과교육학자·교과 내용학자 교사들 사이의 협조적인 연구 체제 마련이 이루어져야 한다고 하였다. 또한 강환국(2003)은 교과교육학 발전의 방안으로, 교과교육 중시 정책으로의 전환, 교과교육 중심의 학교 조직 및 운영, 그리고 교과교육 발전을 위한 투자 확대 등의 방향을 제시한 바 있었다.

음악교육학 전문가들에게 보다 넓은 시야가 요구된다. 음악사적으로 볼 때 음악 자체도 크게 변하고 있지만, 동시에 음악을 둘러싸고 있는 인접 분야도 끊임없이 변하고 있다. 20년 전의 음악교육학 이론이 과연 오늘날에도 잘 적용될 수 있는 것인지 면밀하게 살펴 볼 필요가 있다. 인접 분야의 변화에 따라 음악교육학이 어떤 모습으로 진화되어야 할 것인지, 보다 높은 곳에서 관찰하고 연구하는 자세를 가져야 할 것으로 생각된다. 학교 교육과정에서 혹시 음악 교과가 축소되는 경향이 일고 있다면 그것은 결코 어제 오늘의 일시적인 현상이 아니라, 훨씬 더 일찍 시작된, 오래된 음악교육학의 문제에서 발생된 것일 수 있다. 현실을 직시하고, 미래를 예측하면서 현재의 문제를 보다 장기적인 관점에서 해결해 나가고자 하는 연구 자세를 견지할 필요가 있다. 우리 사회의 구성원들이 스스로 알아서, 또는 우연히 음악예술의 가치를 인식하고, 학교에서의 음악교육을 중시해 주기를 기다릴 것이 아니라, 현재의 학교 구성원들에게 올바른 음악교육을 함으로써, 그들이 후에 능동적으로 우리 사회의 음악예술의 발전과 학교의 음악교육을 지원해 주는 구성원들이 될 수 있도록 하는 '미래지향적 음악교육'이 필요한 시점이다.

3. 맺음말

　이제 음악교육학은 현재까지 우리에게 내려온 모든 음악교육학적 전통과 경험을 바탕으로 보다 진화되고 체계화된 음악교육학을 정립해야 할 시점에 놓여 있다. 이 과제는 한 사람의 '거인'에 의하여 이루어지기보다는 이 과제를 자기의 책무로 인식하는 모든 음악교육학 전문가들에 의하여 공동으로 달성되어야 할 일이다. 서로 달라 보이는 사람이라고 그냥 다른 길로 가서는 해결될 일이 아니며, 달라 보이더라도 그 다른 것을 존중하면서 공동으로 문제를 해결해 나가고자 하는 노력이 중요하다.

　음악교육학의 과제는 다른 교과의 학문적 과제와도 깊이 연결되어 있다. 음악교육학의 전문가들은 다른 교과의 전문가들과의 학문적 만남을 통해서 서로의 문제와 해결 방안을 공유하는 과정에서 의미있는 소통이 가능할 수 있을 것이다. 이런 점에서 현재 대체로 음악교육의 현안에만 관심이 쏠려 있는 음악교육학자들은 잠시 현안에서 눈을 떼고 다른 교과에서 그와 유사한 문제들을 어떻게 해결해 나가고 있는지 살펴 볼 여유를 가질 필요가 있다.

　'일반교육학'에 대응하는 학문으로서의 '교과교육학' 속에는 음악교육학이 일정한 위치를 차지하고 있다. 그것은 곧 음악교육학이 교과교육학의 진화에 일정 부분 기여할 책임도 있다는 것을 의미하는 것이기도 하다. 음악교육학 전문가들은 음악교육학의 발전뿐만 아니라, 교과교육학의 발전을 위한 연구에도 시간과 노력을 기울이는 것이 중요함을 인식해야 할 것이다.

참고문헌

강신웅(1998). 교과교육학의 학문적 성격에 관한 연구. 교육연구논총, 제15집.

강현석(2006). 교과교육학의 새로운 패러다임. 서울: 아카데미프레스.

강환국(2003). 교과교육학 발전방안 탐색. 교육연구논총, Vol. 24-1.

길양숙(1996). 교과교육학의 성격과 교사교육과정의 구성원리. 교육과 정연구, Vol. 14-1.

김경배 · 김재건 · 이홍숙(2001). 교과교육론. 서울: 학지사.

김대현 · 강태용 외 역(2001). 교과경계선 허물기. 서울: 학지사.

박인기(2008). 교과의 생태학. 교과교육의 현재와 미래. 경인교육대학교-서울교육대학교 공동 2008 국제학술대회 자료집.

전성수(2006). 교과교육학 & 미술교육학. 서울: 한국학술정보(주).

진영은(2001). 교과교육의 이해. 서울: 학지사.

차호일(2000). 교육학과 교과교육학간의 위상정립. 청람어문교육학, 제22집.

허경철 · 이화진 · 박순경 · 소경희 · 조덕주(2001). 교과교육학신론. 서울: 문음사.

체육교과는 진화하고 있는가?

김재운

교과는 진화하는가

1. 서론

생태학(ecology)이란 "개체 발생은 계통 발생을 되풀이한다."는 유명한 명제를 만들어 낸 독일의 생물학자이면서 철학자인 에른스트 헤켈(Ernst Haeckel)이 처음 사용한 것으로 알려져 있다. 생태학은 식물이나 동물과 같은 유기체가 둘러싸고 있는 물리적 환경과 다른 유기체와 상호관계를 맺으며 살아가면서 생존과 적응을 영위해 나가는 여러 현상을 연구하는 학문이다(장연자, 2006).

특히, 20세기 후반에 이르러서는 자연 생태가 과학 문명에 의해 파괴되고 인간중심의 세계관이 자연정복의 논리를 구축하는 동안, 인간을 포함한 생명의 총체적 위기를 맞이하게 되었다. 그런 의미에서 생태학은 그 자체로 중요한 의미를 띠고 부각되었다. 원래는 생물 생태학이 생태학을 총칭하는 것이었으나, 이런 개념이 점차 다른 영역으로도 변역·전이 되어, 인문현상이나 사회 현상을 설명하는 데도 생태학의 개념을 차용하여 새로운 설명 모델을 만들어 내게 되었다. '총체적 인식론'이나 '관계적 세계관', '탈 자기중심적 가치관' 등은 생태학적 문화의 한 특징을 보여주는 것이다(박이문, 1996). 이러한 생태학적 관점은 어느 하나도 서로 떨어져 존재하지 않고, 독립적으로 존재하지 않는다는 것이다. 체육 교과의 미래 변화를 생각할 때, 생태학적 관점이 필요하다. 체육 교과를 하나의 유기체로 보고, 교과의 생존과 적응을 위해서 환경과 어떻게 적응하고 조절하는지를 통찰해야 할 시점이기 때문이다.

즉, 체육 교과가 환경에 적응하고 조절하는 것은 체육 교과를 둘러싼 사회적 수요 및 문화적 환경과의 관계를 유기적으로 바라보는 것이다. 체육 교과가 단순히 '기능과 체력'에 고정되어 있다면 그것은 도태될 수밖에 없다. 이에 박인기(2008)는 교과의 존재와 생존을 위해서 생태학적 관점으로 파악하는 것이 중요하다고 강조하고 있다. 특히, 각 교과가 각양의 학문, 지식, 사회, 문화, 이데올로기 등의 생태적 조건 속에서 살아남으려면 개변되어 가는 것을 '진화'로 이해할 것을 강조한다. 진화의 관점에서 자연선택은 특정 자연환경이 적합한 개체 혹은 집단을 선택한다는 개념으로 적합성(fitness)이 가장 높은 개체나 집단을 자연이 선택한다는 것이다.

따라서 체육 교과를 생태적 관점으로 본다는 것은 체육 교과를 둘러싼 생태학적 조건들을 살피고, 그 안에서의 '적합성'을 탐색하는 것이다. 그리고 이것은 궁극적으로는 체육 교과의 생존과 직결된다. 생존을 위해서는 진화가 요구된다. 진화(進化)는 "일이나 사물 따위가 점점 발달하여 간다."는 의미이고, 생물체일 경우에는 "생물이 외계(外界)의 영향과 내부의 발전에 의하여 간단한 구조에서 복잡한 구조로, 하등(下等)한 것에서 고등(高等)한 것으로 발전하는 일"이다(국립국어원, 2008). 생태적 관점에서 교과를 해석할 때 진화는 보편적으로 사용하는 변화(變化, change)와는 다른 의미를 가진다. 변화라는 단어가 가지고 있는 달라짐, 바뀜의 단순한 의미로 기술하기보다는 발달 혹은 발전을 전제로 하는 것이다. 그리고 이것은 교과를 더 적극적으로 해석한다는 의미이다.

본 연구에서 진화란 체육교과를 유기체적 현상으로 보고, 교과가 자신을 둘러싼 각양의 생태학적 여건과 더불어 동화와 조절을 부단히 해

나가는 것으로 파악할 필요가 있다는 것이다.

"체육 교과의 진화는 이루어지고 있는가?"를 알아보기 위해서는 두 가지 근본적인 질문을 해야 한다. 첫째, 진화는 사회적인 요구와 밀접한 관련을 맺고 있다. 따라서 "체육 교과는 사회적 수요에 대해 적응하고 있는가?"라는 질문이 필요하다. 이것에 대해 답변하기 위해서는 체육 교과의 위상, 사회적 인식, 체육수업의 환경 등을 고려해야 한다. 하지만 아직도 학교체육은 수업시간 및 환경적 제약으로 교육적 목표를 달성하는데 어려움을 겪고 있다. 초·중등학교에서 체육은 주당 2~3시간의 수업 시수로 배정되어 있지만, 시험기간, 장마, 황사, 폭우, 폭서, 혹한, 자외선 주의보 등의 시간을 제외하면 실제로 이루어지는 수업 시수는 더욱 축소될 수밖에 없는 현실이다. 또한 진화해야할 체육 시설은 문화재처럼 보존되고 있다. 녹슨 철봉, 그물 없는 농구 골대, 물이 고이는 운동장, IT 시설을 위한 건물을 짓느라고 운동장은 점점 좁아지고 있다. 이와 같이 체육수업을 위한 수업시간과 환경적 조건은 진화보다는 오히려 퇴행되고 있는 실정이다. 최근 "참살이(well-being)", "삶의 질 향상"은 현대사회를 읽는 키워드 중 하나로 부각되고 있다. 그만큼 체육에 대한 사회적 요구와 필요성이 강조되고 있는 것이다. 이러한 사회적 요구에 비해 학교교육에서는 여전히 주변 교과로서의 위상을 벗지 못하고 있다. 이처럼 학교교육에서 체육 교과에 대한 필요성은 강조되지만, 그 중요성은 주지 교과에 밀려나고만 있다.

둘째, "체육 교과는 어떠한 진화를 하고 있는가?"이다. 물론 이 질문은 완료형이 아닌 진행형의 과정이지만, 2007년 제7차 개정 체육과 교육과정의 철학적 배경과 특징을 통해 살펴보고자 한다. 특히, 스티븐 제이 굴드(Stephen Jay Gould, 2006)의 "진화는 단순한 진보가 아니라 다양성의 증가이다."라는 말처럼 개정 체육과 교육과정 중 체육수업 프로그램의 다양성의 측면에서 뉴 스포츠(new-sports)의 의미를 진화의 관점에서 분석하고자 한다. 이를 통해 개정 체육과 교육과정의 핵심인 체육교육 목표의 변화, 가치중심으로의 전환, 철학의 변화가 어떠한 의미를 내포하고 있는지 진화의 관점에서 이해하고자 한다.

이에 이 글에서는 체육 교과를 생태적 관점에서 조망하고, 개정된 교육과정을 진화의 측면에서 기술하였다. 이를 통해 학교 현장에서의 적용과 체육 교과의 과제와 전망을 논의하고자 한다. 어쩌면 이 글은 체육과 교육과정에 대해 설익은 이해일 수 있지만, 체육 교과가 가지고 있는 장점과 교육적 의미에 대해 공유하고자 하는 마음에서 정리하였다.

2. 체육과 교육과정의 전반적 이해

2007년 제 7차 개정 체육과 교육과정은 수시 개정 체제 도입에 따른 부분 개정이다. 7차 교육과정의 기본적인 체제와 구조는 유지한 상태에서 문제가 되는 부분만을 수정·보완하는 부분적 개정이라는 의미이다. 하지만 수시 개정 하에서 처음으로 시행되는 개정작업이기 때문에 전면 개정과 부분 개정의 특성이 혼재 되어 있다(허경철, 2005). 체육 교과의 경우는 부분 개정의 성격이라기보다는 전면 개정에 가깝다고 평가하고 있다. 그동안 체육교육과정에 관련된 연구들(김대진,

2008; 강신복, 2005; 김명수, 2005; 안양옥, 2004; 유정애·김원정, 2006, 유정애, 2004a; 유정애 외, 2004b, 서지영 외, 2003; 류태호, 2002; 조미혜, 2002)은 교사교육과정과 체육교육과정에 대한 철학과 과정 등에 대한 다양한 관점에서 연구가 진행되었다. 그러므로 이 글에서는 2007년 제 7차 개정 체육과 교육과정의 커다란 변화를 진화의 측면에서 이해하고자 한다.

2007년 제7차 개정 체육과 교육과정에서는 체육교육 철학의 새로운 전환을 이야기하고 있다. 즉 '신체의 교육(education of the physical)'에서 '신체를 통한 교육(education through the physical)'에 좀 더 적극적으로 다가서고자 하는 철학과 실천의 문제를 다루고 있다(안양옥, 2008). 그것은 체력중심에 대한 체육수업의 반성과 기능중심의 체육수업에서 가치중심으로 전환을 강조하고 있기 때문이다. 큰 틀에서 보면 체력중심 교육은 체육 교과의 목적이나 역할에 대해서 생각할 기회와 필요가 부족했다는 것이다. 또한 학생들의 흥미도 담보할 수 없었다는 반성에서 기인한 것이다. 같은 맥락에서 기능중심에서 가치중심으로의 전환은 평생 체육 활동을 강조하고, 지속적으로 참여하는 자기주도적인 체육인으로 인도하고자 하는 의미에서 가치(value)를 달성하는 것을 강조한다.

체육 교과의 과제와 전망 교과는 학교 교육과정의 운용 프레임 안에서만 유효하다는 생각도 교과의 생태적 속성을 왜곡시키는 고정관념에 해당한다. 교과(敎科)라는 말은 글자 뜻 그대로는 가르치는 과목이다. 그런데 가르치는 것과 학교가 자동으로 연결되는 사고방식이 바로 20세기 식의 고정관념 양상인 것이다. 게다가 학교를 운영하는 기술적 처방의 전형적 형태와 관련해서, "교과는 학교 교육과정 운영의 내용 단위이다"라는 규범을 가지고 있기까지 하다. 그러니까 우리는 학교교육 이외의 영역에서 이루어지는 교육에는 교과의 개념이 없다고 생각한다. 학교가 교육을 독점하던 20세기적 인식이 자동화 된 데서 나온 발상이라 할 수 있다. 가르치는 행위를 학교 공간으로만 연결 짓는 것은 열린 사고가 아니다. 미래 사회의 학습 생태에서 학교가 차지하는 지분은 현격하게 줄어들 것이다(박인기, 2008).

기존의 체육과 교육과정에서 체육 교과의 목표가 스포츠 기술(sports skill) 중심이었다면, 2007년 제7차 개정 체육과 교육과정에서는 활동적인 생활기술(active life skill)을 습득하는 것으로 변화하였다. 이것은 학교의 울타리를 넘어서 생활로의 전이를 강조한 것으로서 체육 교과의 가치를 진화시킨 것이라고 할 수 있다. 이것은 체육 교과를 통해 건강한 삶에 어떠한 공헌을 할 수 있고, 운동이 가지고 있는 가치와 혜택은 무엇인가를 이해시키는 것으로 전환되었음을 의미한다. 이것은 체육 교과가 '수업'에 국한된 것이 아니고 '삶'이라는 장기적 안목에서 수업에 참여하는 것이 중요하다는 것이다.

교육인적자원부(2007)는 2007년 제 7차 수정 체육과 교육과정의 내용 영역인 신체 활동 가치를 건강(health), 도전(challenge), 경쟁(competition), 표현(expression), 여가(leisure)활동의 5가지 가치로 일원화하였다. 여기서 초등학교와 중등학교간의 교육내용 계열성(sequence)을 강조하며 학년 간에도 교육내용의 범위(scope)를 유지할 수 있는 내용체계를 선정하였다. 학년 간 교육내용의 계열성은 학습자의 연령과 발달단계를 고려하여 신체활동 이해력과 수행능력의 수준에 따라 결정하였으며, 각 학년 내용에서 동일한 개념이나 운동능력 등을 다르게 제시함으로써 내용의 반복성을 줄이고 계열성을 확보하고자 했다. 또한 교육내용의 재조직 차원에서 학습자들이 어떤 신체활동을 수행할 때 해당 신체활동에 관한 이론 또는 지식과 태도를 함께 배우도록 내용을 통합했으며, 스포츠의 인문 사회적 내용과 예술적 내용의 강화를 통해 교육내용의 균형을 추구하고 있다.

교수·학습방법에서는 학습자의 수준을 고려한 수업운영과 신체활동에 직·간접적인 다양한 활동, 그리고 적합한 교수방법의 선택을 강조했다. 체육 교과의 경우 외부환경, 지역성 등에 따라 다양한 교육과정을 적용할 수 있기 때문에 교육과정 결정에 있어 이러한 분권화, 지역화, 학습자 중심으로의 전환은 보다 현실적이고 타당성 있는 결정구조로 평가하고 있다(박재정, 2008). 평가의 측면에서는 교사의 자율성을 확대하고, 평가 종목이나 비율을 삭제하였으며, 교사의 책무성을 강조하였다.

하지만 새로운 국가수준의 교육과정이 개정될 때마다, 학교 혹은 현장에 대한 여건을 충분히 고려하지 않았다는 비판은 여전히 상존하고 있다. 국가수준의 교육과정은 여전히 국가의 의도를 담고 있는 문서이다. 우리나라에서는 교육과학기술부 장관이 의거하여 결정, 고시하며, 초·중등학교에서 편성·운영해야 할 교육과정의 목표, 내용, 방법, 평가, 운영 등에 관한 기준 및 기본 지침을 담고 있는 것이다. 즉 국가수준 교육과정은 우리나라 초·중등학교의 교육 목적과 교육 목표를 달성하기 위해 초·중등교육법 제23조 제2항 "교과부 장관은 교육과정의 기준과 내용에 관한 기본적인 사항을 정한다"에 의거하여 교과부 장관이 문서로 결정, 고시한 교육 내용에 관한 전고시통의 일반적인 기준을 제시하고 있다. 따라서 국가수준 교육과정은 상위 수준의 추상적이고, 일반적인 기준과 개념을 담은 내용이기 때문에 지역적 특성과 개별 학교 현장을 고려한 내용을 담아내는 것에는 태생적 한계를 가지고 있다(유정애, 2008). 특히 체육교과는 '신체활동'의 교육적 의미를 담아내야하는 유일한 교과이다. 신체활동은 개인의 특성이 다양하게 나타나고, 특히 외부 환경과도 밀접한 관련을 맺고 있다. 이것은 서론에서 언급한 국가의 사회적 환경이 개선되지 않았다고 해서 위축될 수밖에 없다는 소극적 해석을 말하고자 하는 것이 아니다. 교육과 국가수준 교육과정은 단락을 맺고 요구를 담보할 수 없지만, 이번 교육과정은 교사의 자율권 확대를 표방하고 있다. 신체활동의 다양성을 담아내기 위해서는 교사의 실질적인 자율권을 확대하는 것이 가장 적합한 대안이 될 수 있다는 것이다. 물론 현장 교사가 체감하는 자율성의 정도와 질에서는 차이가 있겠지만, 교육과정에서는 '교육과정의 실천자'로서의 역할과 '교육과정 개발자'의 역할을 강조하고 있는 것은 분명한 사실이다.

3. 체육과 교육과정의 특징

2007년 제 7차 개정 체육과 교육과정의 큰 흐름을 설명하였듯이 첫째, 신체를 위한 교육에서 신체를 통한 교육을 강조하면서, 체육 교과의 기능중심 또는 체력중심에 대한 반성에 기반을 둔 개정이다. 둘째, 체육과 교육과정에서 가치중심의 개념을 도입하였다는 것이 가장 큰 특징이었다. 이러한 변화들은 수요자(학습자)중심으로의 변화이고, 삶으로 이어지는 시대적 요구에 부합하는 내용으로의 진화라고 분석할 수 있을 것이다.

1) 기능중심(체력중심) 체육과 교육과정에 대한 반성

우리 사회에서 체육 교과의 정당성은 건강 증진, 체력 강화, 운동기능 습득 등을 강조하는 교육과정에서 찾으려고 했다. 사실 현재까지도 이 목표로 체육 교과의 정당성을 설명하고 있는 것이 사실이다. 하지만 위의 목표에 대한 반대 인식도 만만치 않다. 실제로 "체육 교과를 통해서 학생들이 건강해졌는가?", "학생들의 체력이 강화되었는가?" "학생들의 운동기능은 향상되었는가?"라는 반론에 대한 근거를 명확히 제시하기 힘들기 때문이다. 학생들의 체력 저하와 비만의 문제는 심각한 사회적 이슈로 대두되었고, 어떤 여학생은 초·중등 교육과정 12년을 통해서 배운 기능은 '피구와 발야구 뿐'이라고 말하기도 한다. 이것은 비단 체육 교과에만 적용되는 것은 아니다. 체육 교과를 제외한 다른 교과목도 추구하는 목표의 본질에 대해 반문을 한다면 자유롭지 못할 것이다.

체육 교과의 발전을 전제로 한 진화의 측면에서 설명하려면 더 이상 체력과 운동기능을 목표로 설득하기는 힘들 것이다. 그 이유는 다음과 같다. 첫째, 우리나라의 공간적인 환경적 제약과 부족한 수업시수, 체육에 대한 사회적 인식에서는 기존의 체육교육의 단일한 목표에서 수정이 불가피하다고 할 수 있다. 이에 개정 체육과 교육과정에서는 체육을 가르치는 것이 단순히 기능을 가르치는 것이 아니라, 건강한 삶을 영위하는 데 필요한 삶으로의 전이를 강조한다. 현대사회는 신체활동을 하면서 국가보다는 우리 자신의 개인적 삶과 행복에 대해 더 생각하게 되었다. 최근의 다른 국가들의 체육교육과정 문서나 그에 관한 연구에서도 건강의 의미를 사회적이고 공동체적인 차원에 국한하여 초점을 두고 있지는 않다. 오히려 개인적 차원의 웰빙이나 웰니스, 신체 및 정신 건강을 지향하는 방식을 택하고 있다(강신복 외, 2007; 김원정·유정애, 2007; 유정애 외, 2006). 이것은 체육 교과에서 운동이 가지고 있는 행복감과 혜택을 각 개인에게 이해시키는 것에 중점을 두고 있다. 이러한 가치와 혜택을 학교생활 속에서 체험할 수 있는 기회를 가능하면 많이 제공하고자 하는 것이다.

둘째, 체육 교과의 목적과 역할이 체력 및 운동 기능 향상이라는 것에 대해 진지하게 고민해야 한다는 것이다. 만약 체력 및 운동 기능의 습득만 강조한다면 입시위주의 현실 속에서 체육 교과의 위상은 축소될 수밖에 없다. 그 이유는 체육수업이 정규수업이 아니라, 방과 후 활동이나, 주말, 방학 등의 시간을 활용해서 생활체육 시설 혹은 스포츠 센터를 이용해도 된다고 생각할 수도 있기 때문이다. 따라서 학교 교육에서 체육 교과의 지향점은 체력 및 운동 기능 중심이 아니라 교육적 가치를 드러낼 수 있어야 한다는 것이다. 체육활동에 참여하고 있는 사람이라면 체력과 운동기능 뿐 아니라, 신체활동이 가지고 있는 관계성, 성취감, 리더십, 예절, 사회적 책임감, 자기통제 등의 경험을 했을 것이다(유정애, 2008). 하지만, 체력에만 몰두한 나머지 이러한 가치들이 아

주 적은 부분으로 드러났다는 것은 체육 교과가 진화해야 한다는 필요
성을 확인할 수 있는 부분이다.

셋째, 체육 교과의 목표가 '스포츠 기술(sports skill)' 습득 이었다면,
개정 체육과 교육과정에서는 '활동적인 생활기술(active life skill)'을 습
득하는 것으로 바뀌었다. 이것은 시대적 요구이고, 다양성과 참여의
가치를 반영하고 있는 것이다. 이러한 측면에서 2007년 제7차 개정 체
육과 교육과정에서 뉴 스포츠(new sports)를 도입한 것은 상징적 의미
가 크다고 할 수 있다. 이것은 참여의 즐거움과 체험에 목표를 두고,
기능중심이라는 기존의 체육교육 목표를 다양한 여러 가치들 중 하나
로 상대화 시킨다. 더불어 뉴 스포츠의 도입은 체육수업 프로그램의
다양화의 측면에서도 의미가 있다. 기존의 체육수업이 근대스포츠를
중심으로 제한적으로 다루어져 왔다는 비판에 대한 대안이기도 하다.
특히 뉴 스포츠의 참여지향적인 목표는 체육수업에서의 소외현상을
최소화하고, 남성중심의 체육수업에서 양성을 모두 포괄하는 전환의
기회를 제공하는 것으로 해석할 수 있다.

뉴 스포츠의 교육적 의미에 대한 논의는 다양한 측면에서 이루어질
수 있다. 신체접촉과 높은 기술이 요구되는 전통적인 종목의 리드 업
(lead-up)게임, 다양한 게임 활동의 체험, 기능이 낮은 학생과 같은 소
외 학생의 최소화, 혼성학급 수업의 대안 등이다(이병준, 2006; 정기채,
2005). 류태호(2005)는 목표 경쟁을 통한 보상에서 참여를 통한 즐거움
으로, 프로그램 측면에서 제한적인 남성지향 프로그램에서 다양한 양
성지향 프로그램으로, 교수방법 측면에서 교수자 중심에서 학습자 중
심으로, 학습자 측면에서 수행이나 규칙의 준수에서 학습과 규칙의 변
형과 합의를 뉴 스포츠가 이끌어낼 수 있다고 주장한다. 이것은 뉴스

포츠가 학교 교육에서 다차원적으로 실천되어야 함을 의미한다.

이와 같이 그동안 체육 교과는 신체활동, 또는 그 기능을 습득하는 교육으로 인식하는 것이 일반적이었다고 할 수 있다. 그것은 현행 교육과정 구성에도 그대로 드러나는데, 예를 들면 교육과정의 내용 체계를 운동 경기 종목이나 체육 종목중심으로 구성하는 것도 그러한 모습의 일부라고 할 수 있다.

그러나 체육 교과가 과연 기능 중심, 체력 중심의 교과인가에 대해서는 학계에서는 계속적인 반성이 있어 왔다(강신복, 최의창, 1994; 장용규, 김홍식, 1998; 유정애, 2003; 강신복, 2004, 2005; 최의창, 2005; Carr, 1979; Corbin, 2002; Anderson, 2002 등). 이러한 반성은 심신일원론을 주장하고, 체육활동의 인지적 성격을 밝히는 것이었다고 할 수 있다(김미숙, 2008).

이에 2007년 제 7차 개정 체육과 교육과정의 철학적 의지는 "체육과는 신체활동을 통하여 자신 및 세계를 이해하며 건강하고 활기찬 삶에 필요한 능력을 기르고 바람직한 품성과 사회성을 갖추며 신체 문화를 창조적으로 발전시킬 수 있는 자질을 함양하는 교과이다"라고 명시하고 있다. 따라서 2007년 제7차 체육과 교육과정의 목표는 기능이나 체력중심에서 벗어나 삶으로 전이되고, 행복한 삶을 영위하기 위한 평생교육 차원의 목표로 확장되었다고 할 수 있다. 이는 경쟁 중심에서 참여 중심으로, 획일화된 종목 중심에서 다양한 프로그램으로 시대적 요구에 부응하는 진화라고 설명할 수 있을 것이다.

2) 체육과 교육과정 내용의 진화 : 신체활동 가치의 의미

2007년 개정 체육과 교육과정의 가장 큰 변화는 스포츠 기능중심 교육과정(sport skill-based curriculum)에서 신체활동 가치 중심 교육과정(physical activity value-based curriculum)으로의 변화이다. 이러한 가치 중심은 바람직한 평생 체육 활동에 참여하는 것을 목표로 하는 장기적 안목에서의 설정일 것이다. 개정 교육과정의 전문을 보면, 신체 활동의 가치는 스포츠, 운동, 무용 등을 포함한 모든 신체활동이 가지는 교육적 가치를 의미하며, 다음과 같은 다섯 가지 가치를 말한다. "신체 활동 가치 중심 교육과정"은 신체 활동을 수행하는 목적이 신체 활동이 가지는 가치(value)를 달성하기 위함임을 강조한다. 신체 활동 가치에는 건강(health), 도전(challenge), 경쟁(competition), 표현(expression), 여가(leisure)가 포함 된다. 체육과 교육과정은 이 다섯 가지 신체 활동 가치를 중심으로 내용 체계를 구성하고 있는 것이다(유정애, 2008).

즉 체육 교과는 신체활동의 가치를 삶에서 실천하는 것을 목적으로 하고, 여러 가지 신체활동의 가치를 체험하는 장이 되어야 한다는 것이다. 이것은 활기차고 건강한 삶을 영위하고, 평생 체육 활동에 참여하는 주체적 인간상을 추구하는 것이다. 물론 체육과 교육과정에서 제시한 다섯 가지만이 체육 교과의 가치를 나타낼 수 있는 것은 아니지만, 적어도 종목 자체가 아닌 가치 실현을 위한 노력을 구체화 했다는 것에서 의미를 부여할 수 있을 것이다. 그러므로 이 글에서 진화라고 설명할 수 있는 이유는 체육 교과에서 축구나 농구라는 종목자체가 체육 교과의 목적이 될 수 없고, 가치를 실현하기 위한 수단이라는 관점에서 사용 했다는 것이다. 종목 자체가 목적이 될 수 없다는 것은 근본적 철학의 변화라고 생각하기 때문이다.

특히 여가의 가치를 내용에 포함시킨 것은 시대적 흐름과도 그 맥을 같이 한다고 할 수 있다. 이것은 학교교육을 통해 여가 향유 능력을 향상시키려는 사회적 욕구를 증대시킬 것으로 기대할 수 있다. 현재, 주5일제의 정착과 더불어, 생활체육 혹은 사회체육의 확대보다는 도박이나 향락사업이 더욱 증가한다는 것은 여가교육에 대한 빈곤함을 여과 없이 드러내는 것이라고 할 수 있겠다. 여가에 대한 것을 체육이 전담할 수는 없지만, 그 가치를 반영했다는 것에도 진화의 의미를 부여할 수 있을 것이다.

물론 주 5일제 근로 환경과 주 5일제 수업이 체육과 교육에 반드시 긍정적이라고 할 수는 없다. 여가의 증가로 여가 교육의 필요성이 증대되는 것은 분명하다. 그러나 주 5일제 수업으로 인하여 학교의 수업 시간이 줄어드는 상황에서 비(非)주지 교과에 대한 시수 감축으로 이어질 가능성이 존재하며, 학교체육을 사회체육으로 이양하려는 움직임이 있을 수도 있다. 하지만 새로운 교육적 통로로서 소통하고 체육교과가 자기 조절 성향을 발휘할 수 있는 근거가 될 것이라고 생각한다.

이와 같이 학생들은 여가를 효율적으로 보내기 위한 교육을 학교에서 배우고, 체육교과를 통한 다양한 가치를 체험하는 장(場)으로서 역할을 기대할 수 있는 것이 개정된 체육과 교육과정의 내용이라고 할 수 있다. 이러한 체육교과의 변화는 다양한 가치들이 유기적으로 연동되어 역동적인 성향으로 발현될 수 있을 것이다. 이것은 체육교과에 대한 새로운 교육적 수요를 창출할 수 있는 가능성을 발견하는 계기가 되어서 끊임없이 진화할 수 있어야 할 것이다.

4. 초등체육에서 체육과 교육과정의 실천 방안

현행 제 7차 체육과 교육과정을 보면, 내용 체계의 영역 분류가 초등학교 3~4학년은 네 영역(체조활동, 게임활동, 표현활동, 보건), 5~6학년은 여섯 영역(육상활동, 체력활동 추가), 7~10학년은 여덟 영역(체조, 육상, 수영, 개인 및 단체 운동, 무용, 체력운동, 이론, 보건)으로 구성되어 있다. 구성형식은 전 단계의 영역을 포함하면서 새로운 영역이 분화되거나 추가되는 형태를 가지고 있다. 이것은 교과내용의 중복을 피하고 교육 내용 요소를 심화시키는 방식으로 적용할 수 있으나, 체계의 일관성이 부족하고 학생 발달단계에 따른 운동 영역 설정의 근거가 경험적 사실들과 불일치할 수 있는 문제점 등이 존재하고 있다.

또한 이러한 방식의 영역 설정은 학교 현장 체육교육에서 지도 가능한 영역이라 할지라도 교육 내용의 양을 확대하는 데에 치중하는 결과를 초래하여 심도 있는 교육을 저해하는 현상을 낳게 되었다(유정애, 2005).

이러한 맥락에서 2007년 개정 체육과 교육과정에서 중점을 둔 것은 단일 내용 체계를 구성하고, 체육과 목표를 가치중심으로 바꾸는 것이다. 지난 교육과정에서 지속적으로 제기되었던 문제는 계열성의 확보가 불가능하다는 것이었다. 예를 들면, 초등학교에서는 축구를 중심으로 하고, 중학교에서는 농구를 그리고 고등학교에서는 배구를 하는 방식으로 체육교과의 위계를 설정하는 것에 대한 필연적 근거가 부족하다는 것이다.

이에 개정된 체육과 교육과정에서는 학교 급별 체육과 교육의 방향을 초등학교 체육과 교육, 중학교 체육과 교육, 그리고 선택 과목과 연계되는 고등학교 1학년의 체육교육으로 나누어 학교방향을 제시하고 있다. 초등학교에서는 신체활동 가치의 기초교육을 방향으로 설정하고, 중학교는 신체활동 가치의 심화 교육을 병행으로 설정한다. 그리고 고등학교 1학년은 체육과 공통 교육과정과 선택 교육과정과의 다리 역할을 하므로 "신체활동에 관한 종합적인 안목과 실천 능력 개발을 강조하고, 고등학교 2-3학년의 체육과 선택 과목 학습과 연계될 수 있는 평생 체육활동의 기초를 마련 한다" 라고 하고 있다(김미숙, 2008).

특히 이러한 교육과정의 방향 설정에서 구체적인 수업활동은 교사의 자율성이 확대되었다. 우리나라 교사의 역할은 주로 교육과정을 수용하는 역할이 지배적이었다. 국가에서 개발된 교육과정을 수동적으로 현장에 반영하는 것을 기대했던 것이다. 그러나 제7차 교육과정에서는 교사의 교육과정 운영에 대한 자율성이 크게 부각되어 나타났다. 이로 인해 학교에서는 자체적인 교육과정을 개발하였고, 교육과정에 대한 교사의 책무성과 전문성이 요구되고 있다. 개정 체육과 교육과정은 기존의 것보다 더 교사의 재구성 혹은 개발자로서의 역할이 요구된다. 즉 국가수준 교육과정의 이해도 기본적으로 중요하지만, 이를 토대로 학년, 학급의 실정에 맞게 독자적으로 교육과정을 개발하는 것이 중요하다. 서론에서 언급하였듯이 2007년 제7차 개정 체육과 교육과정에서는 교육과정의 개발자로서의 역할이 강조되고 있다.

2007년 제7차 개정 체육과 교육과정에서 제시한 것 〈표 1〉을 보면, 3학년의 경우 대영역, 중영역, 소영역의 내용 기준을 1년 동안 모두 지도하기 위해서는 오른쪽에 제시되어 있는 "신체 활동의 선택 예시" 중에서 대영역별로 최소 1개 이상의 신체 활동을 선택하면 된다. 더불어 3학년 신체 활동의 선택 예시표에 적합한 신체 활동이 없는 경우, 학년 또는 교과 협의회를 통해 예시표에 없는 다른 신체 활동을 선택할 수 있다. 즉 단위 학교에서 국가수준 체육과 교육과정에서 제시하고 있는 내용 기준 "대영역", "중영역", "소영역"을 필수로 지도한다는 것은 각 단위 학교에 적합한 신체 활동의 종류와 수를 자율적으로 선택하여 운영할 수 있다는 의미이다.

필수내용영역	필수 내용 요소	3학년 신체 활동의 선택 예시
건강 활동	건강과 체력의 개념	준비운동, 본운동, 정리 운동 등과 관련된 신체 활동
	청결한 생활	질병 예방 활동(식사 전 손 씻기, 1일 3회 양치질 하기 등) 가정 및 학교 안전사고 예방 활동
도전 활동	속도 기록도전	단중거리 달리기, 이어달리기, 장애물달리기, 자유형, 평형, 배영, 스케이팅
경쟁 활동	피하기형 경쟁	피구, 태그게임, 얼음땡 등
표현 활동	신체표현 언어	이동 움직임(걷기, 달리기, 뛰어오르기, 내리기 등) 비이동 움직임(굽히기, 펴기, 비틀기, 흔들기 등) 조작 움직임(던지고 받기, 잡기, 굴리기, 돌리기 등)
여가 활동	나와 여가 생활	부메랑, 자전거타기, 인라인스케이트, 킥보드, 플라잉 디스크 등

표1. 3학년 신체활동의 선택 예시표

개정 체육과 교육과정에서의 내용 기준은 국가수준 체육과 교육과정에서 공통적이고 표준화된 내용이 된다. 이것을 단위 학교에서는 지역과 학교의 특성과 여건을 고려하여 신체 활동을 선택함으로써 체육과 교육과정의 다양화가 구현될 수 있게 되는 것이다.

초등학교 체육(3, 4, 5, 6학년)은 게임, 무용 등을 중심으로 신체 활동가치의 기초 교육을 담당한다. 학생들이 신체 활동에 대해 흥미를 갖고 자신의 건강에 대한 중요성을 인식하기 위해 올바른 건강 생활 습관과 태도 형성, 운동 기초 능력과 표현력 향상, 바람직한 운동 질서 및 규범 형성, 활동적인 여가 활동의 생활화에 초점을 둔다.

특히, 경쟁활동을 보면 특정 종목이 나열되어 있는 것이 아니라, 이해중심 게임모형(teaching game for understanding)에서 강조하는 전술을 토대로 피하기형 경쟁, 영역형 경쟁, 필드형 경쟁, 네트형 경쟁으로 구분하여 전략과 전술을 익히는 단체 활동 위주의 수업을 중시한다. 특히 뉴 스포츠(new-sports)를 도입하여, 체육수업 프로그램의 다양성, 누구나 참여할 수 있는 참여지향의 철학을 반영한 것이라고 할 수 있다. 특히, 전술은 체육교육의 인지적 영역 중 중요한 요소로 "내가 무엇을 해야 하는가?"에 대한 창의적 사고를 증진시킬 수 있는 가치이다.

5. 체육교과에서 여가 영역에 대한 비중 확대

교육과정 해설에 의하면 체육 교과의 여가활동 영역에서 추구하는 여가(leisure)의 가치는 다양한 유형의 신체 활동, 여가 활동의 생활화, 바람직한 여가 문화 그리고 자기 주도적 여가 계획 및 실천 등의 목표를 달성함으로써 실현할 수 있는 것으로 기술되어 있다. 필자는 여가 활동 영역의 진화를 위해 체육 교과에서 제시하고 있는 방법이 여가의 가치를 실현하기 위한 바람직한 방향인지 진단하고, 큰 틀보다는 세부적인 차원에서 보다 나은 방향을 제시하여야 된다고 생각된다.

조기정(1998)은 우리 사회에서 추구해야할 청소년 여가교육의 방향으로 인간성 함양을 위한 교육, 평생교육, 전인교육 그리고 창조적 여가 활용 방법에 대한 교육 등을 제시하고 있다. 또한, Mundy와 Odumn(1979)은 여가교육의 목표로 여가 내에서의 삶의 질 향상, 여가 내에서의 기회, 잠재력 그리고 도전에 대한 이해, 여가가 개인의 삶의 질과 사회 조직에 미치는 영향력에 대한 이해, 폭 넓은 여가선택을 위한 지식, 기술 그리고 올바른 이해 등을 제시하고 있다. 이들은 목표를 달성하기 위한 세부 영역 6가지로 자기인식, 여가인식, 태도, 의사결정, 사회적 상호작용, 여가 활동 기술 등을 들고 있다.

이러한 주장의 내용을 체육 교과에서 제시하고 있는 세부 목표와 비교할 때 이들 간에는 유사점과 차이점이 발견된다. 여기서는 체육 교과의 내용을 중심으로 조기정(1998)의 주장과 Mundy와 Odumn(1979)의 주장을 비교하고 교과 진화를 위한 새로운 방향을 제시하고자 한다.

여가 활동 영역의 첫 번째 목표인 '다양한 유형의 신체활동'은 조기정(1998)의 '전인교육'과 대비할 수 있으며, Mundy와 Odumn(1979)이 주장하고 있는 "폭 넓은 여가선택을 위한 지식, 기술 그리고 올바른 이해"와 대비할 수 있다. 우리의 교육은 그동안 입시위주의 교육, 지식 편중의 교육 등으로 교육의 본질에서 벗어나 있었던 것이 사실이다. 현 시점에 체육 교과를 통한 다양한 유형의 신체활동 교육 프로그램을 학생들에게 제공하는 것은 전인교육에 잘 부합한다. 그렇지만 현재의 교과과정에서 예시하고 있는 여가 활동은 다양한 유형이라고 하기에 범위가 좁다. 따라서 발달과정에 맞게 청소년들의 욕구를 해소시킬 수 있는 다양한 유형의 신체 활동 여가를 시대변화에 맞게 발굴하여 제시해야 할 것이다. 또한 Mundy와 Odumn(1979)의 주장에 따르면 해당 여가 활동에 대한 폭 넓은 지식과 기술 그리고 올바른 이해가 가능하도록 교과내용을 구성하는 것이 바람직하다.

여가 활동 영역의 두 번째 목표인 '여가 활동의 생활화'는 조기정(1998)의 '평생교육'과 대비할 수 있으며, Mundy와 Odumn(1979)의 '삶의 질 향상'과도 대비할 수 있다. 여가 활동의 생활화는 단순히 체육교과 수업 내에서 달성 할 수 있는 목표의 수준을 넘어선다. 이 목표는 생애주기에 따른 평생교육의 차원 및 전체적인 삶의 질 향상의 차원에서 접근해야 바람직한 결과를 얻을 수 있다. 따라서 여가시간에 이루어지는 학생들의 다양한 여가 활동과 연계된 체육수업이 이루어 질 수 있도록 교과내용을 변화시켜 나가야 한다. 예를 들면, 장소에 따라서는 가정, 학교, 사회의 다양한 시스템을 이용하여 다양한 가족, 친구를 비롯한 서로 다른 사회구성원과 함께 할 수 있도록 해야 한다. 또한 시간에 따라서는 체육 교과 시간을 중심으로 방과후 활동, 주말여가 활동, 방학 중 여가 활동 등이 함께 연계되어 이루어질 수 있도록 프로그램이 마련되어야 한다.

여가활동 영역의 세 번째 목표인 '바람직한 여가 문화'는 조기정(1998)의 '인간성 함양을 위한 교육'과 대비할 수 있으며, Mundy와 Odumn(1979)의 "여가가 개인의 삶의 질과 사회 조직에 미치는 영향력에 대한 이해"와도 대비할 수 있다. 이호열과 김준희(2008)는 우리 청소년들 여가 인식의 부족, 입시위주의 교육 그리고 여가 활동 공간 및 시설의 부족 등으로 여가시간의 대부분을 인터넷을 통한 채팅과 온라인 게임 등의 단조롭고 소극적인 여가생활에 빠져들고 있음을 지적하면서 여가교육의 필요성을 주장하였다. 우리의 청소년들은 여가에 대한 교육부재로 개인과 사회에 바람직한 여가활동에 대한 이해가 부족하다. 따라서 앞으로는 신체활동을 통한 인성함양 프로그램과 여가 활동이 미치는 개인적 사회적 영향에 대한 교육 프로그램을 강화할 필요가 있다.

여가 활동 영역의 네 번째 목표인 '자기 주도적 여가 계획 및 실천'은 조기정(1998)의 '창조적 여가 활용 방법 교육'과 대비할 수 있으며, Mundy와 Odumn(1979)의 "여가 내에서의 기회, 잠재력 그리고 도전에 대한 이해"와도 대비할 수 있다. 자기 주도적으로 여가를 계획하기 위해서는 자신에 대한 이해와 여가에 대한 이해가 선행되어야 한다. 따라서 앞으로의 교과내용에 학생들 자신의 여가 욕구와 잠재력을 발견하여 스스로 자신이 도전하고자 하는 목표를 설정 하는 능력을 가져야 한다. 이를 위해서는 생활 주변의 여가 정보를 자신의 상황에 맞게 적절히 활용할 수 있는 방법까지도 교육하는 프로그램이 마련되어야 한다. 학생들의 자기 주도적인 여가 계획 및 실천이 이루어졌을 때, 창조적인 여가 활동이 이루어질 수 있고, 학생들의 창의성이 향상될 수 있다.

현재의 체육 교과 여가 활동 영역의 교과내용은 여가교육 지식체를 반영한 여가교육 모형과 내용에 대한 세부적인 해설이 제공되지 못하고 있다. Mundy와 Odumn(1979)이 여가교육의 목표와 목표 달성을 위한 6가지 영역 그리고 수준에 따른 107개의 세부 목표를 제공하듯이, 앞으로는 우리도 여가 활동 영역의 교과내용에 대한 이론적 배경과 목표 및 세부 실천 방법에 대한 자세한 설명을 제공하여야 할 것이다.

6. 체육 교과의 미래를 위한 과제

우리나라의 교육과정은 국가 주도의 교육과정이다. 국가에서 교육과정의 필요와 요구에 따라 교육과정을 계획하고, 만들어가는 국가 수준의 교육과정 체계인 것이다. 이 교육과정에는 많은 철학적 고민과 교과의 정체성 확립을 위한 노력이 들어있다. 또한 교육과정의 실천성에 대해 직접 고민해보고자 하는 의미였다. 따라서 이 글에서는 체육 교과 진화를 위한 제언으로서 첫째, 현장교사의 역할 강화를 위한 적극적 지원을 강조하고자 한다. "교육의 질은 교사의 질을 능가할 수 없다"는 말은 많은 연구에서 반복되어 사용되어지고 있다. 이것은 교사

역할의 중요성을 강조하는 말이기도 하지만 한편에서는 교육의 성패가 교사의 책임으로 귀결되는 느낌을 주는 것 같아서 불편하기도 했다. 따라서 학교 현장을 최대한 이해하고, 접근하기 위해서는 현장교사의 말에 귀 기울일 수 있어야 한다. 물론 현장성만이 교육과정의 질을 담보할 수 있는 유일한 기준이 될 수는 없지만, 교사의 책임을 강조하는 만큼 역할에 대한 비중도 높여야 한다는 것이다. 이것은 교육과정에만 국한되어 있지 않고, 교과서의 집필에도 현장 교사의 참여를 적극적으로 반영할 수 있어야 한다고 생각한다. '교육과정의 실천가', '교육과정의 개발자' 로서의 교사에게 공감할 수 있는 국가 수준의 교육과정이 아니면 문서상으로 존재할 뿐이기 때문이다.

둘째, 체육 교과에서 '전술'이 강조되어야 한다. 위에서 설명했던 이해중심 게임수업에서 강조하는 '전술'은 '내가 무엇을 해야 하는지'를 알게 하는 것이다. 예를 들어 축구 게임의 상황에서 볼을 가지고 있는 사람의 입장에서 드리블을 할 것인가, 빈 공간에 있는 같은 팀원에서 패스 할 것인가, 누구에게 패스할 것인가, 슛을 할 것인가, 빈 공간을 어떻게 만들 것인가 등의 복잡한 상황은 전술적 지식이 없으면 행하지 못하는 것이다. 이러한 전술이 간과된다면 축구를 할 경우, 공 주위로만 몰리는 소위 '벌떼 현상'이 일어나고, 본인이 무엇을 해야 할지 몰라서 멍하니 움직이지 않게 된다.

셋째, 운동을 단순히 '기능(skill)' 혹은 '운동신경(motor nerve)수준'이 아닌 가드너가 제시한 '지능(intelligence)'으로 해석하는 것이 체육 교과의 진화를 위해 필요하다고 생각한다. 가드너가 처음 제시한 인간의 지능은 음악 지능(Musical intelligence), 신체운동 지능(Bodily-Kinesthetic Intelligence), 논리수학 지능(Logical-Mathematical Intelligence), 언어 지능(Linguistic Intelligence), 공간 지능(Spatial Intelligence), 인간친화 지능(Interpersonal Intelligence), 자기성찰 지능(Intrapersonal Intelligence)이었다. 최근에 발견한 여덟 번째 지능인 자연친화 지능(Naturalist Intelligence), 실존 지능(Existential Intelligence)을 제시하고 있다. 하워드 가드너의 다중 지능(Multiple Intelligence)은 한국의 획일화된 체육교육을 반성할 수 있는 근거로 말할 수 있다.

신체의 움직임을 통제하는 일은 대측(contralateral side)이나 감각의 반구에 자리잡은 운동 피질이 담당한다. 오른손잡이의 경우 신체의 움직임을 지배하는 것은 보통 뇌의 좌반구다. 극단적인 예를 들면 뇌의 특정 부위가 손상되었을 경우 신체의 복합적인 움직임, 무의식적인 반사작용과 같은 것들을 할 수 없게 되기도 한다. 이를 운동 불능증이라고 하는데, 운동 불능증은 신체운동 지능의 증거가 된다.

정교한 신체 움직임의 진화는 개별 종에게 이점을 주었고, 인간의 경우 이는 도구의 사용으로까지 확대되었다. 아동은 신체의 움직임과 관련하여 뚜렷한 발달 과정을 경험한다. 그러므로 신체의 움직임과 관련된 지식은 지능에 대한 많은 준거들을 만족시키는 것으로 보인다.

문제해결이라는 측면에서 신체운동을 인식하는 것은 직관적으로 받아들이기 힘들다. 게임을 하거나 테니스공을 치는 것은 수학문제를 푸는 것과는 다르다. 분명한 것은 신체로 정서를 표현하고, 게임을 하고, 새로운 결과물을 만드는 것은 인지적인 신체 사용의 증거다. 테니스공을 치는 것과 같이 특정한 신체운동에 필요한 구체적인 계산이 어떻게 나타나는지에 대해서는 팀 갤웨이(Tim Gallwey)의 설명이 답이 될 것이다.

발을 어디로 어떻게 옮길지, 라켓을 포워드로 또는 백핸드로 휘두를 것인지를 결정하기 위해서 뇌는 공이 상대의 라켓을 떠나면 순식간에 그것을 어디로 갈지, 그리고 라켓으로 그것을 칠 수 있을지를 계산해야 한다. 이것은 공의 복잡한 궤도는 말할 필요도 없고 바람과 스핀의 영향, 속력의 점진적인 감소 등을 감안한 공의 초기 속력으로 계산해야 하는 것이다. 이후 이러한 각각의 요인들은 공과 라켓의 접촉면이 어디일지를 예상하기 위해 공의 반동 후에 다시 계산되어야 한다. 동시에 근육의 명령은 업데이트된 정보에 의해 끊임없이 수정되어야 한다. 마지막으로 근육은 서로 협력하여 반응해야 한다. 접촉은 하나의 정확한 지점에서 이루어지는데, 그것은 공을 어디로 내려치라는 명령이 내려지느냐에 따라 달라진다. 하나의 명령은 상대방의 균형과 움직임에 대한 순간적인 분석을 거친 후에도 주어지지 않는다. 평균적인 선수의 서브를 받아친 후에도, 주어진 시간은 단 1초뿐이다. 공을 치는 것은 분명 뛰어난 기술이고, 일관성 있고 정확하게 공을 돌려 치는 것은 굉장한 성취다. 그러나 그것은 비일상적인 일은 아니다. 사실 모든 사람은 그와 같은 신체적 지능을 지니고 있다(Gallywey).

또한 현재의 문화가 지능을 너무 좁게 해석하고 있으며, 단일한 능력이 아니라 다수의 능력이 인간의 지능을 구성하고 있다고 주장한다. 가드너는 다중 지능을 통해 IQ 점수가 함축하고 있는 의미보다 넓은 관점에서 인간의 잠재적 능력을 탐구하는 것을 강조하고 있다. 따라서 체육을 잘 하는 것은 "운동 신경이 좋은데… 혹은 순발력이 뛰어나다" 등으로 치부할 것이 아니고, 운동은 곧 지능이라는 다양성으로 해석할 수 있는 인식의 전환이 필요하다.

　넷째, 마지막으로 체육 교과의 정상화를 위해서는 현재 고등학교 2, 3학년에서 체육 교과 필수 지정에 대한 노력이 필요하다. 물론 총체적 입장에서 어렵기는 하겠지만, 고등학교 교육과정에서 선택 교과에 대한 문제점을 끊임없이 제기하고, 필수 교과로 지정될 수 있어야 한다. 체육교육은 언제나 필요하다고 말하지만, 정작 중요성 측면에서는 주지 교과에 비해 차선(次善)으로 밀리는 것을 볼 수 있다. "체육은 필수 과목이다"라는 사회적 인식과 교육적 가치에 대해 공감할 수 있는 실천이 요구된다.

　지금까지 "체육 교과가 진화하고 있는가?"라는 질문에 대해 개정 체육과 교육과정을 통해서 그 의미를 모색해 보았다. 스티븐 제이 굴드는 "생명의 진화는 단순한 진보가 아니라 다양성의 증가다"라고 말한다. 따라서 체육 교과가 유기체로서 진화하기 위해서는 프로그램의 다양성, 가치의 다양성, 목표의 다양성 등을 추구할 수 있는 새로운 철학이 요구된다. 더불어 체육 교과의 정체성을 확립하기 위해서는 인식의 전환과 진화를 위한 다양성의 실천이 담보되어야 할 것이다.

* 이 글은 〈한국콘텐츠학회논문지〉 9권2호에 게재된 논문을 수정·보완하였음.

참고문헌

강신복(2005). 체육과 교육과정의 국제 동향 탐색. 한국스포츠교육학회 및 한국교육
　　　과정평가원 공동 주최 춘계학술대회 자료집. 1-22.

강충열 외(2000). 제7차 교육과정의 지역화, 개별화 실천 방안 연구. 서울: 교육부.

국립국어원(2008). www.korean.go.kr

김명수(2005). 초등학교 체육과 교육목표 및 내용체계 정립 방안. 한국교원대학교 대
　　　학원 미간행 박사학위논문.

김미숙(2008). 새로운 체육과 교육과정의 분석연구. 한국체육철학회지, 16(2), 39~54.

김찬호(2004). 새로운 학교 만들기를 위한 여섯 가지 키워드. 초등우리교육. 169호,
　　　84-88.

김대진(2008). 중등체육교사양성 교육과정 연구. 한국스포츠교육학회지, 15(1), 21-37.

류태호(2002). 제7차 체육과 교육과정 적용의 문제점과 개선 방향. 교과교육공동연구
　　　학술세미나 발표집 한국교원대학교부설교과교육공동연구소, 625-636.

류태호·이병준(2006). 뉴스포츠의 개념과 교육적 의미. 한국스포츠교육학회지, 13(1),
　　　67-82.

류태호(2006). 뉴스포츠의 이해와 실천. 서울 : 무지개사

문용린 외(2007). 하워드가드너 다중지능. 서울: 웅진지식하우스

박이문(1996). 문명의 위기와 문화의 전화. 서울: 당대.

박인기(2008). 교과의 생태학, 그리고 교과의 진화. 경인교육대학교 미간행 학술 자
　　　료집.

박인기(2005). 국어교육 연구의 방향 ; 국어교육학 연구의 방향. 국어교육학연구, 22,
　　　97-123

박재정(2008). 초등 체육 교과서 내용 분석과 새 교육과정에서의 체육 교과서 개발 방
　　　향. 초등교과교육연구. 8, 47-70.

서지영 외(2003). 체육과 교육목표 및 내용 체계연구(II). 한국교육과정평가원 연구
　　　보고. RRC 2003-7.

안양옥(2004) 통합적 재검토를 통한 초등체육과 교육과정의 발전 방향 모색. 한국스
　　　포츠교육학회지, 11(2), 1-23.

안양옥(2008). 신체활동 가치중심 체육교육과정에 대한 소고. 우리체육, 창간호 자료집

유정애(2004). 체육과 교육과정 운영실태. 한국교육과정평가원 연구자료. ORM 2004-3

유정애·서지영·조미혜·최의창(2004). 체육과 교육과정 실태 분석 및 개선 방향 연구. 한국교육과정평가원 연구보고자료. CRC 2004-4-9.

유정애(2007). 체육과 교육과정 총론. 서울: 대한미디어.

유정애·오수학(2000). 체육교과명의 현재와 미래. 교육과정평가연구, 3(1), 163-171.

이명희 역(2008). 풀하우스. 서울: 사이언스 북스

장연자(2006). 미술교육의 생태학적 접근 방향. 미술교육논총, 20(2), 87-112.

장용규·김홍식(1998). 기능 중심 스포츠 교육의 한계와 대안 모색, 체육연구소논집, 19(1).

조미혜·김윤희·서지영(1997) 제 7차 체육과 교육과정 개정에 따른 체육교육과정 변천의 탐색. 한국스포츠교육학회지, 4(1), 1-16

조미혜(2008). 2007 개정 체육과 교육과정의 올바른 이해와 현장 적용. 우리체육, 창간호 자료집.

최의창(2005). 학교 체육의 새로운 방향: 최근 동향과 체육 교육과정 개선에의 시사점. 한국스포츠교육학회 및 한국교육과정평가원 공동주최 춘계학술대회 자료집 23-52.

허경철(2005). 차기 초·중등 교육과정의 제고를 위한 새로운 접근-사이언스맨 혹은 르네상스 맨?. 2004 한국 스포츠교육학회 춘계세미나 자료집, 15-33

Anedrson, D. R(2002). The Humanity of movement or it's not just a gym class. Quest, 54, 87-96.

Corbin, C. (2002). Physical activity for everyone: what every physical educator should know about promoting lifelong physical activity. Journal of Teaching in Physical Education, 21, 128-144.

Carr, W. & Kemmis, S.(1986). Becoming Critical : Education, Knowledge and Action Research. Geelong:Deakin University Press.

Hellison, D. (2003). Teaching responsibility through physical activity. Champaign, IL:Human Kinetics.

Penny, D. & Chandler, T. (2000). Physical Education: what future(s)? Sport, Education, and Society, 5(1), 71-87.

실과교육학에서 기술학의 성찰과 도전

이춘식

교과는 진화하는가

1. 들어가기

교과는 진화하고 있는가에서 진화의 의미는 여러 가지로 해석될 수 있다. 이 글에서는 진화의 의미를 '교과가 각양의 학문, 지식, 사회, 문화, 이데올로기 등의 생태적 조건 속에서 살아남으면서 개변되어 가는 것'으로 받아들였다(박인기, 2008). 이러한 의미에서 교과에서의 진화는, 각 교과를 둘러싸고 있는 생태학적 조건들에 교과가 얼마나 잘 적응하여 그 상태로부터 선택되는가 하는 문제와 직결된다. 이러한 진화의 개념을 차용하여 해당 교과의 미래를 모색하는 중요한 변인이 될 수 있을 것으로 보았다. 이와 더불어 교과 진화를 위한 학문 담론 생산의 방향과 이슈는 매우 다양할 수 있다. 즉, 교과의 지식과 경험의 가치, 교과가 자기내적이나 타 교과와 소통하는 양상, 교과의 지식을 실용화하거나 적용하는 실용주의적 담론, 교과의 지식과 다른 지식과의 통섭 가능성, 교과의 이론체계 구축, 교과와 문화와의 관계, 교과의 역사에 대한 비판적 메타담론이 있다. 뿐만 아니라 교과와 권력의 관계, 제도나 관습으로서의 교과 작용 양태, 교과와 기술의 관련 양상, 교과와 사회교육과의 관련성, 교과의 미래적 수요, 교과와 교육학의 새로운 관계 모형 설정, 발달이론의 교과 수용 문제, 교과의 작용현상, 교과교육학의 외래의존 현상과 학문적 주체성 등에 대한 연구가 바로 그것이다.

이와 같은 교과의 진화라는 측면의 담론을 실과 교과 차원으로 옮겨가면 그 주제의 다양성 때문에 모든 것을 다 다룰 수는 없는 것이 현실이다. 교과의 담론을 어디에서부터 시작해야 할지, 어디까지 다루어야 할지, 복잡한 학문들이 얽혀 있는 상황에서 복잡하기 그지없다. 그럼에도 불구하고 교과의 진화에서 다루어야할 담론의 주제들을 잘 들여야 보면 어느 정도 우선순위는 있는 것 같다. 각 교과의 처한 상황이 달라서 일률적으로 제시할 수는 없지만, 실과교육에서 나름대로 그 우선순위를 잡아보기로 한다. 즉, 실과교육의 지식과 경험은 가치가 있는가, 실과교육 내에서의 학문적 영역간의 소통은 이루어지고 있는가, 실과교육에서의 개별 학문은 정립되어 있는가, 실과교육에 대한 이론 체계나 철학은 확고한가 등이 우선 관심의 대상으로 떠오른다.

따라서 이러한 관심의 대상이 되는 담론 중에서 연구자의 배경학문과 지식의 한계를 고려하여 실과교육학에서의 내용 학문에 해당하는 기술학(또는 기술교육학)이 어떻게 접목되어야 하는지에 대해 성찰하고 기술학의 도전은 어떠해야 하는지에 대해 논의해보고자 한다.

2. 교과교육학에 대한 반성

본격적으로 주제를 다루기 전에 교과교육과 교과교육학에 대한 몇 가지 질문을 하면서 이를 반성해 보고자 한다.

첫째, 교과교육은 무엇인가? 교과와 교육이 만나서 이루어지는 중간 영역을 교과교육이라 한다면, 교과와 교육의 만남은 물리적 결합이 아니라 화학적 결합을 의미해야 한다. 교과와 교육은 사실적인 맥락에서 별개로 분리될 수 없는 '결합체'로 존재한다. 따라서 교과와 교육을 별개로 보고 성격이나 구성방식을 논하는 것은 탈맥락적이지 않을까? 그렇다면 기실 교과교육 교육과정 운영에 있어서 교과내용에 관한 강좌와 교육원리에 관한 강좌로 분리하여 운영하는 것은 정당한 것인지 고민해야 하지 않을까?

둘째, 교과교육에서 교과와 교육의 상호관계를 고려하지 않고 별개로 논의할 수 있는가? 교과와 교육은 교과교육이라는 전체적인 맥락 안에서 논의되어야 하며, 그러한 맥락을 떠나서는 그 성격을 제대로 파악하기 어려운 특성이 있다. 따라서 교과에 대한 논의를 하기 위해서는 적어도 교과의 속성을 함께 고려해야 하며, 교육에 대한 논의도 교과의 본질을 고려하면서 해야 하지 않을까? 이것은 교과와 교육을 별개로 연구하는 것은 가능한 것인지에 대한 논의이기도 하다. 일반적으로, 교과는 교과교육의 '내용'에 해당하고, 교육은 교과교육의 '방법'에 해당되는 것으로 가정하면, 교육이란 학문적 내용체계를 학교에서 가르치기 위한 일련의 활동과 방법적 원리가 된다(허경철 외, 2001). 즉 배경학문의 가치가 교육의 가치에 우선한다는 의미이다. 교과는 교육을 통하여 구현해야 할 목적이 된다는 의미도 담고 있다. 이 관점에서는 교과교육의 본질을 교육이 아닌 기초학문의 성격과 가치에서 찾는다.

셋째, 교과교육학의 학문적 구조 양태는 무엇인가? 그리고 교과교육학이 종합학문의 성격을 가지고 있다고 말할 수 있는가? 교과교육학이 기초학문과 응용학문의 결합이라면, 기초학문은 교과내용(subject matter)이고, 응용학문은 교과내용을 가르치는 지식과 방법을 제공하는 교육학(pedagogy)을 가리킨다. 그렇다면 교과교육학은 단일학문이 아니라 교과교육과 관련된 기초학문, 교육학, 인접학문들이 함께 관여하는 일종의 종합학문이다. 이러한 맥락에서 교과교육학은 기초학문과 응용학문의 결합, 학제적 접근에 의한 종합학문, 교과교육 실천과 개선을 위한 실천 지향적 학문이라는 특징을 갖는다고 말할 수 있다.

넷째, 지금까지의 교과교육학 연구의 무게중심은 어디에 있었는가? 대부분은 교과교육학에서 가르치고 배우는 내용 그 자체에 대한 이해보다는 그것을 지도하는 방법과 절차를 마련하는 데 많은 노력을 기울인 것은 아닌가? 교과를 가르치는 활동에 관한 제반 절차를 처방하는 쪽으로 편향되어 있는 것은 아닌가? 그렇다고 교과교육학의 무게중심을 '방법'이라는 차원에서 '내용'이라는 차원으로 옮기면 되는 것인가? 이것은 방법이라는 기존의 무게중심에 더하여 내용이라는 또 다른 하나의 무게중심을 설정함으로써 교과교육의 학문적 위상을 새롭게 정립해야 함을 의미하는 것으로 판단된다. 즉, 일차적으로 내용 측면을 먼저 검토하여 기존 교과교육학 논의에서 미진한 부분을 보완한 다음, 방법의 측면을 보완하는 형식을 띠게 될 것이다. 결국 방법이라는 기존의 무게중심에 더하여 내용이라는 무게중심을 설정하면 교과교육학의 사고와 논의에 있어서 균형을 이룰 것으로 본다. 이와 더불어 기존 사고에서 탈피한 내용중심의 교과교육에 대한 이론적 논의는 보다 상위적인 입장에서 이루어지는 메타 이론적 성격의 논의가 될 수도 있을 것이다(허경철 외, 2001).

다섯째, 교과교육의 '내용'과 '방법' 사이의 관계는 어떠한가? 지금까지의 교과교육은 내용과 방법을 '가법적' 사고(이홍우, 2000)로 규정해 왔다. 즉, 교과교육에서 가르쳐야할 '내용'과 그것을 가르치는 '방법'은 각각 별개의 과정(course)에서 가르치거나 배워야할 내용으로 간주해 왔다는 것을 의미한다. 이러한 사고의 배경에는, 유능한 교사가 되려면 각각 별개로 개설된 두 개의 과정을 성공적으로 이수하고, 실지로 학생들에게 교과를 지도할 때가 되면 교사가 교재연구 시간에 공부한 교과의 '내용'과 교수법 시간에 배운 '방법'을 수업사태에 적절히 결합시킬 수 있어야 한다는 것이다. 그러나 학교에서 이루어지는 교과교육은 물론 어떠한 수준의 교과교육이라도 먼저 내용과 방법을 따로따로 배우고 그 다음에 이를 실지 교육사태에서 적절한 방식으로 결합시키는 과정으로 단순히 해석될 수 없다는 것이 문제이다. 따라서 교과교육에서의 내용과 방법은 가법적으로 관련을 맺고 있다기 보다는 이와 다른 방식인 '승법적'(이홍우, 2000) 관련을 맺고 있어야 한다. 즉, 교과교육을 통해서 가르쳐야할 내용과 그것을 가르치는 방법은 사실상 분리될 수 없다는 것을 의미한다(이홍우 외, 2007). 교과를 가르치는 방법은 그 내용을 가르치고 난 뒤에 별도로 가르치거나 배울 수 있는 것이 아니라 오히려 교과의 내용을 가르치거나 배우는 동안에 '동시에' 가르치거나 배워야 한다는 것이다.

3. 실과교육학에서 기술학의 성찰

1) 초등과 중등의 연계

지금까지의 실과교육은 초등학교 수준에서만 이루어져 왔다. 중등 수준에서는 보다 분과학문이라고 할 수 있는 기술학(기술과)과 가정학(가정과)을 분과적으로 가르치고 있다. 여기에서의 문제는 초등학교와 중등학교를 연결하는 교과가 다르다는데 있다. 현재의 교육과정 수준에서, 초등학교의 '실과' 과목과 중등학교의 '기술·가정' 과목을 같은 과목으로 볼 수 있는가이다. 대부분은 관련은 되어 있지만 다른 과목으로 오인되기도 한다. 이것은 초등에서 가르치는 내용과 중등에서 가르치는 내용이 그 범위와 성격에서 차이가 있다는 것이다. 부분적으로는 연계되어 있지만 내용의 구성 틀에서 벗어나고 있다는 것이다. 그렇다 보니 초등 실과 관련 교육자들과 중등 기술·가정 관련 교육자들 간의 교류와 활발한 상호 협력이 미약한 상태이다. 따라서 교과교육 관련 연구도 서로 다른 차원에서 이루어지고 있는 실정이다.

2) 초등에서의 기술학 위상

초등 실과의 학문 구조를 독립학문과 공유학문의 체계로 분류하고 있다(이춘식 외, 2001). 독립학문에는 기술학, 가정학, 생명과학이 있으며, 공유학문에는 정보통신, 환경, 진로가 있다. 여기에서 논의의 핵심은 실과의 독립학문에 속하는 기술학의 핵심 원리나 방법이 실과교육학과 얼마나 관련을 가지고 있느냐의 문제이다. 실과교육은 1945년에 공포된 교수요목기에서부터 시작되었고, 기술교육은 제2차 교육과정의 부분개정이 된 1969년부터 시작되었으므로 양자 간의 시차가 있다. 따라서 실과에서의 기술학은 초기에는 공업기술의 측면에서 시작되어 학습내용에서도 주로 기계나 공작을 다루는 것이 대부분이었다. 그 이후 중등학교에서 기술학이 대두되면서 초등에서도 자연스럽게 기술학의 학문적 결과를 들여오기 시작하였다. 그러나 실과교육과정에서 기술관련 내용을 선정하고 조직할 때에는 기술의 전체 시스템을 보지 못하고 단편적인 기술영역을 중심으로 이루어져 왔음을 볼 수 있다. 즉 1차 교육과정에서는 공작·기계기구 다루기, 2차에서는 기구제작·설계와 관리, 3차에서는 설계공작·기계기구 조작, 4차에서는 목제품만들기·가정기기 다루기, 5차에서는 목재 금속제품만들기·가정기기선택, 6차에서는 전기전자·목제품만들기, 7차에서는 전기기구다루기·전자키트만들기·목제품만들기, 2007개정에서는 목제품·전기전자 등이 바로 그것이다. 결국, 기술학의 철학이나 학문적 구조를 근간으로 한다고 하면서도 실지 학습내용에 있어서는 여전히 신변 생활중심이고, 한 부분만을 대상으로 하고 있다는 것이다. 여기에는 사회에서의 기술에 대한 안목을 길러주는 접근은 보이지 않는다. 왜 초등 기술내용에서는 목공부분과 전기전자 부분이 핵심이 되어야 하는지에 대한 고민의 흔적이 보이질 않는다. 우리 사회에서 개인이 필요로 하는 내용이면서 초등학생들이 쉽게 접근할 수 있는 내용으로 공업기술 차원의 목제품 만들기와 가전기기 다루기 내용을 4차 교육과정부터 편성한 이후로 계속 답습해 오고 있는 실정이다. 그 내용이 중요하다 아니다의 문제가 아니라 기술의 접근 방법과 철학이 바뀌면 학습 내용도 재구성되어야 하는게 순리라고 보는데 변화의 모습이 없어 보인다. 학생들이 구체적으로 활동하는 과제로서는 가능할지 몰라도 기술적 소양(technological literacy)에서의 기술의 안목을 길러주는 데에는 버거워 보인다.

3) 기술학의 정립

기술교육을 연구한지 30여년이 지났음에도 불구하고 기술학에 대한 정립은 정련되고 세련되지 못하고 외국만 바라보고 있는 형국이다. 다시 말해서 초기의 외국 지식 들여오기 수준에서 벗어나지 못하고 독창적이고 한국적인 기술학을 창출하지 못하였다는 것이다. 주로 미국의 연구물이 주를 이루고 있어서 그것을 번역하여 사용하는 수준이다. 예컨대 2007 개정 기술과 교육과정에서 보면, 기술의 영역을 제조기술, 건설기술, 수송기술, 통신기술의 4가지 영역으로 분류하고 있는데, 이는 1981년에 미국의 기술교육 전문가들이 주장한 잭슨밀 교육과정 이론(JMIACT; Jackson's Mill Industrial Arts Curriculum Theory)이다. 그러면서도 2000년 초에 완성된 '모든 미국인을 위한 기술교육(TfAA; Technology for All Americans)'에서 각종 이론과 연구물들이 나왔음에도 불구하고 이는 적극 반영하지 않는 것도 아이러니하다. 이러한 기술학의 문제점을 개선하기 위한 노력으로 한국교육과정평가원에서 2001년도에 '실과(기술·가정) 교육목표 및 내용 체계 연구(이춘식 외, 2001)'를 수행한 바 있으나, 한국적 기술교육의 내용영역을 체계화하여 합의하는 데에는 실패하였다.

기술의 영역

	기술학영역	제조기술	건설기술	통신기술	수송기술	생물기술
	학습영역	재료의 이용		정보의 가공	에너지와 동력의 이용	생물체의 처리
기술의 과정	계획/디자인하기					
	실행/만들기					
	평가					

※ 출처: 이춘식 외(2002). 실과(기술·가정) 교육목표 및 내용체계 연구(II). 한국교육과정평가원.

그림 1. 기술과 교육내용의 구조

여기에서는 기술의 내용 구조로 재료의 이용, 정보의 가공, 에너지의 이용, 생물체의 처리의 4가지로 제시한 바 있다. 또한 기술에 대한 철학적 기초는 더더욱 미약한 상태이다. 기술교육의 학문적 기초로서 철학적 기초는 노작교육, 사회적 기초는 기술적 소양의 수준에서 언급하는 정도이다(최유현, 2005; 이상혁 외, 1999). 다양한 외국의 기술철학의 접근을 면밀히 검토해 볼 필요가 있다. 예컨대, 인식론적인 기술, 실용적 기술, 기술과 사회, 철학과 기술, 기술 결정론, 기술과 실천지식, 기술과 이론지식, 존재론적인 기술, 기술과 종교 등 다양한 접근 방법이 바로 그것이다(여기에서 상세한 설명은 생략한다).

4) 기술적 소양에 대해

기술교육의 목표의 하나로 기술적 소양(technological literacy)이 대두되기 시작한 것은 6차 교육과정기이다. 그 이후 교육과정이나 기술교육을 언급할 때 기술적 소양을 슬로건처럼 내걸고는 있으나 이에 대한 개념은 학자마다 다르다. 즉 상식적인 수준에서 정의하는가 하면, 전문적인 수준에서 정의하여 소양의 차원을 벗어나기도 하여 각기 다르게 인식하고 해석한다는 것이다. 최근의 미국 ITEA(2001)에서는 기술적 소양을 '기술을 이용하고, 다루며, 이해할 수 있는 능력'으로 보고 있다. 이러한 거시적인 입장에서의 기술이 초등 실과교육에 어떻게 반영되어 있는지를 반성적으로 살펴보고 정리할 필요가 있다. 실과교육에서 말하는 생활소양이 구체적으로 무엇인지를 규명하여 이에 걸맞는 내용구성이 필요하리라고 본다.

기술학에서 기술적 소양이 갖는 의미는 자못 의미심장하다. 기술교육 교육과정에서도 기술적 소양을 갖게 하는 교과로 명시하고 있기 때문이다. 기술교육의 성격에 기술적 소양이라는 용어를 사용하는 것이 일견 보기에는 명료하지 않은 면이 있다. 기술적 소양 자체에 대한 정확한 의미 규정을 하지 않은 상태에서 기술교육의 성격으로 제시하는 것이 부분적으로 모순된 점이 없는 것은 아니다. 기술적 소양이라는 용어가 기술교육의 교육목표에 등장한 것이 5차 교육과정에서의 고등학교 기술 과목에서부터였다. 물론 미국에서는 1980년대부터 사용하기 시작하였으며, 2000년도에는 '기술적 소양을 위한 내용 기준(standards for technological literacy)'을 발표하여 그 중요성을 한층 부각시켰다. 여기에는 '기술에 대한 개념과 원리를 이해하여 실생활에 활용하는 교과'라는 성격이 포함되어 있는 것으로써, 기술과의 정체성을 분명하게 한다는 의미에서 기술적 소양을 포함시켰다. 또한 기술적 소양과 기술적 능력(technological capability)은 지향하는 바가 다르기는 하나, 기술적 소양과 전혀 다르다고 할 수도 없다. 기술적 소양과 기술적 능력을 구분하여 제시하면 이 두 가지에 해당하는 구체적인 구성요소나 내용을 체계화하든지 밝혀 주어야 한다. 그럼에도 불구하고 여기에서 기술적 소양을 기술과의 중요한 개념으로 제시하였으며, 기술적 능력을 별개의 기술과 성격으로 제시하지 않고 이 개념에 해당하는 내용 중의 일부를 기술적 소양에 포함시켜 제시하였다. 델파이 조사(이춘식, 2001)에서도 알 수 있듯이 기술적 소양에 해당하는 내용으로는 기술의 개념과 체제 및 역할을 알게 하기, 기술의 생산적 원리를 알게 하기, 실생활에서 활용할 수 있는 지식을 갖게 하기, 문제해결 능력을 길러주는 능력 등의 내용이 모두 기술적 소양에 포함되는 내용으로 상정하여 제시한 바 있다.

우리나라에서는 '기술적 소양'이라는 용어를 때로는 '기술적 교양'으로 사용하기도 하지만, 여기에서는 기술적 소양이 일반인들에게 보다 친근하고 이해하기 쉽다고 생각되어서 일관되게 사용하기로 하였다. 이 용어가 의미하는 바는, 일반 시민으로서 급변하는 기술사회에서 시대에 뒤떨어지지 않으면서 기술에 대한 문맹인이 되지 않도록 하자는 것이다. 오늘날과 같이 복잡한 사회에서 우리는 늘 기술과 접하고 생활하고 있으면서도 기술적 판단이 필요할 때에는 결정적으로 발뺌을 하는 현상이 빈번하게 일어나고 있다. 사회생활에서 개인들은 제기되는 다양한 문제 즉, 교통문제, 환경오염의 문제, 생명기술의 문제 등에 참여하여 그 문제에 대한 해결책을 결정하여 선택하도록 요구받고 있다. 이러한 올바른 문제해결에 시민들이 참여하기 위해서는 모든 시민들이 기술에 대해 기본적인 지식과 이해를 하고 있지 않으면 다분히 감정적이요 개인이나 집단의 이해득실을 따지는 현상이 벌어질 수밖에 없다. 따라서 기술적 소양은 하루아침에 이루어지는 것이 아니라 초·중등 기술교육을 통하여 지속적이며 체계적으로 이루어져야 함을 시사하고 있다(이춘식, 2008).

지금까지 기술적 소양에 대한 목표 차원의 제시는 있었지만 구체적으로 무엇을 의미하는 지에 대해서는 규명을 하지 않았기 때문에 상식선에서 인식하는 면이 많았다. 따라서 델파이 조사에 참여한 토론자들의 응답을 분석한 결과와 다양한 자료를 종합한 결과를 인용하여 제시하면 다음과 같다(이춘식 외, 2001).

구 분	구 성 요 소
이해의 측면	- 기술의 개념과 원리에 대한 이해 - 기술의 특성과 중요성에 대한 이해 - 기술의 발전과 변화에 대한 이해
활동의 측면	- 실생활에서의 문제를 해결하는 능력 - 기술적 지식을 활용하는 능력
태도에 대한 측면	- 일을 안전하게 수행하는 태도 - 기술에 대한 올바른 태도 - 기술과 관련된 문제에 적극적으로 참여하고 해결하는 태도 - 기술이 인간과 환경에 미치는 영향을 평가하는 태도

표 1. 기술적 소양의 개념적 구성 요소

여기에서 제시한 기술적 소양의 내용을 지니고 있는 사람을 기술적 소양인이라고 할 수 있는데, 이러한 수준에는 각 나라마다 사회·문화적 수준에 따라 매우 달라질 수 있음에 유의하여야 한다. 기술적 소양은 그 사회의 기술수준과 구성원들의 인식수준에 따라 달라질 수 있는 것은 당연할 것이다. 21세기 지식기반사회에서 교과를 통한 지식을 중요시하게 여기는 것 중의 하나가 '삶 중심의 교과내용'이다. 삶 중심 지식의 교과내용은 사회에 직접적으로 적용할 수 있는 활용중심 지식을 지향하게 된다. 지식의 활용 기준은 먼저 실천 가능한 지식이어야 하며, 그리고 문제해결을 구체적으로 도모할 수 있어야 하며, 사회생활의 영위에 직접적으로 필요한 지식임을 이미 고찰한 바 있다. 그래서 기술교육을 통해서도 삶 중심의 교육을 실천 가능한 지식이 되기 위하여 기술적 소양에 중요한 개념 요소 중의 하나로 기술적 지식을 활용하는 능력을 갖는 것이 포함되어 있다. 21세기 기술교육에서 중요시하는 기술적 소양을 갖춘 소양인이 된다면 얼마든지 삶 중심의 활용지를 갖출 수 있는 도구 교과가 될 수 있는 단서를 얻을 수 있다.

4. 초등 실과를 위한 기술학의 과제

초등의 실과와 중등의 기술·가정은 교과 명칭을 통일할 방법은 없는가? 이 문제는 2007 개정 교육과정을 연구하기 위한 기초 연구(이춘식 외, 2004)에서 심각하게 다루었으나 실패한 주제이기도 하다. 초등에서의 입장과 중등에서의 입장 차이가 워낙 커서 협의나 조율이 되지 않는 부분이다. 국민공통교육과정에서 유일하게 교과의 명칭이 서로 달라서 같은 교과로 보이지 않는 것이 바로 그것이다. 실과로 통일하면 중등의 사범 학과가 실과교육과로 바꾸어야 하기에 중등에서 반대한다. 초등을 기술·가정으로 통일하면 실과에 기술과 가정만이 전부인 것으로 비쳐지기 때문에 극구 반대한다. 실과, 기술, 가정, 기술·가정 이외의 제3의 참신한 명칭이 나오지 않는 한 풀리지 않는 숙제이기도 하다. 예컨대 영국에서는 'Design & Technology'에 기술, 가정, 농업 등 모든 과정(process)이 들어있기 때문에 교과의 명칭에 대해서만큼은 크게 갈등을 일으키지 않아 보인다. 내용 중심이 아닌 과정중심의 교육과정을 갖고 있기 때문이다. 그러나 우리나라는 유독 내용중심의 교육과정을 선호하는 체제하에서 명칭이 무엇이냐에 대단한 관심과 집착을 보이는 것이 현실이다. 전체 교육에 대한 패러다임이 변화하여 교과에 대한 통섭이 있을 때에만 가능하리라고 본다.

1) 학문적 기여

실과교육에 기술학이 학문적 기여를 해야 한다. 기술학의 학문적 배경이 실과교육 내용에 직·간접적으로 영향을 미쳐서 학생들에게 기술에 대한 안목을 길러줄 수 있도록 할 필요가 있다. 학생들이 장차 기술에 대한 소양을 갖도록 하기 위해서는 기술에 대한 이해가 먼저 필요하다. 기술을 이해하지 않고서는 그 다음단계의 기술적 활동에 근본적인 필요와 영향을 끼칠 수 없다. 현재와 같이 지나치게 활동 중심으로만 되어 있는 체제에서는 구체적인 하나의 만들기에 대해서는 경험할 수는 있을지언정 전체 숲을 보기는 힘들 수밖에 없다. 그러한 활동을 생활과 관련을 지을 필요는 있으나 생활 장면에서의 신변잡기에 머물러서는 생활이 내용이 되어 버리는 기현상이 일어남으로써 정체성에 혼란을 야기 시킬 수 있다. 현재의 기술학 측면에서 실과의 기술 내용과 중등의 기술 내용 간의 연계성이나 계열성은 크지 않아 보이고, 내용되어 접근 자체에 혼란을 주고 있다. 따라서 실과교육에서의 기술교육을 초등기술교육과 중등기술교육으로 하였을 때, 초등기술교육과 중등기술교육은 어떠한 공통성과 차별성이 있는지에 대한 심도 있는 연구가 필요하다. 그래야만 초등과 중등의 연계성을 확보할 수 있는 단초를 제공할 수 있다.

2) 학생을 위한 기술적 활동

학생들의 기술적 활동을 경험시키기 위해 학교 현실상황을 어느 정도 반영해야 하는지에 대한 연구가 필요하다. 초등학생들이 기술 체험 활동을 하려면 기본적으로 교실상황을 벗어나 실습실이나 공작실에서 이루어질 수밖에 없다. 현재도 그러한 상황에서 이루어질 수 있도록 제시하고 있다. 그러나 초등학교 실과 수업에서 만들기 활동을 할 수 있도록 '실과실'을 구비하고 있는 학교는 약 12%에 불과하였다(이춘식 외, 2004). 이 조사연구에 따르면 대다수 88%의 학교는 실과 만들기 활동을 교실이나 야외에서 한다고 공표하였다. 실과실이 있는 12%의 학교에서도 교사들이 적극적으로 활용하는 정도는 소수에 불과하였다. 그렇다보니 교사들은 교사들대로 실습활동을 할 수 있는 여건이 안된다고 포기하고, 어렵다고 포기하고, 이래 저래서 포기하고 결국 피해는 학생들이다. 초등학교의 여건 개선이 어렵다면 현실을 감안한 활동을 고려해야 하는 것은 아닌지 고민하고 대안을 제시할 때이다.

3) 미래의 수요

마지막으로 실과의 미래 수요를 위한 기술적 체험 활동에 대한 연구가 필요하다. 미래의 고객들은 빠르게 변화하는 사회에 적응하기 위하여 몸부림치고 있는데, 교과에서 학생들을 위한 몸부림은 적어 보인다. 미래의 잠재적 수요는 많지만, 이를 구체적인 활동으로 구현하기 위한 외연에서의 연구는 미흡하다. 사회적 변화에 발맞추어 학습 경험으로서 중요하게 살아남을 수 있는 것은 무엇인지에 대한 연구도 절실하다. 이 때 고려해야할 것은 기술적 활동에 기술적 문제해결력과 창의력을 내포하고 있어야 한다는 것이다. 단순한 체험활동을 하는데 그

쳐서는 잠재적 수요 창출에 실패할 가능성이 크다. 또한 우리 시대의 기술이 우리 생활에 구체적으로 어떤 영향을 미치며 여기에는 어떻게 대처하야 하는지에 대해서도 깊은 고민과 연구가 필요하다. 기술에 대한 철학적 사고를 하지 않고 무비판적으로 떠밀려 기술을 수용할 때 일어나는 문제와 피해는 상상을 초월하기 때문이다. 기술이 한번 시스템적으로 개발되면 거대한 기술은 스스로 관성이 붙어서 더 이상 인간이 제어할 수 없는 상태에 이르게 된다. 앞으로의 첨단 기술은 그 방향이나 수준을 예측하기 힘들기 때문에 이에 대한 다양한 대비책을 마련하고 교육할 필요가 있는 이유이다.

5. 기술의 눈으로 세상 바라보기

1) 기술이란 무엇인가?

오늘날 우리는 기술이라는 세계 속에서 살아가면서 기술과는 뗄레야 뗄 수 없는 불가분의 관계를 가지고 있다. 아침에 일어나면서 통신기술의 한 축인 신문과 방송을 통해 뉴스를 접한다. 출근하면서 자동차나 버스, 전철 등의 수송기술의 혜택을 누린다. 직장과 사무실에서는 종이와 펜 대신 컴퓨터를 이용해 이메일을 주고받고 문서를 작성하며 보낸다. 먹기 위해서는 각종 먹거리는 생명기술의 산물인 쌀과 싱싱한 야채를 한 겨울에도 공급받는다. 잠자리에 드는 순간에도 건설기술의 산물인 아파트나 단독주택에서 쾌적하게 잠을 청한다. 그 순간에도 핸드폰의 문자는 쉴새없이 울려댄다. 우리의 삶 자체가 기술로 온통 둘러싸여 있다. 이러한 기술 속에 살면서도 우리는 기술에 대한 고민은 적은 것이 사실이다. 거의 기술을 무비판적으로 수용하기도 하고 배척하기도 한다.

기술(technology)이라는 용어의 어원은 고대 그리스어의 '테크네(techne)'에서 찾을 수 있다. 테크네는 이론적인 관조와는 달리 '실천(practical)'을 의미한다. 머리가 아닌 온몸으로 깨달아 익히는 것을 말한다. 테크네는 목수가 무엇인가를 만들다, 구성하다, 생산하다는 말에서 유래되었다고 본다. 즉, '나무로 만드는 일', '목수일' 등과 같이 무엇인가 고안하고 만들어 내는 솜씨 혹은 모든 가능한 기술, 방법 등을 의미한다. 철학적으로 테크네란, 사물이 만들어 지는 데에 대한 이성적 판단이나 정확한 지식(episteme, theoria, logos)을 바탕으로 무엇인가를 만들어 내는 능력뿐만 아니라 지식까지 포함한다.

이러한 기술이 도대체 무엇인가? 우리가 매일 사용하는 컴퓨터와 같이 형체가 있는 대상이나 컴퓨터 회사가 제공하는 무형의 서비스도 기술에 속한다. 컴퓨터를 만들어 내는 공학적인 지식도 기술의 일부이다. 인터넷으로 상징되는 세상도 넓은 의미의 기술로 포함되며, 인터넷을 통해 다른 사람들과의 관계를 바꾸려는 의지도 기술에 속한다고 말할 수 있다. 이렇듯 기술은 대상, 과정, 지식, 상징, 의지하는 여러 가지 층위 차원으로 존재한다. 그렇기 때문에 오늘날 기술의 실체를 한정하거나 파악하기가 쉽지 않은 것도 사실이다. 또한 구석기 시배부터 오늘날의 첨단기술이 보편화된 시기에 이르기까지의 역사에서 인간의 생활에서 기술이 떠난 적은 없다. 그러나 수천년의 철학사에서 기술이 철학의 탐구 주제가 된 것은 최근의 일이다. '~란 무엇인가?'라든가 '왜 ~한가?'라는 질문을 쉴새없이 퍼붓는 철학자들도 기술에 대해서 별 관심을 갖지 않는 것은 왜일까? 이에 대한 답은 의외로 간단하다. 기술은 인간이 자기 목적을 위해 사용하는 도구라고 하면, 더 이상 질문할 거리가 없었기 때문이다. 사용의 주체인 인간이나 사용의 목적에 대해서는 몰라도, 사용되는 기술에 대한 철학이란 무의미해 보이기 때문이다. 이런 점에서 하이데거(1899~1976)가 기술의 문제를 자기 철학의 한 축으로 삼은 것은 여러 가지로 의미심장하다. 20세기 서양 철학에서 가장 중요한 철학자라는 평을 받을 만큼 철학사에 큰 영향을 미친 대사상가인 그를 알든 모르든 그 그림자를 피해갈 수는 없다. 이렇게 중요한 철학자가 지금까지 외면하던 기술의 문제를 본격적으로 다루었으니 철학의 무대에서 기술도 마침내 한 번 뜬 셈이다. 물론 그가 기술을 주제로 산은 것은 산업혁명 이후 현대의 기술의 급격한 발달을 온 몸으로 체험한 계기가 있었다. 하이데거의 기술에 대한 시각은 긍정적이기보다는 부정적이다. 정밀한 이론적 철학에 근거해서 현대기술이 비인간화를 초래했다고 주장한 것은 하이데거가 처음이라고 할 수 있다(손화철, 2006). 현대기술은 자연에게 에너지와 원자재를 내놓으라고 강요한다는 것이다. 현대 기술 앞에서 모든 존재자는 필요하면 언제라도 갖다 쓸 수 있는 대체 기능한 '부품'이 되고, 강물은 수력댐을 통해 에너지를 공급하는 자원일 뿐이고, 울창한 숲은 신문을 만들어 내는 종이의 재료일 뿐이다. 옛날의 기술은 자연에게 강요하는 것이 아니라 자연과 어우러지는 도구로 사용했다는 것이다. 따라서 하이데거는 기술을 인간의 도구로 보는 인간적, 도구적 정의가 맞기는 하지만 예술과 더불어 숨겨진 진리가 드러나는 통로나 존재가 자신을 내 보이는 한 방식으로 본다.

　　기술교육학회에서는 전통적으로 기술을 '인간이 환경에 적응 발전해 나가기 위해 노력하는 실천적 과정 체계'로 정의한다(이재원, 1985). 이 정의는 미국의 인간적응 시스템의 관점에서 출발한다. 인간이 환경에 적응하는 과정에서는 도구나 자원, 에너지 등을 투입하여 자연환경을 인공환경(man-made world)으로 바꾸는 과정에서의 지식 체계로 기술을 바라보는 관점이다. 인공환경에는 제조기술의 세계(manufacturing), 건설기술의 세계(construction), 수송기술의 세계(transportation), 통신기술의 세계(communication), 생명기술의 세계(biotechnology)가 있다. 이러한 기술의 세계는 모든 나라가 예외 없이 비슷한 과정을 거쳤다는 것이 이 이론의 주장이다. 예컨대 인간이 환경에 적응하고 살아남기 위해서 도구를 만들어서 사냥하는 것은 제조기술에 속한다. 인간이 생활을 하기 위하여 집을 만들고 길을 내는 것은 건설기술에 해당한다. 점차 사람들이 촌락을 만들어 살아가는 동안에 이웃과의 의사소통을 위해 편지나 책, 더 나아가 전화 등을 만든 것은 통신기술에 속한다. 내가 필요한 물건을 사기 위하여 시장에 남는 물건을 내다 파는 수단으로 수레나 마차, 더 나아가 자동차 등을 만들었는데 이것이 바로 수송기술이다. 또한 자연의 것을 채취하는 수준에서 종자를 심고 동물을 가두어서 기르는 행위는 생물기술에 속한다. 이렇듯 모든 인간사에 다섯 가지 기술이 공통적으로 내재되어 있으니 이것을 기술로 보는 시각에서 출발하였다. 그러다 보니 기술이 투입(input)−처리과정(process)−산출(output)의 시스템적인 것으로 한정되어 있어서 전체를 투영하는데 한계를 가지고 있다.

최근 미국의 최대 기술교육학회인 ITEA(1999)에서는 기술을 인간의 능력을 확장하기 위한 시스템의 개발로 보고 기술의 내용 구조를 아래 그림과 같이 과정(process), 지식(knowledge), 맥락적 상황(context)으로 설정하여 제시하였다. 이 중에서 맥락 상황은 정보시스템(information systems), 물리적 시스템(physical systems), 생물학적 시스템(biological systems)으로 상정하였다. 이들은 기술을 인간 혁신의 행동(human innovation in action)으로 보고 기술에 대한 소양(technological literacy)을 강조하고 있다. 즉 기술 소양이란 '기술을 사용하고 관리하며 이해할 수 있는 능력'이라는 것이다. 이렇게 기술에 대한 소양을 갖게 하기 위해서는 모든 국민들이 기술에 대한 안목을 갖도록 교육받아야 함을 목표로 하고 있다.

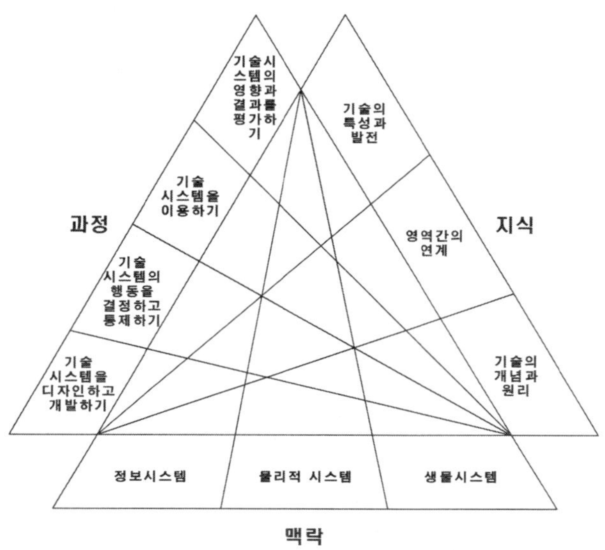

그림2 . ITEA가 설정한 기술의 보편적 시스템

2) 생활 속의 기술

장차 우리의 생활에서 인간 복제가 현실화되어 수명을 100세 이상으로 늘린다든가, 생각하는 로봇이 인간의 비서역할을 할 시대가 도래할 것인가라는 질문에 부정적으로 답할 사람은 많지 않을 것이다. 그러나 이러한 것들이 우리의 원하는 바와 무관하게 실현될 것이라고 생각하는 것은 약간 다른 문제이다. 급격한 기술 발달 앞에서 수동적이되는 것은 기술자나 공학자, 과학자들도 예외는 아니다. 기술을 직접이끄는 전문가들에게도 이러한 기술의 완급을 조절하거나 방향을 틀권한이 없다. 왜냐하면 자신의 전문 영역에서 조금만 비켜나면 그 내용을 잘 모를 뿐 아니라 자신이 개발하고 있는 기술의 장래 어떻게 쓰일 것인가에 대해서도 정확하게 예측하기 어렵기 때문이다. 설령 안다고 하여도 기술경쟁의 살벌한 한 가운데 서보면 어떤 기술을 개발하여인간에게 유용한 기술이 되도록 논쟁하는 것 자체가 사치일 뿐이다. 적자생존의 상황에서는 '기술은 인간이 자신의 목적을 위해 사용하는도구'라든가 '인간은 기술의 주인'이라는 말이 허공을 맴도는 말로 들릴 수 있기 때문이다. 인간이 기술을 사용하는 것은 분명한데, 그렇다면 인간은 기술의 주인인가, 하인인가?가 모호하게 들린다. 이와 관련하여 프랑스의 쟈크 엘룰(Jacques Ellul)의 '현대기술이 자율적이 되었다'라는 말이 의미심장하다(손화철, 2006). 현대 기술은 과거의 기술과전혀 다른 특징을 가지고 있다는 것이다. 전통 기술이 상위의 목적을성취하기 위한 수단으로 인간의 다른 활동에 비해 열등한 것으로 취급되었는데, 현대의 기술은 발전 그 자체로 의미 있는 것이 되었다. 엘룰이 오늘날의 기술을 관찰한 결과, 기술이 인간의 통제로 벗어나 인간의 자유체로 억압하는 방식으로 발전한다는 것이다. 과거의 기술은 발달이 매우 느렸고 공간적 시간적 제약이 많아서 사람들이 그 변화에 억지로 맞출 필요는 없었다. 그러나 현대의 기술은 발전속도가 워낙 빨라서 컴퓨터와 인터넷, 핸드폰 등과 같은 첨단기기를 사용해야만 하고, 때가 되면 바꾸기를 강요당하고, 이렇게 바꾸면 인간의 삶은 더욱 나아진다고 생각하도록 만든다는 것이다. 생활 속에서 기술이 인간의 삶을 강요하고 통제하면서 기술이 자율적이 되었다. 기술이 '자율적' 이 되었다는 것은 무엇을 의미하는가? 이것은 예컨대 자동차가 사람 없이 혼자 떠돌아다닌다는 것을 말하는 것이 아니라, 기술 발전이 기술 시스템에 의해서 움직임에 따라 그 관성에 의해 지속되고 그 과정에 인간이 개입할 여지가 없다는 것이다. 오늘날의 사회를 움직이는 기술 시스템은 인간들에 의해 조정되기 보다는 '효율성의 법칙'에 따라 운영되고 발전한다. 인간의 가치나 필요는 효율성이라는 경제 논리에 는 무력할 수밖에 없다. 우리는 더 빠른 컴퓨터와 얇고 첨단화된 핸드 폰을 꼭 필요해서 구입하는가? 소비자의 필요에 의해서 기술이 만들 어지기 보다는 기술이 필요를 창출하는 시대에 살고 있다. 누가 움직 이는 자동차 안에서 DMB를 강력히 소망하여 개발하였는가? 기술이 시장을 개척한 결과물을 우리는 사용하기를 강요당하고 있다.

기술의 시스템(technological system)을 주창한 이는 토마스 휴즈 (Tomas Hughes)이다. 휴즈가 말하는 기술 시스템은 우리가 생각하고 있는 그러한 기술이 아니다. 기술 시스템에는 우리가 볼 수 있는 인공 물만이 아니라 조직, 이론적 기반, 법적장치, 자연자원 등으로 구성되 어 있다. 기술 시스템에 속하는 구성요소들은 다른 요소들과 상호작용 하면서 시스템 전체의 작동에 기여한다. 예컨대 전력 시스템에서 저항의 크기가 변하면 그에 따라 발전, 송전, 배전에 필요한 구성요소들도 모두 변한다. 또한 어떤 은행이 회사에 거대한 자금을 지원할 경우에는 해당 업체의 의사결정 과정에 깊숙이 관여하게 된다. 이러한 것들이 모두 기술 시스템에 속한다. 기술의 역사에서 거론되는 유명한 사람들은 대부분 단편적인 기술을 넘어서서 기술 시스템을 구성한 사람들이다. 에디슨이 백열등만 발명한 것이 아니라 발전기, 배전기, 계량기 등과 같은 전력 시스템을 구축한 것이 그 예이다. 그런 점에서 본다면 독일의 쿠텐베르크나 미국의 자동차 왕인 헨리 포드 역시 기술 시스템 구축가인 셈이다. 이렇듯 우리는 기술 시스템 속에서 살고 있다고 해도 과언이 아니다.

3) 예술과 기술

기술의 어원이 '테크네'임을 앞서 거론한 바 있다. 테크네는 예술과 기술을 포괄하는 실천적 인식이었다. 예술에서는 기계의 사용을 경멸하기도 한다. 그런데 잘 생각해 보자. 기술을 혐오하는 그 기저에는 기술을 단순한 도구로 보지 않고 세계에 대한 인간의 태도를 좌우하는 매체로 보고 있기 때문이다. 오늘날 필름 카메라만을 고집하는 작가들도 비슷한 문제를 안고 있다. 문제는 해상도가 아니라 작가의식이다. 쉽게 수정하여 쓸 수 있는 디지털 카메라를 사용한다면 세계를 대하는 태도가 안이해질 것을 두려워한 나머지 필카만을 고집하는 것이다. 여기서 기술은 인간의 존재방식을 구성하는 매체로 이해된다. 순수 예술가의 믿음과는 달리 기술은 종종 예술을 보충한다. 기차여행을 하면서 빠르게 흘러가는 풍경만이 눈에 들어온다. 멀리 놓인 자연이 영화처럼 되어버린다. 관객이 풍경에 속하지 않은 채 마치 현실을 극장의 화면처럼 바라보게 된 것이다. 오늘날 인류를 사로잡은 '파노라마적' 시각은 기차여행의 대중화와 더불어 발달했다고 할 수 있다(이지훈, 2006).

이런 일이 가능한 것은, 기술이 그 자체로 인간과 세계의 관계로 작용하기 때문이다. 기술은 단순히 자연의 모방에서 그치지 않고 도구의 제작에만 그치지도 않는다. 기술은 매체로서 나름대로의 세계에 대한 인식을 담고 있다. 하나의 기술체계가 곧장 예술형식으로 바뀌기도 한다. 인쇄매체가 나오자 '육필'은 '서예'로 자리잡았다. 인터넷 상의 '웹진'이 나오자 신문과 책 인쇄는 예술차원으로 진입하였다. 결국 하나의 기술체계가 새로운 체계와 만나면 우리는 과거의 것을 미적 수준에서 재인식하는 것이다. 이렇게 기술은 예술을 촉발하기도 한다.

4) 21세기 하이테크, 무엇이 문제인가?

20세기 후반에 본격적으로 발달하기 시작한 하이테크 첨단 기술에는 생명기술, 나노기술, 유비쿼터스 기술 등이 있다. 이러한 첨단기술의 등장으로 우리 삶은 양적으로나 질적으로 급격한 변화를 초래한 것이 분명하다. 이 기술들은 인간의 본성을 포함하여 기술을 매개로 하는 모든 관계들을 근본적으로 바꾸어놓을 수 있다. 그렇다면 이 기술이 어떻게 변화되었고 변화될 것인지에 대하여 살펴보기로 한다.

먼저 나노기술에 대해 알아보자. 나노는 난쟁이를 뜻하는 그리스어 나노스(nanos)에서 유래하였다. 1나노초(ns)는 10억 분의 1초를 뜻한다. 1나노미터(㎚)는 10억 분의 1m에 해당한다. 이 숫자가 주는 감이 쉽게 와 닿지 않아서 머리카락에 비유해 보자. 머리카락이 10마이크로미터이니까, 1나노에 비하면 머리카락은 10만배나 굵다는 얘기다. 이것은 대략 원자 3~4개의 크기에 해당한다. 나노기술은 100만 분의 1을 뜻하는 마이크로를 넘어서는 미세한 기술로서 1981년 스위스 IBM 연구소에서 원자와 원자의 결합상태를 볼 수 있는 주사형 터널링 현미경(STM)을 개발하면서부터 본격적으로 등장하였다. 나노기술의 특징은 물리·재료·전자 등 기존의 재료 분야들을 횡적으로 연결함으로써 새로운 기술영역을 구축하고, 기존의 인적 자원과 학문 분야 사이의 시너지 효과를 유도하며, 크기와 소비 에너지 등을 최소화하면서도 최고의 성능을 구현할 수 있다는 점 등이다. 이러한 나노기술은 지금까지 알 수 없었던 극미세 세계에 대한 탐구를 가능하게 하고, DNA 구조를 이용한 동·식물 유전자 복제나 강철섬유 등과 같은 새로운 물질을 만들 수 있다. 그럼에도 불구하고 이 기술은 일반적인 물리역학의 지배를 받지만 동시에 양자역학의 지배를 받아 DNA에 예측할 수 없는 상황이 벌어질 수 있다는 문제가 있다. 지금도 나노기술을 이용한 제품들이 쏟아져 나오고 있다. 자외선 차단 나노 화장품, 스스로 깨끗해지는 나노 유리창 등과 같이 상품에 나노를 붙이면 불티나게 팔리고 있다. 나노기술이 한계에 봉착한 현재의 기술을 대체할 차세대 기술인 것은 분명하지만, 나노기술의 개발과 응용 과정에는 기술적인 연구 외에 다학문적인

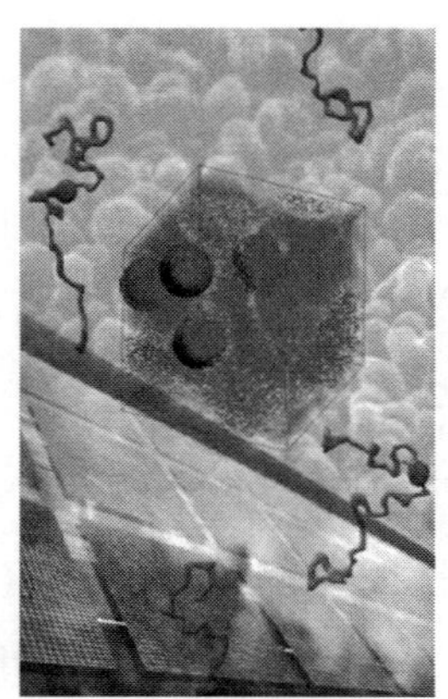

그림 3. 나노막대로 차세대 태양전지 개발한다
(출처: 과학동아 2008.9)

학제적 분석과 평가가 필요하다. 이런 문제들은 단순히 나노기술의 오남용에 따른 파생적 차원의 문제가 아니라 나노기술이 지닌 본성으로부터 불가피하게 초래될 수밖에 없는 근본적인 차원의 문제라는 것이다. 여기에는 사회적, 윤리적, 문화적, 법적인 요소들이 그물망처럼 얽혀 있는 복합 구조물로 간단하지 않기 때문이다.

20세기 후반부터 또 하나의 괄목한 만한 기술의 발전은 생명공학기술(bio-technology)을 들 수 있다. 이 기술은 유전자 지도를 만드는 일뿐만 아니라 포유류의 복제, 줄기세포(stem cell)의 제작과 응용, 단백질의 합성 등 거대한 기술적 연구로 진행되고 있다. 이러한 기술에 힘입어 인간의 수명이 연장되고 질병 없는 사회가 도래할 것이라는 예측은 실현될 가능성이 크다. 그런 반면에 거대 생명 물질의 조작에 대한 기술의 불확실성을 야기함으로써 인간, 생명체, 생태계의 오작동에 대한 문제는 심각한 사안이 아니할 수 없다. 생명기술의 근간을 이루고 있는 생명 활동의 매커니즘이 완전하게 규명되지 않은 상태에서 생명기술의 응용은 자칫 알 수 없는 유전자의 변형을 가져올 수도 있고 새로운 종들이 출현할 가능성도 배제할 수 없다. 문제의 심각성은 이러한 문제가 왜, 어디서, 어떻게 일어났는지를 전혀 설명할 수 없으며, 이러한 위험에 대한 통제도 불가능하다는 점이다. 이와 더불어 윤리적인 문제점도 일어날 수 있다. 예컨대 인간 우생학의 출현 가능성이라든가, 생명에 대한 서로 다른 이해와 종교 간의 갈등 상황 등은 생명기술의 본질과 무관하지 않다. 장밋빛 환상에 사로잡혀 있을 때 이러한 문제는 우리의 현실로 다가올 수 있기 때문에 기술에 대한 분명한 철학과 사고의 정립이 있어야 한다.

마지막으로 유비쿼터스(ubiquitous) 기술의 출현이다. 유비쿼터스는

물이나 공기처럼 시공을 초월해 '언제 어디에나 존재한다'는 뜻의 라틴어로, 사용자가 컴퓨터나 네트워크를 의식하지 않고 장소에 상관없이 자유롭게 네트워크에 접속할 수 있는 환경을 말한다. 1988년 미국의 사무용 복사기 제조회사인 제록스의 와이저(Mark Weiser)가 '유비쿼터스 컴퓨팅'이라는 용어를 사용하면서 처음으로 등장하였다. 이 기술은 시간과 공간을 초월하여 컴퓨터를 통해 자유롭게 네트워크에 접속할 있다는 것을 의미한다. 이 기술이 초래하는 일종의 IT 혁명은 조용하게 추진되는 혁명일지는 모르나 그것이 가져올 파급효과는 엄청날 것으로 예측되고 있다. 유비쿼터스 컴퓨팅 혁명은 새로운 지식정보국가 건설과 자국의 정보산업 경쟁력 강화를 위한 핵심 패러다임이라는 인식 하에 미국, 일본, 유럽의 정부뿐만 아니라 이들 국가들의 기업과 주요 연구소들이 유비쿼터스 관련 기술을 앞 다투어 개발하고 있다. 이러한 사회가 실현되기 위해서는 우리 주변의 모든 대상물에 정보처리 능력을 가진 컴퓨터나 지능형 센서가 부착되어야 하고, 이들과 정보를 상호 교환하기 위하여 다양한 네트워크가 유기적으로 연결되어 있어야 한다. 이로 인해서 현실공간과 가상공간의 경계가 허물어지고 두 공간이 확대되고 적용되는 융합이 일어난다. 이 기술을 활용하면서 컴퓨터와 전자기기들이 자동적으로 작동되는 U-home이나 U-office가 등장하고 있다. 또한 환자의 의료정보를 병원의 테트워크와 연결한 U-health 시스템도 등장하고 있다. 이 기술로 인해 우리는 좋든 싫든 모든 개인에게 노출되어 있으며 직·간접적으로 영향을 받게 된다. 유비쿼터스 기술로 인해 이러한 사회가 제공하는 기회와 위험은 누구에게나 균등하게 일어나는 것은 아니다. 결국 정보에 접근을 쉽게 할 수 있는 자와 그렇지 않은 자와의 격차인 디지털 격차는 더욱 심화될 것이다. 여기서 우리가 주목해야 할 부정적인 측면을 생각해 보자(이중원 외, 2008). 예컨대 전자 감시사회(전자 파놉티콘)의 출현 가능성, 디지털 격차에 따른 사회적 불평등 확산 및 심화 가능성, 사람과 기계 또는 사물의 역할 전도 가능성, 개인 정보의 심각한 유출 가능성, 개인 프라이버시의 심각한 침해, 개인주의 심화에 따른 사회적 연대의 약화, 사이버 범죄의 범람과 사이버 윤리의 추락, 불필요한 정보들의 융합에 따른 정보의 신뢰성 약화, 노동환경의 변화와 불안정성 등이 바로 그것이다. 이러한 문제점들은 지금까지의 문제와는 전혀 양상이 다르기 때문에 이러한 유비쿼터스 기술의 사회적, 경제적, 문화적, 윤리적인 모든 요소들이 복합적으로 검토되어야 한다.

6. 나가기

기술에 대해 우리가 가져야할 태도는 어떠해야할까? 기술도 세계를 이해하는 한 가지 방식이다. 그래서 기술은 이미 하나의 상징체계이며 주관성을 띤다. 인간과 기계가 맞물리면서 진화한다는 것은 결국 인간의 정신활동이 기술과 더불어 형성된다는 것이다. 실제로 기술은 석기시대 이래로 다양한 상징과 아름다움을 표현해 왔으며 상상력, 종교적 의미, 미적 유희를 기술혁신의 중요한 동력으로 삼았다. 다시 말해 기술에도 개성과 주관성이 있다는 것이다. 그리고 사람들은 기술이라는 싱징체계와 더불어 세계를 파악하며 살아간다. 그럼으로써 세계와 맺는 관계망을 바꿔나간다. 따라서 우리에게 필요한 것은 기술을 바라보는 '전체'의 관점이다. 전체로서의 인간과 기술의 그물망을 살펴보아야 한다.

'기술은 양날의 칼이다'라는 주장은 보통 우리가 인식하듯이 '기술은 가치 중립적이다'는 논제로 이어지는데, 이는 기술에 대한 단순한 이해를 근거로 하고 있다. 기술은 자동적으로 양날의 칼이 되는 것이 아니며, 가치 중립적인 것은 더더욱 아니다. 의식적인 노력이 없다면 기술은 그것을 디자인하고, 개발하고, 사용하는 사람들에 의해서 그들의 의도대로 발전하기 십상이다. 기술의 발전 방향을 여러 갈래로 만드는 것은 기술 그 자체가 아니라 기술을 둘러싼 다양한 집단의 개입과 실천이다(홍성욱, 2006). 다시 말해서 기술의 궤적은 미리 결정된 것이 아니라 기술 그 자체가 가지고 있는 발전의 경향성과 그 기술을 둘러 싼 사회집단들 사이의 상호 작용에 의해서 결정된다는 것이다. 따라서 우리는 기술을 둘러 싼 다양한 철학적 관심들에 귀를 기울이고 이에 대한 시민들의 참여가 필요하다. 즉 기술에 대한 참여 기술이 필요한 시점이다.

교과는 진화하고 있는가를 실과 교과는 진화하고 있는가로 대치시켜 본다면 무엇을 말해야할 지 고민스러운 부분이 있다. 사실 생활에서 '진화'라는 단어가 생물학의 울타리를 넘은 지는 꽤 오래되었다. 생활에서 휴대폰의 진화, 자동차의 진화 등과 같이 진화라는 용어를 붙여서 사용한다. 우리가 사용하는 이 때의 진화는 진화생물학자들이 전문적으로 사용하는 좁은 의미의 단어가 아니다. 그저 어떤 대상물이 시간의 흐름에 따라 변하는 현상을 가리킬뿐이다. 결국 따지고 보면 '자동차의 진화'는 '자동차의 변화'와 별반 다르지 않다. 이 글에서 논의한 기술의 진화는 기술이 변화하고 있다는 메시지를 담고 있는 것과 같다. 실과교육에서 기술학의 진화는 워낙 논의가 방대한 것이라서 모든 것을 말할 수는 없지만 우선순위는 있다 싶었다. 그래서 시작한 것이 실과교육학과 기술학의 관계를 성찰해 보고, 부족한 부분을 채울 수 있도록 논의의 단초를 제공한 것이다.

앞에서 언급하였듯이 실과교육학에서 기술학의 작용효과는 현재까지는 미미해 보인다. 여기에는 과거의 것을 그대로 답습하기도 하고 변화를 위한 환경 자체가 부족한 탓도 있으리라 짐작한다. 한 발짝 멀리 떨어져 있다가 그 현장에 몸담고 있다 보니 어느 정도 이해는 가나 정도는 아니다 싶어 비판적 성찰을 한 것이다. 그럼에도 불구하고 실과 교과교육의 연구 성과는 서서히 나타나고 있는 것만은 사실이다. 실과의 특성에 맞는 전형적인 교수·학습 방법의 실천 연구가 많아지고 있고, 내용 구성을 위한 논의도 있어 보인다. 단지 실과교육을 진화의 관점에서 보면 우리가 해야 할 연구의 다양성이 제한적이고 체계가 잡히지 않은 것도 사실이다. 교과 진화를 위한 학문적인 담론의 방향과 이슈들에 대한 공감대 형성이 적은 것도 그 한 가지 이유이다. 수많은 담론들을 각 교과에서 어떻게 담아내고 구현해야할 지를 논의해야 할 때이다. 담론을 위한 담론이 아닌 진화를 위한 담론이고 싶다. 한 가지 덧붙이고 싶은 것은 우리 생활 속에서도 기술에 대한 철학적 사고가 필요하다고 본다. 우리도 모르는 사이에 기술은 생활 속에 깊숙이 침투해 있고 그 물결을 거스르기가 여간 어려운 것이 아니다. 이 상황은 수업의 장면에서도 마찬가지이다. 수업에 맨 손으로 들어가는 선생을 저급한 교사로 치부하고, 현란한 프리젠테이션을 준비해 가면 실력 있는 교사로 친다. 이것이 학생들의 코드와 맞기 때문이기도 하다. 그러나 찬찬히 생각해 보면 선생은 싫든 좋든 정보기술을 활용해야만 하는 처지에 놓이게 되었다. 선생이 교재와 분필만 가지고도 좋은 수업을 할 수 있음에도 정보기술이 우리를 새로운 이미지, 동영상, 소프트웨어를 사용하도록 강요하고 있다. 이 물결에 거슬리면 유·무형의 피해를 보게 된다. 그렇다고 정보기술이 수업의 효과를 확실하게 확보해 주는 것도 아니다. 시각적이고 청각적인 현란함이 좋은 수업을 담보해 두는 것이 아니기 때문이다. 요즘 초등학교에서 회자되는 '클릭 교사'가 있다. 학생들이 배우는 모든 과목의 내용은 가르치기 쉽게 사이트에 올려있다. 교사는 회원 가입을 하여 얼마든지 수업에 활용할 수 있으며, 심지어는 음악 시간에 피아노를 치지 않고 컴퓨터가 대신 연주해 주어서 여간 편한 것이 아니라고 한다. 그렇다보니 교사는 해당 사이트에 가서 클릭만 하면 다음 화면으로 넘어가고 정확한 시간에 끝낼 수 있다. 이 얼마나 효율적인 방법인가? 결국 클릭 교사가 많아지면 많아질수록 수업의 주도권은 교사가 아닌 개발업체가 가지게 되고, 수업은 획일적으로 변할 수밖에 없다. 정보기술에 대한 철학적 빈곤이 낳은 결과이다. 기술에 대한 사고와 철학이 우리 생활 전반에 필요한 이유이다.

참고 문헌

박인기 (2008). 교과의 생태학, 그리고 교과의 진화. 경인교대 국제 세미나 자료집.

손화철(2006). 현대 기술아 제발 '닦달'하지마. 한겨레신문, 2006. 4. 20.

송성수 (1999). 우리에게 기술이란 무엇인가: 기술론 입문. 서울: 녹두.

이상혁 외 (1999). 기술교과 교수학습 방법론. 서울: 교학사.

이재원(1985). 기술과 교육의 당위성. 대한공업교육학회지, 10(2), 39-46.

이중원 외 (2008). 필로 테크놀로지를 말한다. 서울: 해나무.

이지훈(2006). 보들레르는 모르고 백남준은 알았다. 한겨레신문, 2006. 7. 6.

이춘식 (1992). 기술적 소양인의 특성에 관한 연구. 직업교육연구, 11(1), 79-90.

이춘식 (2008). 초등 설계기술 탐구. 경기: (주) 한국학술정보출판사.

이춘식 외 (2001). 실과(기술·가정) 교육목표 및 내용체계 연구(Ⅰ). 연구보고 RRC 2001-2, 한국교육과정평가원

이춘식 외 (2002). 실과(기술·가정) 교육목표 및 내용체계 연구(Ⅱ). 연구보고 RRC 2002-10, 한국교육과정평가원.

이춘식 외 (2004). 실과(기술·가정) 교육내용 적정성 분석 및 평가. 교육과정 RRC 2004-1-7, 한국교육과정평가원.

이홍우 (2000). 지식의 구조와 교과. 서울: 교육과학사.

최유현 (2005). 기술교과교육학. 서울: 형설출판사.

허경철 외 (2001). 교과교육학신론. 서울: 문음사.

홍성욱 (2006). 기술이 언제나 사람에게 지고 만다고? 한겨레신문, 2006. 4. 13.

ITEA(1999). Technology for All Americans. VA: International Technology Education Association.

ITEA(2000). Standards for Technological Literacy. VA: International Technology Education Association.

Mitcham, C. (1994). Thinking Through Technology: The Path Between Engineering and Philosophy, Chicago: Chicago U.P.

교과는 진화하고 있는가

교과는 진화하는가

교과교육학의 개념을 어떻게 설정할 것인가. '교과교육학'의 일반성 보편성은 어떻게 구축해야 하는가. 개별의 각과교육학은 교과교육의 보편성과 개별성을 위해 어떤 노력을 기울여 나가냐 하는가?

박인기 '교과교육학'이라는 명칭은 우리나라의 경우 어떤 특정의 역사적 맥락을 가지고 있는 것으로 보아야 한다. 물론 형식논리의 원칙에 비추어 보면 모든 개별 교과의 교육 연구를 총화(總和)하거나 일반화한 것을 교과교육(학)이라 부를 수 있다. 그런데 그렇게 총화된 교과교육학을 어떤 특정의 개별 교과를 전공하는 특정의 교과교육학자가 다 감당할 수 없다. 그러나 감당한다는 것과는 다른 차원에서 모든 교과교육의 현상과 가치를 일반화할 때 얻을 수 있는, 어떤 보편의 현상을 통하여 개별교과교육학은 이론적 이점을 확충해 나갈 수 있다고 본다. 이울러 개별 교과의 특수성 문제라는 것도 이런 보편의 원리에 대비하여야만 볼 수 있는, 어떤 상대적 준거를 가짐으로 해서 훨씬 더 정교하게 접근할 수 있을 것으로 기대된다.

그런데 우리나라에서는 이런 총화적 성격의 교과교육학을 일반 교육학 전공자들이 일찍부터 개발하여, 그 탐구 원리를 세우고, 하나의 연구 분야로 정립시키려 했다. 실제로 1990년대 초반까지 교사양성 대학에서 〈교과교육론〉이라는 강좌가 있었는데, 이를 일반 교육학자들이 담당하였다. 일반교육학은 일찍이 〈교육과정 연구, curriculum study〉 분야를 정착시켜 두었는데, 이 분야 전공자들이 이를 바탕으로 그 당시 각과 교사양성 과정이나 사범대학 교직과정에서 〈교과교육학〉을 개설하여 담당하였다. 실제로 서구에서는 교과교육학에 해당하는 것 대부분을 'curriculum study' 영역에서 다루고 있다.

그러나 이런 식의 〈교과교육학〉은 1990년대 중반 이후 국내 유수 대학에서 학문 제도적으로 교과교육 전공 전문 학자를 양성 배출하면서 큰 변화를 겪는다. 교과교육에 대한 인식과 수준이 높아지면서, 〈교과교육학〉의 학문적 위상과 역할이 다르게 인식되었기 때문이다. 그간 일반교육학자들이 운영하던 〈교과교육론〉은 주로 지식을 어떻게 볼 것인가에 대한 지식 일반론, 그리고 교수 학습 방법과 평가 일반에 관한 것이 주류를 이루었는데, 이런 강좌의 현실적 필요성이 급감하게 되었다. 발전되고 구체화된 개별 교과교육학이 개별 교과의 차원에서 이런 문제들을 잘 해결해 주면서 대체되었기 때문이다.

개별 교과교육학이 그 개별성만으로 학문적 실천적 위상을 확보하는 데에는 한계가 있을 것으로 보인다. 특히 학문적 자질과 조건을 일정한 수준으로 구축해 나가는 데는 교과의 내용/방법 요소들(지식, 기능, 이념, 가치, 효용 등)에 대한 인식론적, 가치론적, 소통론적, 문화론적 탐구가 보편의 차원에서 궁구되고 널리 공유되어야 한다. 이런 부면에 대한 연구 노력이 온축되지 않는다면 교과교육학은 학문이 되기 어렵다. 처방이나 기술의 차원에 머무르는 것으로 족해야 한다. 그런 점에서 1990년대까지 일반 교육학자들이 〈교과교육론〉을 성립시키려 했던 노력의 과정을 세심히 살펴볼 필요가 있다.

김창원 '국어교육학', '수학교육학' 등의 집합을 '교과교육학'으로 부르는 관점과 교육 내에서 '국어', '수학' 등의 의미와 의의에 대해 연구하는 학문을 교과교육학으로 부르는 관점이 공존한다. 전자라면 교과교육학 자체는 실체가 없이 단지 여러 각과교육학의 집합을 가리키는 지칭이 되고, 후자라면 일반 교육학과 각과교육을 연결하는 교량 역할을 하는 학문 영역을 가리키게 된다. 논리적으로는 후자가 타당하나 실제로는 전자만이 가능하다. 후자는 교육과정 영역에서 담당하면 된다. 즉, 교과교육학은 교과의 내용과 방법론을 연구하는 학문으로, '국어교육학', '수학교육학' 등으로 구분된다. 이는 수학이 대수학, 기하학 등으로 구분되면서 그들의 집합인 상태와 같다.

이춘식 교과교육학을 바라보는 관점이나 영역에 따라 다르다. 교과교육학의 영역 테두리에서 보면 교육학의 한 분야로 상정되기 때문에 내용학이 빠진 교육학이 된다고 볼 수 있으며, 내용학과 교육학이 접목된 교과 쪽에서 볼 경우 교육학에서 근접할 수 없는 영역이 되어버린다. 따라서 교육학에 국한하여 교과교육학을 접근하면 실체가 빠진 일반론에 그칠 가능성이 크다. 즉 그 내용에 따른 접근방법이 다르기 때문이다. 각과 교육학을 교과쪽에서 접근할 경우 내용에 따른 교육학과의 접목이 되기 때문에 교과의 특수성이 반영될 수 있다고 본다. 그러나 한편으로는 교과영역에서는 내용중심의 체계가 강하기 때문에 각과 교육학에 대해 무시해 버리거나 소홀히 치부하는 경향이 있을 수 있다. 결국 일반교육학에서 다루어 온 교과 교육학 일반론과 각과 교육학의 근본 원리는 같으나 접근하는 방식에 차이가 있다고 본다.

김재운 현재로는 각과교육학과 다르지 않다고 본다. 아니 어쩌면 그 이상의 의미를 부여하는 일은 현단계에서는 불가능하다고 해도 좋을 것 같다. 교과교육학에 각과교육학과 다른 의미를 부여하는 일을 김창원 교수님께서는 '교육과정 영역'의 일이라 말씀하셨지만, 사실 교육과정 영역에서 또한 전체 교육의 틀 속에서 모든 개별교과의 의미와 가치를 연구하는 일이 쉽지 않을 것이다. 물론, 우리가 칭하는 '교과교육학'이라는 말 속에 각과교육학의 총합 이상의 의미가 있다는 것을 부정하는 것은 아니다. 단지 그 가능태가 현실태로 되기 위해서는 각과교육학이 조금 더 성장해야 할 필요가 있다고 본다.

권덕원 음악 교육학은 크게 볼 때 교육학과 음악에서 시작된다. 교육학의 모든 이론은 음악교육학의 한 토대가 되며, 또한 모든 교과교육학의 모든 이론 역시 음악교육학의 바탕이 된다. 더 나아가 음악의 모든 현상은 음악교육학의 토대가 됨과 동시에 구체적인 교육의 사례가 된다. 예를 들어 '단소 부는 입모양을 지도하는 학습'의 경우에 1차적으로 '단소 부는 활동'은 오직 음악 현상에만 있다. 그러나 '단소를 모둠별로 연습하여 발표하는 학습'을 하는 경우에는 교육학 또는 교과교육학에서 발전되어 온 '협동학습이론'을 적용하게 된다. 다시 말해, 교과교육학은 교육학의 도움을 받는 학문이며, 동시에 각종 교과를 학습(learning)하거나 지도(teaching)하는 과정에 형성된 교육이론이다. '단소를 모둠별로 연습하여 발표하는 학습'의 경우 교과교육학에서는 비록 '단소'에 관련된 내용을 다루지는 않지만, 음악교육에서 단소 등과 같은 악기를 사용하여 모둠으로 '협동학습'을 하는 현상에 대해서는 관심을 갖는다. 그리고 그 교수-학습 현상에서 다른 교과에서도 '의미 있는 관련성'을 갖고 있는지 연구하고 이론화(일반화)한다.

이렇게 각 교과에서 비롯된 특수한 이론이 다른 교과에도 관련된다는 일반성을 획득하게 된 '교과교육학적 이론'은 그동안 교육학에서 관념적, 이론적(심지어 가설의 수준)으로 생성되어 각 교과에 파생된 이론과는 차이점을 갖는다.

임희준 교과교육학은 각 교과의 목표와 학습 이론, 수업 모형과 적용 등에 대한 학문이다. 즉, 교과의 본질과 교과에 대하여 학생들은 어떻게 학습하고 교사는 어떻게 가르칠 것인가에 대한 학문이라고 생각한다. 따라서 교과교육론은 기본적으로 소위 모학문(母學文)에 기초를 둘 수밖에 없다. 예로, 과학교육론은 과학이란 무엇이고, 어떤 본성이 있는가에 대한 고민과 논의가 출발점 또는 토대가 된다. 그런 의미에서 각과교육학은 개별성과 독자성을 가지고 있다. 그러나 이러한 개별성에도 불구하고 각과교육론은 교과교육론으로서의 공통점을 다분히 많이 지니고 있다. 학습 이론이나 학습 모형, 평가에 대한 논의들로 들어가면 그 구체적인 대상 내용에는 차이가 있으나 많은 부분은 공유하고 있음을 인정할 수밖에 없는데, 이는 교과교육론으로서의 고민하고 답하고자 하는 방향이 유사하기 때문일 것으로 생각한다.

자연과학과 사회과학이 모두 나름의 탐구 방법에 기초하여 자연 현상 또는 사회 현상을 설명하고 이해하고 예측한다는 점에서는 유사성이 있지만 이것이 하나의 학문으로 묶이지 않고 서로 다른 학문 분야로 구분되는 것은 이들이 탐구하는 대상과 탐구의 방법에 분명 차별성이 있기 때문이다. 그렇다면 물리, 화학, 생물, 지구과학은 어떠한가? 이들이 탐구하는 대상도 알고 보면 매우 다른 세상이다. 그러나 이들 학문들은 모두 자연이라는 대상을 탐구하고 있으면 나름의 과학적 방법론은 공유하고 있기 때문에 과학이라는 큰 학문의 틀에서 과학의 하위 영역으로 분류된다. 교과교육론도 이러한 관점에서 그 위치를 모색할 수 있을 것 같다. 각과교육론이 가지는 개별성과 독자성의 정도와 이들 각과교육론이 공통적으로 지향하고 있는 탐구의 방향이나 공유된 탐구 방법론이 있는지에 터하여 교과교육론은 하나의 학문으로써, 또는 각과교육론의 상위 또는 포괄 개념으로써의 위상을 찾을 수 있을 것이다. 이러한 관점에서 교과교육론은 각과교육론을 엮어낼 수 있는 내용과 위상을 지니고 있는 것으로 생각된다.

설규주　교과교육학이라는 명칭과 그 분야를 이해하는 방식을 다음과 같이 두 가지로 나누어 살펴보는 것도 가능할 것이다.

첫째, 다소 현상적이고 수동적인 방식으로서, 교과교육학이 그 자체로 성립되었다기보다는 사범대나 교육대학교 교육과정 혹은 교수진의 전공을 구분하는 과정에서 이른바 '내용학' 및 '교육학'에 대응하여 차별화되는 영역을 가리키는 것으로 이해하는 것이다. 이것은 다시 두 가지로 나뉠 수 있다. 한편으로는 내용학과의 차별성을 부각시키기 위해 교수학습 방법, 학습자의 맥락과 그것을 고려한 목표 등을 강조하는 방식이다. 다른 한편으로는 교육학과의 차별성을 부각시키기 위해, 내용학에서 차용한 교과 '내용'을 강조하는 방식이다.

둘째, 보다 규범적이고 적극적인 방식으로서, 학문 세계 대신 학습자의 생활 세계 속에서의 능동적 발달과 사회적 필요 등을 충족시키기 위해 요구되는 다양한 분야의 조직화된 지식, 기능, 가치·태도 등의 내용을 적절한 교수학습 및 평가 방법을 통해 학습자에게 제공하는 분야로 이해하는 것이다.

근래에 와서 각 교과교육에서는 교과에 대한 사회적 관점을 중시하는 경향이 나타나고 있는 듯하다. 사회 현상에 더 많은 관심을 기울이는 사회과교육, 미디어 현상과 더불어 부각된 사회적 소통의 문제를 다루려고 하는 국어과교육, STS를 강조하는 과학과교육, 기술 사회의 환경을 중요하게 고려하는 생활과학교육 등이 그러하다. 21세기에 필요한 사회적 능력은 무엇이고, 각 교과는 어떤 면에서 그것에 기여할 수 있겠는가?

박인기　커리큘럼(curriculum, 교육과정)이란 용어가 처음 사용된 것이 1918년인데, 지난 한 세기 동안 교육과정의 패러다임 자체가 교육의 사회적 역할 확장, 그리고 개인의 사회화를 확충해 가는 방향으로 전개되어 온 것 같다. 전통적 패러다임의 교육과정이 개인의 지적 도야에 기본 축을 두는 것이었다면, 이후는 사회적 현실과 요구를 인식하고 호응할 수 있는 사회적 자아를 기르는 데로 나아가고, 더 극단적으로는 사회 현실의 억압성에 대한 해방의 관점에서 교육과정의 철학을 주창하는 모습을 보이기도 했다. 이런 거시 패러다임에 개별 교과들이 호응과 긍정적 변용을 보여 왔다고 본다.

　사회적 차원을 중시하는 특성이 교과에게 드러난 영향은 두 가지로 정리된다고 본다. 하나는 교과가 자신의 수요와 필요성을 개인에서보다는 사회차원에서 구하는 쪽으로 변해 갔다는 점이다. 이것은 근대 후기 또는 탈근대의 시점에서　교육(학교)가 지닌 한 특성이기도 했지만, 개별 교과의 진화적 흐름을 통해서도 확인된다. 다른 하나는 교과 내부에서 교과 바깥을 향하여 다양한 소통의 몸짓을 보이는 쪽으로 적응하고 있다는 점이다. 이는 학문중심 교육과정의 퇴조가 개별 교과교육에서 어떤 양상으로 드러나는지를 통시적으로 조명해 보면 확인할 수 있으리라고 본다.

21세기에 필요한 사회적 능력은 단연코 소통의 능력이라고 본다. 이는 단순히 인격적 대화 능력을 넘어서는 것으로서, 새로운 창의성의 가능태가 소통에 달려 있기 때문이기도 하다. 따라서 소통의 능력은 지식이나 기능의 네트워킹을 구축해 나갈 수 있는 데에 이르는 것이 되어야 할 것이다. 이는 정보 테크놀로지 발달에 따라 훨씬 더 강하게 추동될 것으로 보이는데, 바로 이런 이유 때문에 기술 이데올로기를 중화할 수 있는 인문 가치에 대한 중요성도 사회적 능력으로서 함께 강조되리라 본다. 이는 인문 교과목을 중시해야 한다는 것을 의미하지는 않는다. 모든 교과마다 인문성 자질, 특히 문화의 요소를 잘 보강함으로써 각 교과의 역량을 확충할 수 있다고 본다. 이는 모든 교과가 테크놀로지 변인에 의해서 강화될 수 있는 것과 같은 이치이다.

김창원 21세기는 19세기와 20세기에 절정에 이른 자본주의, 구조기능론, 과학·기술 이데올로기, 발전 사관 등 이성 중심주의를 넘어서는 새로운 담론이 필요한 시대다. 그것을 생태주의, 쉬운 말로 더불어 사는 사회의 이데올로기라고 말하고 싶다. 인류 문명이 지구 생태계의 용량 이상으로 발전하기 전에 인류는 스스로의 발전 속도와 문명의 총량을 조정해야 할 터인데, 그때 필요한 것이 공동체적인 시각이다.

그런 점에서 '다양한 가치의 조정 능력'이 21세기에 필요한 사회적 능력이라고 보고, 국어과에서는 그것을 '사회적 소통'으로 구체화하고자 한다. 사회적 소통은 생존, 욕망, 가치 등과 관련된 이견들을 평화롭고 원만하게 조정하는 데 기여할 것이다.

이춘식 요즘 교육과정 정책 연구에서 핵심역량이 화두로 떠오르고 있다. 그 핵심역량을 10개 정도로 제시할 수 있는데 창의력, 문제해결능력, 의사소통능력, 정보소통능력, 정보처리능력, 대인관계능력, 자기관리능력, 기초학습능력, 시민의식, 국제사회 문화이해, 진로개발능력이 바로 그것이다.

이러한 모든 핵심역량들이 전 교과에 걸쳐 다루어지는 것이 이상적이겠으나, 현실적으로 각 교과별로 이들을 선택하고 집중하여 다룰 수밖에 없다. 이 중 실과에서 기여할 수 있는 핵심역량은 주로 창의력(창의적 사고 기능과 성향), 문제해결 능력, 정보처리 능력, 자기관리능력, 진로개발 능력이 주가 된다고 볼 수 있다. 각 교과에서 기여할 수 있는 능력은 충분히 논의 위에 서 있다고 생각되지만, 이를 존중하지 않는 사회적 분위기가 안타깝다.

김재운 체육교과를 담당하는 입장에서는 조금 다른 능력에 관심을 기울일 수밖에 없다. 물론, 체육교과 내에서도 더불어 삶을 강조하는 생태학적 관점이 등장하기 시작한 것은 사실이다. 이러한 흐름이 더욱 강화될 것 또한 틀림없다. 이러한 관점에 더해 이전부터 체육교과의 주요한 목표인 '건강' 문제가 개인적 차원이 아니라, 사회적 차원에서 다루어지게 될 것이다. 이미 20세기에 들어서면서부터 개인의 건강문제는 개인적 차원을 넘어서기 시작했다. 최근 저출산으로 인한 급격한 노령화 사회로의 전환에 대한 우려는 단순히 기우가 아니다.

이러한 사회적 흐름 속에서 개인의 건강 문제는 더 이상 개인의 책임이 아니라 사회 전반이 함께 해결해야 하는 문제가 될 것이며, 체육교과는 건강의 가치를 실질적으로 구현하는데 가장 큰 기여를 할 수 있을 것이다.

권덕원　인간의 사회적 능력 향상을 위하여 음악 교과는 다음과 같은 방면에서 기여할 수 있을 것이다.

첫째, 음악 교과는 각 사람이 자기가 속한 사회에서 제 역할을 다하는 구성원이 되기 위해 필수적으로 필요한 음악 예술적 능력을 발달시켜 준다. 어느 민족이든, 어느 시대의 사회이든 '음악 예술'은 사회의 중요한 한 영역으로 발전되어 왔기 때문에, 그 사회에 속한 한 구성원으로서 그 사회의 음악 예술을 바르게 이해하고, 바르게 향유할 수 있는 능력을 갖게 하는 것은 반드시 필요한 일이다.

둘째, 음악은 사회의 각종 생활에 융합되어 있는 요소이므로, 각 사람이 음악에 대하여 바르게 이해하고, 음악에 대해 다양한 경험이 있을 때, 자기가 속한 생활 공간에서 보다 더 적절하게 살아갈 수 있다. 음악에 대하여 충분하게 알고 있는 백화점 매니저는 그렇지 못한 매니저보다 백화점 운영에 있어서 훨씬 더 고객들(그 중에는 음악 예술에 대하여 수준 높은 삶을 사는 사람들이 포함되어 있으므로)의 심리적 만족도를 높일 수 있다.

셋째, 음악에 관련된 다양한 활동에 참여하는 경험을 통하여 양보심, 협동심, 리더십 등의 사회적 능력을 발전시킬 수 있다. 합창단, 합주단, 중창단, 중주단 등의 음악 단체 활동을 통하여 각 사람은 사람들 사이의 '조화'(어울림)의 중요성을 실감하게 되고, 협동심을 키워갈 수 있다.

임희준 STS(Science-Technology-Society)는 현대 과학 교육의 대표적인 화두이다. 사회와 과학, 우리 주변의 삶과 과학을 연결해서 보려는 교육적 관점은 비단 최근의 관심사만은 아니었다. 과학이라는 것이 내 주변을 둘러싼 자연 세계에 대한 이해를 위한 것이고, 자연 또는 과학은 더 이상 나와 타자로써 외부에 존재하는 공간과 대상이 아니라 우리가 이용하고 활용하며, 우리에게 지대한 영향을 미치는 내적 요소로써 작용하는 측면이 있기 때문이다. 현대 사회는 과학기술사회로써 누구나 과학기술이 주는 문명이 이기를 누리고 있고, 과학 기술은 우리의 의식주와 관련된 기본 생활 차원에서, 보다 편리하고 질 높은 삶을 영위해 나가는 데 직접적인 영향을 미치고 있다. 따라서 우리의 생활을 이루고 있는 이러한 과학적 현상과 과학적 산물들의 원리를 이해하는 것은 내 삶의 일부를 이해한다는 의미를 지닌다.

그러나 이것은 과학과 사회의 중요한 관계에 대한 하나의 측면일 뿐이다. 최근 들어 과학과 사회의 관계가 더욱 긴밀해짐에 따라 과학은 자연과 과학 세계의 원리를 이해하고 아는 것에 그치지 않는다. 예를 들어, 생물 복제는 어떠한 원리와 과정으로 이루어지는가에 대한 탐구와 학습만이 과학에서 배우고 알아야하는 것이 아니라 이와 관련하여 생물 복제가 가능하다면 인간 복제도 허용되어야 하는가에 대한 '가치 판단', '의사 결정'이 복제의 원리를 배우는 것 못지않게 중요하다는 것이다.

과학은 이처럼 우리의 삶과 직접적으로 관련 있는 여러 가지 현상과 사안에 대하여 근거 있는 판단 과정을 토대로 가치를 판단하고 의사를 결정하며, 주어진 당면 문제를 합리적으로 해결할 수 있는 방법과 과정을 학습할 수 있는 교과이다. 이러한 의사결정 과정과 일반적인 과학적 탐구 과정에서의 소집단 토론과 협동, 의사소통 등도 학생들에게 꼭 필요한 사회적 능력과 관련이 있다.

설규주　변화하고 있는 현대 사회를 여러 가지 용어로 표현할 수 있을 터인데, 그 중 하나로 '다원화'를 빼놓을 수 없다. 다원화 경향은 지구적 차원과 지방적 차원, 집단적 수준을 넘나들며 활발하게 일어나고 있다. 지구적 차원의 주요 행위 주체가 특정 강대국 일변도에서 비서구권 국가, 국제 NGO, 이익 단체, 종교 공동체 등으로 확대되고 있다. 국내적 차원에서도 시민 개인을 비롯하여 NGO, 이익 단체 등의 목소리가 높아지고 있다.

이 과정에서 다양한 이해관계가 상충하게 되고, 그 속에서 우리는 어느 것이 옳은가 혹은 우선인가를 선택하고 결정해야 하는 상황을 맞이하고 있다. 이러한 다원화 추세는 기존에 당연하게 여겨왔던 지식이나 가치에 대한 회의(懷疑)와 반성을 이끌어내게 되었다.

이러한 현실에 대응하기 위해서는 그때그때의 상황에 맞는 최적의 의사결정 능력이 필요하다. 의사결정 능력이란 곧 우리가 직면하고 있거나 직면하게 될 문제를 합리적으로 해결하기 위해 대안들을 평가하고 판단하며 선택하는 능력을 가리킨다. 이 과정에서 요구되는 핵심적인 요소 두 가지는 '과학적 지식'과 '올바른 가치'로 요약될 수 있다.

  사회과는 이러한 과학적 지식과 올바른 가치를 기반으로 하는 합리적 의사결정 능력 함양을 주요 목표로 삼고 있다. 과학적 지식은 문제 상황 속에 포함되어 있는 사실에 대한 정확한 판단을 내리기 위해 필요한 것으로, 객관성과 공정성을 유지하는 가운데 자료를 수집하고 검증하며 해석함으로써 얻을 수 있다. 올바른 가치는 문제 상황의 배후에 있는 다양한 가치를 분석하고 평가하며 그와 관련된 자신의 신념과 가치, 태도 등이 과연 타당하고 의미 있는 것인지 반성하는 과정을 통해 발견할 수 있다. 한편, 이러한 의사결정 모형은 기본적으로 개인적 차원을 염두에 둔 것이지만, 실제 의사결정은 대부분 집단 구성원 간의 조율 속에서 이루어지는 것이므로 집단적 차원의 의사결정 능력 함양으로 확장하여 이해하는 것이 바람직하다.

  다중지능은 어떻게 보면 교과의 구획에서 아이디어를 얻은 것 같기도 하다. 그만큼 교과와의 대응 관계가 유사한데, 다중지능의 한 분야로 되어 있는 '대인관계'나 '자아성찰'과 같은 지능은 그 자체가 교과로 되기는 어려운 것일까? 그렇다면 이들 지능 분야는 교과로 반영되고 있는 여타의 지능 분야와 어떻게 다른가? 현재 우리의 교과에 대한 인식에는 어떤 고정 관념이 작동한다고 보는가?

박인기 다중지능의 문제를 교과교육과 관련지어 생각해 보는 일은 대단히 중요한 발상인 것 같다. 가드너의 지론이 일반화된 이후에도 우리나라에서 기존의 교과는 다중지능의 각 영역들을 자기네의 담당 부면으로 생각하지 않는 경향이 있었다. 좀 거칠게 말하면 다중 지능 담론은 일반교육학의 영역이고, 교과와는 별 연관이 없는 듯한 수용 태도를 보여 왔었다. 언어는 전통적 지능의 핵심 부분이었으므로 그렇다 하더라도, 공간 지능과 대인관계 지능은 각각 미술과와 사회과에서 깊은 연관성을 주목하고서 그것을 자기 교과의 중핵 교육 요소로 재개념화 하고 재설정하는 노력을 달리 전략적으로 시도한 것 같지는 않다. 나는 이 점이 우리 기존 교과가 지녀 온 학문중심적 경직성과 무관하지 않다고 본다.

다중지능에서 1) 공간, 2) 대인관계, 3) 자아성찰, 4) 실존 지능은 특정 교과와 대응하기보다는 범교과적으로 조응하거나 비교과 영역에서 다루는 것이 보편적이라고 했는데, 그걸 고정관념으로 받아들이지만 말고, 기존의 교과들이 서로 관련성 있는 것들끼리 연계하여, 범교과성의 구체적 면모를, 그냥 막연히 범교과성이라고 하지 말고, 구체적으로 어떤 교과들이 어떻게 연대하는 것이 이 지능 영역을 실제로 계발하는 데에 유효한지를 좀 더 정교하게 천착해 볼 필요가 있다고 본다. 이런 노력 역시 교과가 새로운 교육적 현상과 조류들에 대해서 자기 정체성을 확장하려는 노력으로 평가되어야 할 것이다.

실제로 일반 지능을 가르치는 비교과 영역을 설정한다고 하는 것이 가능한가. 만약에 일반지능을 가르치는 비교과 영역을 설정했다면, 그것의 구체적인 모습은 어떠할 것인가. 예측하건대, 그 '비교과 영역' 자체도 그 형식이나 관습은 다시 하나의 '교과'처럼 되어 갈 가능성이 많다. 그렇다면 기존 교과의 역할 정체를 확충하거나 '상호 교과적 영역(Domain of Inter- Subject)'의 확충을 통해 이를 감당하는 것은 어떨까 하는 생각을 해 본다.

김창원　다중지능이 구획한 언어(국어), 논리-수학(수학), 음악(음악), 신체운동(체육), 자연 친화(과학) 지능은 교과와 직접 대응한다. 그에 비해 공간, 대인관계, 자아성찰, 실존 지능은 특정 교과와 대응하기보다는 범교과적으로 조응하거나 비교과 영역에서 다루는 것이 보편적이다. 예를 들어 공간 지능과 대인관계 지능은 각각 미술과, 사회과와 깊게 연관되지만 일 대 일 대응이라 하기 어려우며, 자아성찰과 실존 지능은 윤리과와 연관되면서도 비교과 영역에 넓게 걸쳐 있다. 그 이유는 교과가 이들 지능을 한 교과로 포괄하기 어렵게 성립, 발전해 왔기 때문이다. 이는 – 만일 가드너의 이론이 맞다면 – 교과의 구획이 필연적이지 않다는 것을 방증한다.

인간 사회에서 필요한 지능을 영역 지능(domain base intelligence)과 일반 지능으로 나누어, 영역 지능은 각 교과로 분할하여 가르치고 일반 지능은 비교과 영역에서 가르치거나 그것들을 담당하는 '비영역 교과'를 두어 가르치는 방법이 타당하다고 생각한다. 자아성찰, 문제해결, 대인관계 등이 그 예가 될 수 있다.

이춘식　다중지능이 학습에 주는 의미는 상당하고 볼 수 있다. 다중지능을 모두 교과만을 통해서 제고하겠다는 것은 마치 전인교육이 교과학습을 통해서만 이루어지지 않듯이 무리한 시도라고 본다. 따라서 다중지능에서 교과와 직접 대응하지 않는 공간지능은 많은 교과에 걸쳐 존재하고 있다. 미술을 통해서 혹은 실과의 기술적 활동을 통해 즉, 아이디어 생성과 발산적 사고를 통해 문제를 해결하는 활동이 여기에 해당한다고 본다. 따라서 대인관계지능, 자아성찰 기능, 공간지능 등은 범교과 차원에서 접근해야 가능하다고 본다.

김재운　어찌 보면, 공간지능을 제외하고 대인관계나 자아성찰, 실존 등은 인류역사에서 가장 먼저 교과로 구축된 지능이라 볼 수도 있다. 이들 지능은 다름 아닌 '철학' 교과의 영역이기 때문이다. 철학교육의 역사는 서양의 제도교육의 역사와 그 맥을 같이 한다고 볼 수 있다. 또한 동양에서는 근대이전까지 이러한 지능(IQ)과 관련된 교육이 대부분이었으며, 이러한 교과를 가르치는 일이 교육의 대부분이었다는 사실은 상기해 볼 필요가 있다. 물론 이렇게 단순하게 환원할 만한 문제는 아니지만 '철학의 시대'에는 '소통의 부재' 문제가 지금처럼 크지 않았다.

21세기에 더불어 살기 위한 실천 가치로 '사회적 소통의 중요성'은 매우 중요하다. 그리고 자아성찰이나 실존에 대한 이해 등이 사회적 소통의 근간이라는 사실을 이해할 필요가 있다. 결국, 대인관계, 자아성찰, 실존 등의 지능의 발달을 위한 '철학' 교과의 필요성에 대해 충분한 고민이 필요하다 하겠다. 이렇게 따지고 보니, 다중지능이론은 교과의 구획이 구축해 온 인간발달의 전체성과 무관하지 않는 것 같다.

권덕원　먼저, '대인관계' 능력을 향상을 위해서는 특정의 과목을 신설하는 것보다는, 학교 및 학급 생활을 통하여 발전시켜 나갈 수 있도록 지도하는 것이 좋을 것으로 생각된다. 그리고 기존의 각 교과에서 모둠 또는 단체 활동이 필요한 단원에서 대인관계 능력을 포함하여 다룰 수 있도록 하는 것이 필요하다. 그리고 사회 또는 윤리 교과에서 대인관계 능력을 향상시킬 수 있는 방안을 마련하는 것이 필요하다고 생각한다.

그리고 자아성찰은 기본적으로 모든 교과 영역에서 다 가능하다고 생각한다. 과학철학, 수학철학, 예술철학, 체육철학 등 모든 영역에 '철학적인' 내용이 포함되어 있으므로, 각 교과에서 철학적인 내용을 다룰 때 지금보다 더 분명한 수준으로 '자아성찰'의 주제를 다루어 주는 것이 바람직하다고 본다. 또한 자아성찰에 직결되는 교과인 윤리 교과에서 학생들의 자아성찰 과정을 관찰하고 지도할 수 있는 단원의 설정과 운영이 필요하다.

이러한 다양한 지능들 사이의 층위 문제는 개인에 따라 서로 다른 양상을 보일 것이다. 어떤 학생은 음악적 지능이 활성화되어 있는 반면 수학적 지능이 약화되어 있을 수도 있고, 또 다른 학생은 그 반대일 수도 있다. 그러므로 각 지능들 간의 본유적인 층위 문제(과연 지능들 간에 이러한 본래적인 층위 현상이 존재하는가에 대한 별도의 연구가 필요하겠지만)보다는, 개별적으로 서로 다르게 나타나는 '지능의 다양한 조합'의 문제가 우선적으로 연구되어야 할 주제가 아닌가 생각한다. 또한 시간의 흐름에 따라 그 지능 조합의 변이 문제도 연구자 및 교사들에게 큰 관심을 끄는 주제가 될 것으로 판단된다.

<u>임희준</u> 현재 있는 교과들의 성장과 발전은 교과의 기본학문으로부터 시작된 것이다. 그러나 물론 이것이 앞으로도 교과는 그러한 학문적 모태로부터 출발해야 함을 의미하는 것은 아니라고 본다. 현 시점에서 대인관계 지능이나 자아성찰 지능이 하나의 교과로 가능할 것인

가? 여기에 대한 개인적인 의견을 말하자면 이들은 범교과적 성질의 영역이다. 그러나 이런 인식은 미래에 대한 통찰에서 얻은 것이라기보다는 다분히 현재의 지배적인 인식에 강하게 영향 받고 있음을 인정할 수밖에 없다.

논의의 출발을 다중지능이론에 근거하고 있기 때문에 다중지능이론에 대하여 논하자면 일부 지능(언어, 음악, 신체운동)만인 현재 교과와 매우 매치될 뿐이다. 이것도 해당 각 교과 입장에서는 일대일의 매치는 아니라고 생각할 가능성이 크다고 본다. 과학 교과만 보더라도 자연친화 지능과의 호응도 못지않게 오히려 공간 지능이나 논리—수학 지능과의 상관성이 높다.

따라서 대인관계 지능 등이 하나의 교과로 될 수 있느냐 하는 문제는, 교과를 학문 분야에 따라서가 아니라 지능에 따라서 또는 다른 그 어떤 기준에 의하여 재편성하는 것이 가능한가라는 문제를 고민해야 할 것이다. 대인관계 지능이나 자아성찰 지능이 하나의 교과로 가능할 것인가는 교과 전반에 대한 사고와 발상의 전환이 가능한가에 대한 물음이라고 본다.

설규주　다중 지능의 아이디어가 교과의 구획과 밀접한 관련을 맺으며 시작되었다고 하더라도, 그것을 자극하고 향상시키는 데 있어서는 '구획'보다는 '넘나듦'이 강조될 필요가 있다고 본다. 다중 지능의 하위 요소들을 각각 구분하여 파악하는 방식은 각 요소를 일종의 이념형으로서 개념화하는 데는 유용하지만, 그것을 실제로 발휘하는 과정에서는 제요소들이 분절적으로만 작용하지는 않기 때문이다. 자아 성찰 능력이나 대인 관계 능력 등도 비교과적 영역에 속한다기보다는 교과 내용적인 측면의 관련성으로 볼 때, 사회과나 도덕과에서 좀 더 기여할 수 있는 부분이 있을 것이다.

　그러나 다른 한편으로는 특정 교과의 배타적인 전유물이 되는 것은 곤란하다. 예컨대 언어는 자기 이해, 자아 정체성 확립에 매우 본질적인 것일 뿐 아니라, 대인관계에 있어서도 가장 기본적인 것이다. 이러한 점에서 자아 성찰 능력이나 대인 관계 능력을 다루는 데 있어서 국어과의 역할도 사회과나 도덕과 못지않게 중요하다. 또한, 음악이나 신체 활동 역시 자기표현, 자기와 타인 이해 등에 지대한 영향을 미친다. 자아 성찰과 대인 관계 능력 향상에 있어서 음악과와 체육과가 좀 더 주도적으로 담당할 수 있는 몫이 있는 것이다. 이렇게 본다면, 다중 지능의 요소들의 수준을 높이는 데 있어서 각 교과에서 좀 더 기여할 수 있는 부분은 특화시키되, 타 교과와의 연대에도 소홀함이 없도록 하는 노력이 중요하다.

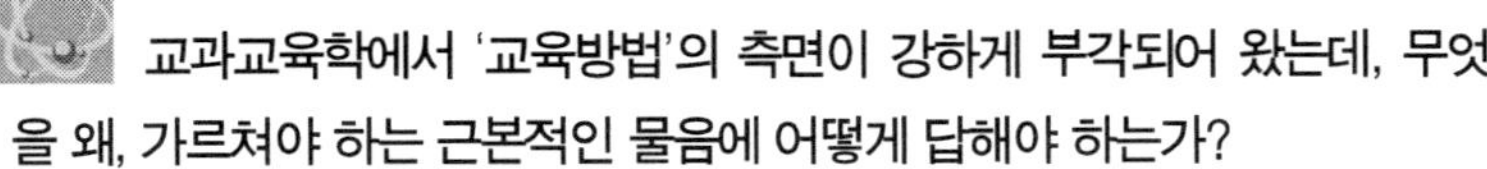

교과교육학에서 '교육방법'의 측면이 강하게 부각되어 왔는데, 무엇을 왜, 가르쳐야 하는 근본적인 물음에 어떻게 답해야 하는가?

김창원　교육대학에서 강의하다 보면 교육 방법 혹은 교수법 영역은 여러 교과가 비슷하다는 느낌을 자주 받는다. 입문 부분이 특히 그러해서, 학생들이 '피아제 열두 번 들으면 졸업한다.'고 농담할 정도이다. 이는 결국 교과의 고유성은 교과 내용에서 나온다는 뜻이고, 교과교육학이 관련 내용 학문에 종속되는 논리이기도 하다.

하지만 원래 방법론(methodology)이란 내용과 방법의 통합을 의미하는 개념이고, 실제로 내용에 따라 방법이 달라야만 교육 효과를 높일 수 있다. 교과교육의 취약성은 기초·배경 학문에서 체계화한 내용과 교육공학 등에서 정교화한 방법을 유기적으로 통합하는 데에 치중한 나머지 교과 고유의 방법론을 개발하는 데에 있어서 소홀히 한 데서 비롯됐다.

교과교육의 내용은, 내용을 선정하고 그것을 가르칠 방법을 찾는 과정으로만 이해해서는 안 된다. 마찬가지로 방법을 정하고 거기에 내용을 얹는 과정으로만 이해하는 것도 문제가 있다. 요컨대 '내용과 방법의 통합체'로서 교과(또는 교과교육)을 인식하고 그것의 교육 내용을 선정해야 한다. 이에 따르면 가르칠 필요가 있고 가르칠 수 있는 내용을 교과 내용으로 선정하는, 필요성과 가능역의 논리가 설 수 있다.

박인기　반성적으로 보면 그간 교과교육이 경험했던 교육방법은 일반 교육학의 막강한 영향력 하에 있거나, 교과 내용으로 우직하게 몰입하는 방법 무시의 양상이 병존해 왔다. 초등교과교육은 전자에 속하고 고등학교 교과교육은 후자의 성격이 강했다. 중학교는 중간 정도에 있었던 셈이다. 방법 자체의 진화가 꾸준히 있어 왔지만, 교과 특성보다는 방법 효율 자체에 초점을 둔 교육학 일반의 방법이 강한 것이었기 때문에 시행착오도 많았고, 일과성 유행성으로 기운 것들도 있었다. 따라서 특정 방법의 전면적 실시와 전면적 퇴조가 두드러지게 나타났다.

교과의 교육 내용이 요청하는 방법의 개발도 물론 중요하다. 그리고 방법은 내용과 학습자의 특성으로부터 결정되어야 하는데, 가장 아쉬운 것은 가르치고 배우는 우리 고유의 문화 형질에 대한 구명과 작용이 없다는 점이다. 일반교육학도 이 점에 있어서는 달리 유용한 단서를 교과교육학에 공급해 주지 못했다. 그런데 이는 교육이 실제로 실천되는 개별 교과교육 교실의 문화적 형질, 소통적 토양 등을 그야말로 인류학적으로 들여다보는 연구를 온축함으로써 가능할 것이다. 이 또한 교과교육학자들의 과업이 아닐 수 없다.

이춘식 　교과교육에서의 내용과 방법적 측면에서의 교육방법이 결합되다 보니 교과교육학 하면 교육방법을 단순하게 적용하는 일이 되어 버렸다. 각 교과의 내용을 효과적으로 전달할 방법이 특수하다는 전제 아래 교육방법이 도입되었으나, 교과에서는 독특한 방식을 일반론에 의존하는 일이 생기면서 문제가 발생했다고 본다. 각 교과에서의 고유한 교육방법을 이론화하고 체계화하는 일에 게을리 한 것이 화근이 되었다고 본다. 따라서 교과에서는 단순히 내용에 일반적인 교육방법을 대입할 것이 아니라 이를 적절히 가공하고 개발하는 작업이 선행되어야 교과교육에서의 교육방법이 살아남을 수 있다고 본다.

김재운 　다른 교과의 논의를 명확하게 알 수 없지만, '왜'에 대한 논의는 체육교과에서는 상당히 중요한 의미를 갖는다. 이는 체육이 학교에서 가르쳐야 하는 교과목으로 정당한가에 대한 문제이기 때문이다. 사실 주지교과 이외의 교과들에게 이 문제는 심각한 고민거리가 아닐 수 없다. 교육과정이 개편 혹은 수정될 때마다 과연 우리 교과의 위치가 어떻게 변하게 될 것인가를 두고 주지교과가 아닌 교과들은 예민할 수밖에 없으며, 이러한 논의에 필요한 논리가 '교과의 정당성' 즉 '왜 우리 교과를 학교에서 가르쳐야 하는가?'에 대한 논리이기 때문이다.

이러한 이유로 교육과정 개발을 담당하는 체육교육학자들은 '왜'에 대한 논의에 심혈을 기울이며, 그러한 노력으로 '신체활동'이 '가치'있는 활동이라는 설명을 교육과정의 선언적 지술로 확보하려는 노력을 해왔다. 그러나 이렇게 중요한 논의임에도 불구하고, 학교에서 체육교과를 '왜' 가르쳐야 하는 문제에 대한 논의는 그 깊이와 폭에서 충분하다 할 수 없다.

흔히 교육과정은 '교과(지식, 기능 등)' 자체와 개인(학생), 그리고 사회의 현실을 고려하여 만들어야 한다고 한다. 즉, 교과 자체의 필요성과 오늘날 사회가 교과에 요구하는 것, 학생 개개인의 상황을 고려하여 그에 필요한 교육을 해야 하는 것이다. 그러나 대부분의 교과 현실은 '교과' 자체의 논리와 필요성을 가장 중요하게 생각하다고 볼 수 있다. 즉, 학생과 사회에서 필요한 것이 무엇인가에 대한 논의가 존재하긴 하지만 그것이 주도적인 역할을 하지 못하고 단순한 미사여구로 자리 잡고 있다는 것이다. 물론, 이러한 논의의 방향은 결국 큰 틀에서 교육을 어떻게 볼 것인가에 대한 논의와 연결되어 있다. 교육을 정의하는 여러 가지 방식 중 무엇을 택하느냐에 따라 그 대답이 달라질 수 있는 것이다. 결국 '무엇을', '왜' 가르쳐야 하는 가에 대한 논의는 교육 특히 제도교육의 의미에 대한 총체적인 이해를 통해서만 답을 할 수 있으며, 이러한 논의가 실질적으로 이루어질 때만이 가능할 것이다.

설규주　어떤 교과에 대해 '무엇을 가르쳐야 할지 모르겠다.' 혹은 '도대체 어떻게 가르쳐야 하는지 모르겠다.'는 말을 교사와 교생들에게서 흔히 들을 수 있는데, 그것은 그 교과 내용의 방대함 혹은 난해함, 교수학습 방법의 어려움 못지않게, 해당 교과 자체에 대한 충분한 이해가 선행되지 않았기 때문인 측면도 무시할 수 없다. 이것은 다음의 상황과 무관하지 않다. 즉 실제 교과교육 현장에서 해당 교과 교육과정 전체, 즉 목표, 내용, 방법, 평가를 아우르는 시각이 전제되지 않은 상태에서 미시적인 특정 단원이나 주제에 대한 수업의 일부 요소들, 특히 교수학습 방법적 측면에 초점을 맞추고 있는 것을 많이 볼 수 있다. 그 경우 해당 교과의 목표에 대해 지속적인 반성을 하기가 어려워지고, 그에 따라 목표 및 내용에 부합하는 학습 방법을 선택, 적용, 평가하는 과정도 요원해지게 된다.

　교수학습 방법적 측면은 특히 초등학교에서 더욱 강조되는 경향이 있다. 상대적으로 내용 요소 자체가 상급학교에 비해 적다는 점, 그리고 학습자들이 어리다는 점 등이 고려되기 때문인 것으로 보인다. 그런데 좋은 수업이라는 것은 재미있는 학습방법이나 교과 내용에 대한 앎 자체보다는 그러한 학습 내용이 선정되고 조직되는 데 필요한 배경적 지식, 즉 해당 교과를 구성하는 다양한 모학문(母學問)들의 주요 개념, 원리, 사실 등은 물론, 교과의 성격과 목표에 대한 기본적이고 포괄적인 앎까지를 포함할 때 비로소 가능한 것이다. 이는 곧 교과 수업 '실행' 이전에 '기획 및 조직'의 단계에서 이미 충분한 고려가 되어 있어야 함을 의미한다.

　수업으로 대표되는 교과교육 활동은 다양한 요소들의 복합체이므로 어느 한 요소만 충족되었다고 해서 곧 '좋은 수업'이 이루어졌다고 말하기는 어렵다. 그리고 그러한 여러 가지 요소들이 서로 병렬적으로 위치하는 것이 아니라, 그 중에서도 다른 요소들을 견인하고 방향을 제시하는 역할을 하는 핵심 요소가 있는데 그것은 결국 교과의 '목표'라고 할 수 있다. 이 교과를 '왜' 배우는가에 대한 답이라고 할 수 있는 교과 목표에 따라, '무엇을'에 해당하는 내용을 조직하고 방법을 선정하며 평가를 기획하게 된다. 그리고 그 목표에 비추어 해당 차시 수업에 대한 반성도 실시하게 되는 것이다.

좋은 수업은 단지 교사가 가질 수 있는 높은 수준의 관련 지식을 가지고 있는 것으로부터 가능한 것이 아니라, 그러한 자원을 교과 수업에서 발현해 내는 데서 그 효용성을 인정받을 수 있다. 좋은 수업이란 다른 표현으로 효과적인 수업이라고 할 수 있다. 원래 기획하고 준비했던 목표(결과)에 도달하는 수업이라고 할 수 있다. 즉, 수업 기획 및 준비 단계에서 의도했던 결과를 최대한 산출하는 수업, 즉, 해당 교과가 추구하는 목표를 지향하고 거기에 도달함으로써 어떤 뚜렷한 메시지와 의미를 남기는 수업이라고 할 수 있는 것이다.

교과교육학자는 그 교과의 내용학문을 하는 학자, 일반교육학자, 현장 교사 등과 대립적 긴장 관계를 가질 때가 많다. 이것은 개별 교과교육학이 응용·실천 학문으로서 감당해야 하는 방향이기도 어떤 한계를 보여 주는 것은 아닌가? 어떤 대안적 노력이 필요한가?

김창원　교과교육학자와 기초·배경 학문 전문가의 갈등은 필연적이고 필요한 일이라고 본다. 순수한 지식을 가르칠 수 있는 형태로 변환하는 과정에서 어쩔 수 없이 단순화와 재조직이 일어나기 때문이다. 여기서 '어쩔 수 없이'라고 말했는데, 관련 학자 집단은 그것을 '무지에 의한 훼손'이라고 보는 데 비해 교과교육학자는 '의도적인 가공'이라고 보는 관점의 차이가 있다. 이러한 관점의 차이는 서로 이해할 수는 있어도 동의할 수는 없는 차이이다. 그 차이에서 긴장과 갈등이 발생하고, 그러한 긴장과 갈등 사이에서 교과교육이 발전한다고 본다. 다만, 한국의 지적 풍토가 아직 그러한 '이해'에도 이르지 못한 채 경원하는 상태는 하루 빨리 벗어나야 한다.

교육학자와 교과교육학자의 갈등은 학문의 탄생과 발전 과정에서 나타난 왜곡 현상이라고 본다. 교육학자들은 건국 초기부터 유학을 거쳐(지적 우월감) 사범대학 구성원의 다수를 차지하고(주류 의식) 국가 교육 정책 수립에 깊이 간여하는(지식의 권력화) 과정에서 은연 중 교육 전반에 대한 주인 의식과 우월 의식을 지니게 되었다. 그에 대해 교과교육학자들이 독립성을 강하게 주장하면서 갈등이 빚어지게 되는데, 현재로서는 그것을 해소하기가 쉽지 않다. 교육학이 교과교육학을 일종의 미시교육학이나 실용교육학, 분야교육학으로 바라보는 한 교육학자가 교과교육학의 논리를 이해하기 어렵고, 교과교육학이 기반 학문과 교육학 사이에서 어정쩡하게 자리 잡고 있는 한 일반 교육학자를 설득하기도 어렵기 때문이다.

이 문제는 교육학과 다른 관련 학문의 관계를 살펴보면서 해결의 실마리를 찾는 것이 좋을 듯하다. 예컨대 철학과 교육철학의 관계를 보자(심리학–교육심리학, 사회학–교육사회학, 행정학-교육행정, 통계학–교육통계 등, 교육학의 세부 전공이 모두 비슷하다). '순수' 철학자와 교육철학 사이에는 암묵적인 경계와 경원이 있음을 보게 된다. 일반 철학 입장에서 교육철학은 미시철학, 실용철학, 분야철학의 자리를 차지할 듯한데도 교육철학의 독자 영역을 인정한다. 교육철학은 '철학을 가르치는' 것이 아니라 '교육에 관한 철학'을 하기 때문이다. 이를 뒤집어 적용하면, 교과교육학도 '교과를 가르치는' 교과교육학과 '교육의 자리에서 교과를 바라보는' 교과교육학을 균형 있게 다룸으로써 독자적인 영역을 확보할 수 있을 듯하다. 나의 전공인 문학교육학을 예로 들면 '문학교육학'과 '교육문학(학)'의 균형을 취하는 것이다. 교육문학(학)이라면 교육학에 대해서도 문학(학)에 대해서도 고유한 목소리를 낼 수 있다. 사실, 교육학의 세부 전공은 거의 '교육○○', '○○교육'으로 되어 있는데, '○○' 부분보다 '교육' 부분에 무게중심이 있는 한 갈등은 생기지 않는다. '○○교육'으로 명명되는 교과교육은 '교육' 부분보다 '○○' 부분에 무게중심이 있기 때문에 문제가 될 뿐이다. '○○' 부분에 무게중심이 갈 수도 있다는 것을 받아들이면, 그리고 그 영역이 매우 넓다는 것을 받아들이면 일반 교육학과 교과교육학이 의외로 쉽게 화해하게 될지도 모른다. 교과교육학자와 현장의 갈등은 극복해야 하면서도 결코 극복돼서는 안 되는 관계를 유지해야 한다. 극복해야 하는 이유는 교과교육학의 이론이 결국 가르치는 현장으로 수렴되어야 하기 때문이고, 극복되면 안 되는 이유는 이론이 실제에 함몰돼서는 안 되기 때문이다. 이론과 실제는 일정한 영역이 있고, 각기 맡은 역할이 있으며, 전문가 양성 과정도 다르다. 중요한 것은 이론과 실제의 간극이 아니라 그들 사이의 소통이 약하다는 점이다. 서로 자극을 주고받으며 함께 발전해야 하는 것이 교과교육학과 현장의 관계다. 그런 점에서 연수원, 교육대학원과 같은 '이론 → 현장'의 채널과 현장 연구, 인적 교류와 같은 '현장 → 이론'의 채널이 원활하게 작동해야 하는데, 현재는 '이론 → 현장'의 채널만 있을 뿐 '현장 → 이론'의 채널이 약하다는 데 문제가 있다. 최근 현장 연구 모임이 활성화되는 것은 바람직한 현상이나, 이론적 토대가 튼튼하고 연구 결과가 제대로 이론화되어야 한다는 조건이 붙는다.

임희준 교과교육자와 교과의 배경학문 학자, 현장교사와의 긴장은 그 내용은 개선되어나가야 하지만 긴장 관계가 존재하는 것이 자연스럽고도 반드시 필요한 것이라고 생각한다. 김창원 교수님의 의견에 전적으로 공감한다. 초기 교과교육학의 태동기에는 기존 학문 영역의 기존 학자들(과학자 또는 교육학자)에게서 갈등이라고 하기도 어려운 관계-일종의 천대를 받고 있었던 것으로 안다. 새로운 길을 가는 사람들에게는 힘든 길이었음에 틀림없지만, 비단 교과교육학뿐만 아니라 거의 대부분의 새로운 분야가 그렇게 출발했을 것이라고 생각한다. 아직도 가야할 길이 멀지만 그래도 현재는 교과교육학의 의미와 존재를 인정하는 상태에는 있는 것 같고, 따라서 '갈등'이라고 부를 수 있는 관계에 이른 것 같다.

교과의 배경학문 학자와 교과교육 전문가의 갈등이 서로에 대한 무지에서 발생하는 것은 문제가 있다.(물론 다른 철학적 근거를 가지고 있는 존재들이 서로 완전히 이해한다는 것은 불가능하겠지만) 해당 배경학문 영역의 중앙에 있는 전문가와 이 학문을 교과로써 가르치는 것에 주목하는 교과교육학자 사이에는 각기 자기 학문을 하는 목표와 의도, 해석 등에는 차이가 있을 수 있다. 과학자가 지향하는 과학교육과 과학교육자가 지향하는 과학교육에는 차이가 있을 수 있다. 문제는 서로의 학문 분야에 대하여 인정하고 열린 마음으로 소통하는 자세라고 생각한다. 이 소통의 노력은 학문전문가(과학자)뿐만 아니라 교과교육학자(과학교육학자)에게도 필수적이다.

현장 교사와의 갈등도 유사한 맥락으로 생각한다. 한 쪽은 현장전문가, 한쪽은 이론전문가로 단절 분리되는 구조로 몰아가서는 안 된다. 교과교육학자는 이론적 통찰을 중심으로 교육 현장을 제대로 파악하여, 교과교육의 총체적 지형을 보여 줄 수 있어야 한다. 그리하여 해당 교과교육 분야의 여러 현상을 전체적으로 이해하고, 학문적으로나 실용적으로나 미래에 대한 비전을 제시해줄 수 있어야 한다. 현장 교사들도 현장전문가임에는 틀림없지만 현장에 있는 사람들만이 현장을 제대로 파악할 수 있다는 닫힌 관점의 현장 의식을 좀 더 유연하게 바꾸어 나가야 한다. 여기에는 물론 공부가 필요하다. 과학이란 무엇인지에 대해 진지하게 사고하고, 논했던 사람들이 오로지 학문으로서 과학을 하는 과학자만은 아니었던 것을 주목할 필요가 있다. 연구와 실천이 서로 잘 융합하기 위해서는 열린 마음과 소통의 자세로 서로를 끊임없이 공유하면서도, 서로의 전문성에 바탕을 둔 양자 사이의 생산적 긴장 관계가 필요하다.

박인기 김창원교수님의 통찰과 지적에 동감한다. 교과교육학의 위상에 대해서 명쾌한 분석을 기하고 있으며 대안적 시사를 충분히 주고 있다. 내 생각으로서는 일반교육학과 교과교육학이 이제는 어느 정도 파트너십을 유지할 만한 단계에 이르렀다고 생각한다. 기존에는 일반교육학이 교육방법의 부면에서 시혜적 입장에 있었고, 교육이 정책 또는 정치 차원의 작용으로 운영될 때는 사령부의 입지에서 수직적 권력 관계를 구사하기도 하였다. 이렇게 되면서 교과교육학은 지식 특수성을 고수하며 다소 방어적인 자리에 놓였다. 교육학자들에 의해서 새로운 교육사조나 방법론이 들어오면 수동적으로 수용하기에 급급했다. 상호성에 입각한 분업과 협업의 모드를 개척해 오지 못하였다. 이제는 우리교육에 대한 분업과 협업의 모드를 일반교육학과 교과교육학이 어떻게 성공적으로 설정해 갈 것인가를 고민해야 할 것이다. 또 부분적이기는 하지만 그런 여건이 성숙되고 있다고 생각한다. 그런 점에서는 교과교육학자들이 교육학에 대한 기술적 분야 말고 이른바 전망을 공유하는 교육학적 이해력을 지금보다는 더 높여 갈 필요가 있다고 본다. 교육과정 총론을 구상하는 데도 인문, 사회, 자연, 예술 영역의 교과교육학자들이 교육학자들과 대등하게 참여하고 실제로 기여할 수 있는 교육적 역량을 길러야 할 것으로 본다.

　김창원 교수님의 제안 중, 자신의 전공인 문학교육학을 예로 들면서 지금까지는 '문학교육학'만을 생각했지만, 앞으로는 '교육문학(학)'이라는 영역을 확충함으로써 교과교육학을 좀더 균형 있게 발전시키고 자신의 독자적인 영역을 확보할 수 있을 것으로 보았는데, 이는 교과교육의 내용 실체를 좀더 두텁게 마련해 갈 수 있다는 점에서 좋은 아이디어라 생각된다. 다만 교과 영역에 따라 이런 확충 균형이 쉽사리 가능한 교과와 그렇지 못한 교과가 있을 것으로 생각한다.

교과교육학과 현장교과교육(교과교육 실천) 사이의 협응성은 상당히 좋아져 가고 있다고 본다. 이론과 실천의 호응을 두고 부분적인 갈등이 있기는 하지만, 이는 점차적으로 극복될 수 있을 것으로 본다. 그런데 이 과정에서 '이론'에 대한 정당한 이해가 좀 더 널리 자리잡아야 할 것이다. 이는 교과교육학의 전체 체계를 발전시키는 것과 관련해서 매우 중요하다. 초기 교육학이 받았던 오해, 즉 '교육학은 학문적 체계를 갖추지 못한 것이고 그저 현상을 처방하는 기술 차원의 지식이다'는 인식을 교과교육학이 그대로 받을 가능성이 있기 때문이다. 이는 '이론'에 대한 안목이 제대로 정립되어 있지 않음에서 오는 것이다. 실용성과 현장성이 강한 분야일수록 〈이론 : 실제 = 1 : n〉으로 되어 있는 관계를 바로 보려 하지 않고, 〈이론 : 실제 = 1 : 1〉로 보려는 경향이 강하다. 즉 이론을 실제에 성급하게 환원시키려는 시도들이 바로 그러한 예이다.

이렇게 되면 이론에 대한 왜곡이 생겨나고, 이론을 처방전의 차원에서 적용하여 교육현장의 실천 노력들을 기계적 공식 모델처럼 몰고 가게 된다. 이론이 눈에 보이는 실제에 단추 끼우듯이 들어맞지 않는다고 '이론'을 성토하고 무시하는 것은 그 자체로도 이론에 대한 인식 오류일뿐더러, 실제를 변질시키는 악순환이 된다. 이렇게 된 데에는 두 가지 원인이 있다. 하나는 교과교육학자들의 이론 개발 노력이 부족했던 점이고, 다른 하나는 이론이 현장과 소통하는 채널이 미약한 데서 오는 것이라 할 수 있다. 교과교육학자와 현장실천 교사들이 함께 연구하고 소통하는 공동연구 풍토가 더 일반화 될 필요가 있다.

이춘식　교과교육학자와 관련 학문의 전문가 등과 긴장관계를 유지한다는 것은 일정부분 의미가 있으나 그것이 지나치다면 문제가 되는 것이 아닌가 한다. 교과교육학이 독자적인 영역을 구축하여 가치를 인정받으려면 교과 내에서의 독특한 접근법과 논리가 확고해야 한다. 그러나 교과별로 교과교육학의 이론이나 접근방법 등을 구체적으로 들여다보면 독자성과 창조성이 빈약해 보인다. 교육학의 부분적인 이론을 도입하는 수준이나, 이를 여과하지 않고 무리하게 내용학과 접목시키려는 것 등과 같은 이론의 빈약성이 현장교사들에게는 공허하게 들릴 수 있다. 요컨대 교과의 독자성을 갖고 이론의 개발과 응용을 시도하여 나름대로의 근접할 수 없는 독자성을 가져야 한다고 본다.

김재운　교과교육학자와 관련 학문의 전문가, 교육학자 사이의 긴장에 대해서는 여러 교수님께서 정말 명확하게 지적해 주셨기 때문에 교과교육학자와 현장 교사와의 간극에 대해서 조금 더 이야기 하고자 한다. 지금은 많이 누그러졌지만, 교과교육학자와 현장 교사들 사이에서 가장 흔하게 오가는 말이 두 가지 있다. 하나는 '교과교육학자들은 현장을 모른다.'는 것이고 다른 하나는 '교사들은 이론을 받아들이지 않는다.'는 것이다. 이 두 말을 다른 말로 바꾸면 '교과교육학자들은 학교에 오지 않는다.'와 '교사는 시키는 대로 하지 않는다.'로 치환할 수 있을 것 같다. 이렇게 보면 현재 교과교육학자와 현장 교사들 사이의 긴장의 원인이 조금 더 피부에 와 닿는다. 교과교육학자와 현장 교사는 교과교육의 책임을 맡고 최고의 전문가이다. 때문에 이 둘의 협력과 공조가 해당 교과교육의 성패를 좌우한다 할 수 있다. 그런데, 이 둘의 관계가 집주인에게 터도 보지 않고 설계한 도면을 내밀며 그대로 집을 지으라고 이야기하는 건축가와 같은 상황이라면 문제의 원인이 어디에 있는지 알 수 있을 것 같다. 건축가가 집을 설계하기 위해서 그 집을 지을 터를 보고, 그 집에 살고 있는 사람을 만나야 한다는 것을 굳이 말로 해야 할 필요가 있을까? 이것이 교과교육학을 연구하는 우리가 조금 더 노력해야 하는 이유라고 생각한다.

권덕원　교과교육학자를 중심으로 놓고 이들과 상호성을 가지는 전문가(배경학문 학자 즉 내용학 전공자), 교육학자, 교사와의 관계를 나누어 각각의 측면에서 문제점과 대안을 모색해 보고자 한다. 먼저, 전문가들은 '학문의 정점'을 추구하는 반면, 교과교육학자는 '인간의 성장'을 추구한다. 학문의 정점을 추구하는 사람은 항상 현재 정점에서 사물을 보지만, 인간의 성장을 추구하는 사람은 대상(예컨대 학생)의 현재 수준에서 그 대상에게 필요한 학문을 본다. 이것은 서로 간에 본질적인 차이이며, 비록 같은 사람이 두 가지 일을 하다고 하더라도 합치될 수 없는 간격을 만든다. 이러한 간격을 더욱 심화시켜 주는 것이 곧 서로의 분야에 대한 무지이며, 이로 인하여 서로 간에 배타적인 태도가 생기게 되는 것이다. 이러한 문제점을 해결하기 위하여 교과교육학자는 학문의 정점에 전문가와 같이 서 있기 위하여 학문적인 노력을 게을리 말아야 할 것이다. 그리고 전문가에게 교육의 가치를 설명하고, 지금 학생에게 필요한 것은 정점 그 자체가 아니라, 학생의 수준에서 정점까지 함께 볼 수 있는 눈과 능력임을 알게 해 주어야 한다. 또한 학생이 정점에 이르는 것은 한 순간의 설명이 아니라, 지식과 경험의 계속적인 획득에 의해서 도달하게 되는 것임을 알게 해 주어야 할 것이다. 또한 교과교육학자는 어떠한 경우에도 전문가와 학문 세계에 대하여 배타적인 자세를 보여서는 안 될 것이다.

다음으로, 교과교육학자와 교육학자의 관계 속에서 일면을 살피면, 교육학자들은 대체로 모든 교육 현상을 '일반화' 하는 데 노력하고 있다. 일반화될 수 없는 것까지도 일반화해서, 일반적인 이론으로 설명하려 시도하기 때문에 교과교육학자와의 사이에 문제가 생긴다. 반면 교과교육학자의 가장 큰 문제는 교육학자들만큼 '넓게' 보지 못한다는 데 있다. 교육학자들은 대학시절부터 '현상의 일반화' 능력을 키워온 사람들이고, 대체적으로 교과교육학자들은 '교과 현상의 특수한 현상'에 더 많은 시간을 들여온 사람들이다. 이에 야기될 수 있는 문제점에 대한 대안으로 교과교육학자들은 교육학 일반에 대한 공부를 게을리 말아야 한다. 교과교육학의 발전을 생각해 볼 때, 그동안 교육학에서 발전되어 온 이론들 중에 버릴 것은 하나도 없다고 본다. 교과교육학자들은 교육학자들에게 틈이 나는 대로 각 교과에서 일어나는 특수하고도 예외적인 교육현상들에 대해서 말해 주어야 할 것이다. '대중의 경향'에 못지않게 '개인의 사례'도 진리를 탐구함에 있어서 못지않게 중요하다는 생각이 '질적 연구'를 열심히 하는 사람들에 의해서 점점 더 확산되고 있다. 교육학자들도 이미 질적 연구, 질적 현상, 개인의 사례, 각 교과의 특수한 사례의 중요성을 감지하고 있다.

　마지막으로, 교사와의 관계를 살펴보면 교사들의 눈에서 보면 교과교육학자는 이론적인 세계 속에서 사는 사람들이다. 교과교육학자들은 수업에 대해서 연구하는 사람들이긴 하지만, 수업을 실제로 하는 사람은 아니다. 교사와 교과교육학자와의 간격은 교과교육학자들이 교육학자들과의 관계 속에서 느끼는 간격보다 더 클 수도 있다. 더 큰 문제는 일반적으로 교사보다 교과교육학자는 상대적으로 더 높은 권위를 갖고 있다는 점이다. 연수 강의, 대학원 강의 및 논문 지도 등의 기회를 통하여 현장 교사들에게 교과교육학자로서의 주장을 더 강하게 던져 주는 경우가 많다. 교사들의 문제는 수업 발전을 위한 노력이 미흡하다는 데 있다. 이것은 교사 개인의 문제라기보다는 학교의 전통적인 구조와 관행에서 비롯된다고 보는 것이 더 타당할 것이다. 이에 대한 대안으로 교과교육학자들의 연구 대상은 '실제 수업'이라는 것을 상기할 필요가 있다. 음악교육학자들의 가장 중요한 연구 주제는 '음악 수업'이 되어야 할 것이다. 그동안 음악교육학의 연구에서 구체적인 실제 음악 수업보다는 음악교육정책, 음악교육과정, 평가, 철학 등 보다 포괄적인 주제가 중심이 되었음을 되돌아 볼 필요가 있다. 많은 경우 음악교육학자들의 연구는 교사들의 실제 수업에 직접 연결되지 않는다. 친절한 학자가 더 구체적인 설명을 가하거나, 또는 이론에 밝은 교사가 공부해서 혼자 자기 수업에 적용을 시도해 보는 과정을 통해서 다소나마 연결이 되었다. 교과교육학자들의 관심이 실제 수업에 돌려져야 할 필요가 있다. 교사로서 새로운 교육이론을 자기 수업에 의미 있게 적용해 보는 작업이 결코 쉬운 일은 아니지만, 그 작업은 (단적으로 말해서) 학교 교육을 발전시킬 수 있는 유일한 방법임을 알고, 현재보다는 더 발전적인 모습을 보여 주어야 할 것이다.

설규주 교과교육학이 자신의 고유한 영역을 구축하고 차별화하는 과정에서 관련 주체들과의 긴장이 발생한 측면도 있다. 따라서 그러한 긴장은 어떤 의미에서는 예측하지 못한 과오라기보다는, 오히려 그것을 의식적으로 활용하면서 교과교육학의 발달을 도모한 것으로도 볼 수 있다. 교과교육학자가 내용학 전문가나 교육학자와 형성하는 긴장이, 각자가 주로 다루는 '영역'의 차이에서 비롯된 것이라면, 현장 교사와의 그것은 동일 전공 내에서의 이론과 실천 사이의 긴장이라고 할 수 있다.

먼저 내용학과의 관계를 살펴보면, 교과교육학은 내용학과의 차별성을 부각시키면서 그 정체성을 보다 뚜렷이 하고자 했다. 교과교육학은 교과 내용의 상당 부분을 이른바 내용학으로부터 공급 받는다. 이에 따라 대학에서 가르치는 〈○○학개론〉을 초중고 학교 수준에 적합하게 변환하여 전수하는 방식을 많이 볼 수 있었다. 이 경우 교과교육학은 인문학, 자연과학, 사회과학 등의 단순 전달에 불과할 뿐이다. 교과교육학은 이러한 수준에 머무는 데 만족하지 않았다. 그것은 교과교사 양성체제와도 맞물려 있는 문제이기 때문에 더더욱 독자적인 영역이 필요했다. 이에 따라 예컨대 사회과에서는 경제학에서 강조하는 주요 개념과 이론을 쉽게 정리한 '경제학교육' 대신, 일상적인 경제 문제를 합리적으로 풀어가는 시민의 능력을 기르고자 하는 '경제교육'으로 그 초점이 이동하였다. 이 과정에서 경제학 전공자와 교과교육 전공자 사이의 이해관계 및 의견 대립은 필연적으로 일어난다. 특히 교육과정을 구성할 때 그러한 문제는 더욱 첨예해진다. 사회과의 경우, 최근의 경향은 대체로 학문 중심보다는 생활 중심, 문제 중심 내용을 강조하면서 교과교육학의 목소리가 높아지고 있는 추세에 있다. 내용학 전공자의 경우 교과교육학자의 내용 전문성 부족을 이유로 교과교육학자를 다소 낮게 평가하는 경우도 있는데, 교과교육학자는 그러한 비판과 지적을 인정하는 한편, 내용학만으로 해결하기 어려운 다른 영역을 적극 개척하고 확장해 가면서 오히려 교과교육학의 독자성을 확보하고자 하는 것이다.

또한, 교과교육학은 교육학과의 구분도 강조한다. 교육학이 교과교육학에 대해 일종의 메타적 위치에 있는 것으로 이해하고자 하는 교육학 계열의 시각에 대해, 교과교육학에서는 독자적인 교과 내용과 그것이 지향하는 목표를 내세움으로써 교육학의 하위 영역이 아니라 양자는 근본적으로 다른 영역임을 부각시킨다. 예컨대, 내용 요소 없는 교육과정 이론이 존재할 수 있는가, 특정 내용에 적용하지 않은 채 이해될 수 있는 (일반적인) 교수학습 방법 혹은 평가 이론이 존재할 수 있는가 등의 문제를 제기하며 교육학에 대한 교과교육학의 차별성과 정체성 확보를 추구한다. 이는 곧 '내용학 +교육학 = 교과교육학'이라는 등식을 거부하는 것으로 볼 수 있다.

한편, 교과교육학자가 현장 교사와의 관계에서 경험하는 긴장은 앞의 두 가지 것과는 다소 성격이 다르다. 교과교육학자가 교과 내용에 대한 지식의 폭과 깊이에 있어서 내용학 전문가에 비해 다소 열등감을 느끼는 가운데 독자적 영역을 구축하며 긴장을 야기할 수 있다. 또한, 교육학자에 대해서는 다루는 분야 자체가 다르기 때문에 우월감이나 열등감보다는 대체로 동등한 입장에서 자신의 영역을 구축하는 가운데 긴장을 형성할 수 있다. 그런데 현장 교사에 대해서는 다소 우월한 입장에서 현장의 문제점을 지적하고 변화를 촉구하는 가운데 긴장이 발생하는 측면이 있다. 최근에는 현장 교사를 하면서 교과교육학 학위 과정을 밟고 있는 경우가 매우 많다. 또한, 대학이나 연구소 등의 교과교육학 전공자 중에는 현장 교사 경력을 갖고 있는 경우도 늘고 있다. 이러한 양상이 계속 확대된다면, 현장의 맥락이 부족하다고 비판받는 교과교육학 이론과, 반성적 사유 및 이론적 배경이 부족하다고 비판받는 현장의 실천 사이의 괴리가 조금은 더 좁혀질 것으로 기대해 볼 수 있다.

그런데 분명 교과교육학이 내용학, 교육학, 교과교사 등과 긴장 관계를 맺고 있는 현상이 존재하지만, 그것만이 전부는 아니다. 현상적으로 이미 협력 관계도 형성하고 있을 뿐 아니라, 규범적으로도 그러한 협력 관계가 지속적으로 확대될 필요가 있다. 또한, 긴장 관계 자체가 어떤 문제 거리라고 볼 수는 없다. 한편으로 주변 주체들과의 긴장은 교과교육학의 정체성을 '확립'하는 데는 기여할 수 있고, 다른 한편으로 주변 주체들과의 협력은 교과교육학의 영역과 가능성을 '풍부'하게 할 수 있다는 점에 의의를 둘 수 있기 때문이다. 이른바 '생산적 긴장 관계'는 필요한 것이기도 하다.

교과 간의 통섭보다 먼저 교과 내 하위 영역들 간의 통섭이 필요한 것 같다. 사회과와 과학과, 실과 등은 통섭의 가능성 못지않게 통섭의 어려움도 함께 있는 것 같다. 다른 교과도 하위 영역 간의 통섭을 강조하면서도 실제로는 하위 영역 간의 벽이 높은 것을 쉽사리 확인할 수 있다. 이렇게 된 것은 '가르칠 수 있게 구획한다.'는 교과의 속성 때문인 듯하다. 과연 각 교과 교육에서 어떤 외적인 모멘텀을 가하여 그들의 하위 영역을 통섭하게 하는 것이 가능할까? 오히려 통섭은 학습자의 내면에서 일어나는 것이 아닐까?

박인기　통섭은 학습자의 내면화 과정에서 이루어지는 것이 바람직하다. 그러나 그 내면화를 유기적으로 돕는 외적인 기제도 필요하다고 본다. 다만 통섭이 교조적 강령처럼 강제될 것은 아니라고 본다. 따라서 현재의 교과 구분 체제를 좀 더 넓고 유연하게 묶는 광역 체제의 교과군 또는 교과간 연대 등을 추구하려 노력이 필요하다. 이는 상대적으로 초등교육에서 더욱 효과를 얻을 수 있다. 학습의 통섭 작용을 막는 교과 운영 체제는 중등교육이 더 경직되어 있다. 광역 교과 체제를 구축한 다음에 '경험'이나 '주제' 중심으로 가르칠 내용을 조직화 하거나 그렇게 가르칠 수 있도록 단원 구성을 지향한다. 이런 바탕 위에서 통합 지향적 프로그램 학습(종래의 중핵교육과정 운영과 유사한)을 보다 다양하고 역동적으로 마련하는 방식은 어떨까 하는 생각을 해 본다.

　　통합성이 담보되는 비교과활동을 교과와 상호성을 살려서 시도하는 것도 통합교육의 전략으로는 시도해 볼 수 있을 것이다. 비교과활동이 교과활동과 상호성을 높이면서 이루어지면 현재의 교과들에도 큰 변화를 줄 것이라 생각된다. 그런데 이 비교과활동을 기존 교과활동과 전혀 다른 것으로 구분해 두면, 기존 교과활동이라는 것은 결국 유연성과 역동성이 떨어지는, 그 자체로는 통합교육의 씨앗을 잉태할 수 없는 것이 되는 것 아닌가 하는 생각을 하게 된다. 학교에서 비교과 활동 프로그램을 기획하면 그것은 마치 교과와는 전혀 별개의 것으로 치부하는 경향이 있다. 그렇게 되면 비교과활동이란 이름의 프로그램은 일반교육학자들의 관심 영역으로 전유되는 모습을 보이기도 한다. 만약 어떤 특정의 비교과활동 프로그램이 기획되고 운영되면 각 교과는 그 비교과 활동 프로그램에서 자신이 해야 될 역할이 무엇인지를 적극 모색하고 참여하는 것이 바람직하다. 이런 풍토를 만들어 나가야 한다. 실험과 시뮬레이션이 물론 필요하다.

설규주　통섭은 궁극적으로 학습자의 내면에서 일어나고 생활 세계에서 적용되는 것으로 이해할 수 있다. 따라서 특정 교과교육학 내 여러 영역 간의 통섭이 곧 학습자 수준에서의 통섭을 가져오는 강력한 독립변수라고 말하기는 어렵다. 그러나 그것이 학습자의 내면과 생활 세계에서의 통합에 기여할 수 있는 한 가지 필요조건이 될 수는 있다고 본다.

　사회과의 경우 역사, 지리, 일반사회 영역 간의 성공적인 통합을 아직 경험해 보지 못했다. 제 6차, 제7차 교육과정에서 시도했던 것은 '영역 간 통합'이라기보다는 사실상 '교과서의 통합'이었다고 보는 것이 더 정확할 것이다. 아직까지 사회과 종사자들이 영역 간 통합 단원을 만들어 내는 일을 성공하지 못한 이유가 그러한 기획이 근본적으로 불가능하기 때문인지, 아니면 아직 당사자들의 지혜와 노력이 부족해서인지는 판단하기 어렵다. 그것을 시도해 본 역사와 경험 자체가 일단 너무 짧기 때문이다. 하위 영역 간 통섭의 필요성에는 물론 공감하지만, 가능성 여부에 대해서는 판단을 잠시 유보하고 싶다.

김창원　교육은 가르칠 수 있는 덩어리로 자르는 것이 기본 조건이다. 이들을 통합하는 것은 별개의 일이다. 그런 점에서 학교에서 통합 활동을 강화해야 한다. 처음부터 통합적으로 가르치는 것이 아니라, 일정 단계(예컨대 대단원 단위)마다 통합 활동을 제시하는 방식이다. 그 방법에 대해서는 더 연구가 필요하다.

　여기서 통합교과에 대해 언급한다면, 현재의 통합교과는 그야말로 이미 있는 교과를 나열하는 형태여서 교과교육의 한계를 극복하기 어렵다고 본다. 삶의 여러 국면과 관련된 종합적 문제 해결력을 기르는 방향으로 통합교과교육이 이루어져야 하고, 그런 점에서 명칭도 통합교과보다는 非교과, 前교과가 더 좋을 듯하다. 막연하게 이야기한다면 그런 비교과 활동이 학교교육의 1/4이나 1/5쯤 되면 좋을 듯하다. 매일 한 시간의 분량이다. 비교과도 넓은 의미에서 교과가 된다.

이춘식　교과 내에 존재한 다양한 내용을 학습자가 알아서 통섭을 하라는 것은 부분적으로 가능하기도 하고, 불가능하다고도 볼 수 있다. 가르칠 수 있게 잘라서 내용을 편성하여 가르치고, 이를 통합하고 통섭하는 것을 학습자 본인이 알아서 처리하라는 것은 천재성을 발휘할 때만 가능하다. 일반적으로 이러한 일이 쉽지 않기 때문이다. 예컨대, 실과에서 기술내용, 가정 내용, 농업생명 영역, 환경 내용, 정보 컴퓨터 내용 등을 분절적으로 가르치고 배운 다음, 학습자는 이를 생활 소양이라는 독특한 역량으로 발현시켜야 한다고 하면, 이는 이론적으로는 가능할지 몰라도 학습자는 내용만 아는 수준에 머물러 있을 공산이 크다. 이를 포괄하는 상위 개념인 생활 소양을 제대로 습득하지 못한 채 넘어갈 수 있기 때문이다. 가르치는 교사도 왜 이러한 분절적인 내용이 필요한지도 확실하게 인지하지 못한 채 그저 내용이 이미 주어져 있기 때문에 내용만 가르치는 경향이 존재하기 때문이다. 통섭이 학습자의 내면에서 일어나는 것만은 틀림없지만, 교과의 외적 체제 차원에서 통섭하여 가르침으로써 분명한 목표와 방향성을 가지고 접근할 수 있다고 생각한다.

김재운   현재와 같은 방대한 교과와 교육내용을 특히, 제도 교육 내에서 운영이 가능한 형태로 통합한다는 것은 거의 불가능하다고 본다. 또한, 지금과 같은 공교육체계 내에서 교과 학습의 통합을 위한 비교과 활동을 도입하는 문제도 쉽지 않을 것이다. 그렇게 하기 위해서는 교과나 교육체계 전반에 대한 재편 논의가 불가피할 것이다. 그렇다면 통섭과 관련하여 남은 방향은 학습자의 내면에서 통합이 이루어지도록 해야 하는 것인데, 여기서 필요한 것이 '생각'의 훈련이라 본다. 즉, 비교, 분석, 종합, 이해, 응용 등 다양한 생각의 능력을 발달시키는 활동이 필요한데, 결국, 학생들에게 철학을 가르쳐야 한다는 것이다. 공교롭게도 철학이야기를 반복하게 되는데, 그것은 철학이 다양한 생각의 방법과 다양한 생각으로 세상을 보는 방식에 대한 공부이기 때문이다. 통섭이란 세상을 넓게 보여주는 일이다. 그것이 어렵다면 세상을 넓게 볼 수 있는 방법을 가르쳐주는 것도 생각해 볼만한 일이다.

임희준 지식의 대통합이 키워드인 현 시대이지만 실제로 한 교과 내에서 영역들의 통합조차도 참으로 쉬운 문제가 아니다. 과학 교과에서도 통합 과학에 대한 논의가 오래전부터 있었고 다양한 시도들이 있어 왔다. 대표적으로 영국의 SATIS 프로그램이나 미국의 CHEMCOM 등이 있으며, 일리노이 수학-과학 고등학교(IMSA)와 같은 영재학교에서도 문제중심학습을 통하여 통합과학적 접근을 하고 있다. 이러한 시도들은 기존의 분과적이고 학문중심적인 과학교육과는 달리 보다 실제와 결부되어 있고, 그러다보니 통합적일 수밖에 없는 성격을 지니고 있어 통합 과학에 대한 좋은 모델을 제시하고 있다.

통합과학을 하기 위해 교과 외적 체제의 노력이 필요한지에 대해서 말한다면, 과학의 네 영역을 따로 배워도 학습자 내에서 통섭이 일어나지 않기 때문이므로 외적인 통합의 노력은 필요하다고 생각한다. 그러나 학습자 내부에서 지식이 통합되어야 한다는 것은 궁극적으로 지향하는 바이지만 이러한 지식의 통섭이 통합과학과 같은 통합적 성격의 교과를 통하여 이루어질 수 있는지, 현재와 같이 분과적인 교과에 통합적인 차시나 단원이 보완되는 것이 더 타당한지, 그리고 교과는 가르치는 교사가 필수적임을 고려할 때 통합적 성격의 교과를 지도할 수 있는 교사는 어떻게 양성될 수 있는지에 대한 고민이 필요할 것이다.

교과교육학이 학문으로서의 구조와 그 타당성을 더욱 높이려면, 내용학 (배경학문, 기저학문)과 어떤 협응(協應)의 원리를 추구해야 한다고 보는가?

김창원　교과교육학의 학문적 타당성을 거론하는 이면에는 내용학 쪽에서 그 타당성을 인정하지 않는다는 전제가 깔려 있다. 나는 이 물음 자체가 초점이 조금 어긋났다고 보는데, 그 이유는 내용학과 교과교육학의 연구 영역이 다르므로 서로 타당성을 운위하기가 어렵기 때문이다. 국어국문학이 수학의 타당성을 운위하기 어려운 정도까지는 아니더라도, 국어국문학이 국어교육학의 타당성을 운위하려면 적어도 영어영문학을 상대하는 정도의 조심성이 있어야 한다. 다만, 교과서에 담긴 내용이나 수업 및 평가 내용의 타당성에 대해서는 엄밀하게 관련 학문의 조회를 받아야 한다.

　사실 각 교과와 기초·배경 학문이 일 대 일로 대응하는 학과, 예컨대 수학, 음악, 미술, 체육과 등은 해당 학문 영역의 방법론이 교과교육학으로 그대로 유입될 가능성이 높다. 하지만 사회과와 과학과, 실과 교과처럼 관련 학문이 여럿이거나, 영어과처럼 대학의 학문과 초·중·고의 교과가 성격이 다른 경우는 교과교육학의 운신 폭이 넓어진다. 국어과의 경우 국어국문학이라는 관련 학문이 분명하지만 그 밖의 많은 학문 영역이 관여한다는 점에서 다른 교과들과는 성격이 조금 다르다. 오히려 말하기·듣기와 읽기, 쓰기의 의사소통 관련 영역은 대학에 관련 학문이 없다고 볼 수 있고, 그 점에서는 교과교육학이 내용 학문 쪽에 방법론을 제공할 수 있는 사례가 된다.

박인기　내용학에서 무엇을 배운다기보다는 내용학이 다루는 내용/지식 등에 대해서 교육의 요구와 관련해서 꾸준히 지속적으로 재개념화 하는 연구 원리를 개발하고 진화시켜야 한다고 생각한다. 원래는 내용학이 지식이었는데 그것을 교과교육학의 '교육내용'으로 가져오면서, 상당한 리모델링을 하게 되는 것이다. 그 지식의 내용을 발달의 측면에서, 가치의 측면에서, 그리고 소통(교수)의 측면에서 새롭게 정의하는 것이다. 내용 지식 자체보다는, 그 지식에 대한 인식론, 가치론, 소통론, 발달론 등의 분야를 새롭게 개발해야 한다. 그런데 이렇게 하자면 내용학자들이 그 지식을 어떻게 인식하고 있는지에 대한 앎을 참조 준거로 할 수 있어야 한다. 그런 점에서 교과교육학자들의 본질적 고충과 딜레마는 쉽사리 해소되지 않는다.

　과도기적인 상황이지만 일부 사범대학 교수들 가운데 내용학 전공을 하면서 교과교육학에 대한 연구 정체성도 동시에 발휘하고자 하는 부류가 있다. 이 부류 학자들의 연구 패턴이나 연구 전략 등을 반성적으로 검토해 보는 일도 내용학과 교과교육학의 학문적 타당성이 어떤 내적 기제를 요하는지를 살피는 데 일정한 시사를 줄 것으로 보인다. 그러나 교과교육학 쪽에서 볼 때 장기적으로는 이런 연구자 유형이 지속되는 것은 교과교육학의 학문적 정체나 타당성 구축을 위해서 바람직하지 않다.

이춘식　교과교육학과 내용학과의 상호 대립에서 이 문제가 일어났다고 보아야 할 것이다. 내용한의 관점에서 보면 내용학은 오랜 역사 속에서 학문적 체계가 잘 정립되었다고 본다. 그러나 교과교육학은 이러한 내용학적 지식을 교수학적 지식으로 변환하여 가르치는 방법론에서 출발하였기 때문에 그리 역사가 길지 않을뿐더러 그 체계가 다소 정교하지 않은 면이 있다.

그러함에도 불구하고 교과교육학은 내용학이 근접할 수 없는 독특하고 독자적인 방법론이 있다는 것을 강조하고 싶다. 따라서 이를 정리하고 체계화하고 고유하게 구조화 하는 작업이 지속적으로 이루어져야 한다고 본다. 내용학에서의 학문적 검토 과정과 체계화 과정은 교과교육학이 상호성의 입장에서 충분히 참조할 필요가 있다고 본다.

김재운　앞서 이야기한 것처럼 체육교과는 상당히 다른 위치에 있다. 학교체육은 일반적인 체육 혹은 스포츠 활동 전반에 대한 이론인 체육학을 모학문(母學問)으로 하지 않는다. 모학문의 연구 대상인 신체 활동과 스포츠가 직접적인 교육의 내용이 된다. 따라서 체육교육학은 체육학과는 달리 신체 활동과 스포츠를 교육이라는 맥락으로 해석하여 새로운 지식체계를 만들어야 할 필요가 있다. 그리고 최근 들어 체육교육학자들은 이러한 맥락에서 연구를 수행하고 추세가 늘고 있는 것도 사실이다. 물론, 체육학의 내용 전체가 배제되는 것은 아니다. 체육학에는 철학부터 시작하여 생리학까지 다양한 분과 학문이 존재하며 그러한 내용 중에는 체육교육의 내용으로 적합하고 또 필요한 내용이 상당히 존재한다. 결국 체육교육학자들은 신체 활동과 스포츠 전반에 대한 내용을 기반으로 이를 이해하는데 도움이 되는 분과학문의 내용을 더하여 새로운 내용지식을 생산할 필요가 있다.

설규주　교과교육학과 내용학이 추구하는 목표 자체가 다르기 때문에 내용학으로부터의 일방적인 배움을 이야기하기는 어렵다. 그러나 교과교육학의 발달을 위해서는 분명 내용학으로부터 도움을 받아야 할 부분, 인도를 받아야 할 부분이 있다. 특히 내용 구성 방식과 연구 방식에 있어서 내용학의 체계와 엄밀성, 정확성 등을 무겁게 받아들일 필요가 있다.

　교과교육학의 모든 영역에 해당되는 것은 아니겠지만 내용학으로부터 지식 영역을 차용하는 경우, 설사 그것을 재구성하여 제시하더라도, 기본적인 내용학의 학문 분류 체계, 그리고 그것에 기반한 하위 내용 요소들의 선정과 배열 등이 학문적으로 타당한지 검증하는 과정을 거쳐야 한다. 또한, 해당 교과의 지식을 습득하고 구성하는 방식을 다룰 때 내용학에서 사용하고 있는 연구 방법의 절차와 단계가 정확하고 엄밀한지 따져 보아야 한다.

교과교육학과 교과 내용학 및 일반교육학이 동시에 균형 있게 적용될 수 있는 바람직한 연구 모드나 대안적 접근은 없는가?

이춘식　이들 삼자의 관계는 분명 존재하면서도 긴장관계가 있는 것이 분명해 보인다. 각자 자신의 관점에서 이들을 바라보기 때문일 것이다. 서로를 이해하는 입장에서 바라보면 교과교육학과 내용학은 쉽게 인정이 될 것이다. 그러나 문제는 교과교육학과 교육학과의 긴장관계가 훨씬 더 크다는 것이다. 교육학의 입장에서는 자신들이 개발한 이론을 교과교육학에서 단순히 대입해서 사용하기 때문에 우리가 주가 되어야 한다고 보는 반면 교과교육학에서는 교육학에서의 이론은 일부에 불과하고 교과교육학에서의 적용 방법은 깊이와 폭에 있어서 차원이 다르다는 입장을 고수하고 있다. 즉, 내용을 알지 못하면 교육방법이 아무리 개발되었다손 치더라도 별다른 효과를 볼 수 없다고 본다는 것이다. 따라서 이들 양자가 구체적인 교과의 내용에 적용하고 실천할 수 있는 방법적 지식으로 접근하여 구체화하는 작업이 꼭 필요하다고 생각한다.

김재운 교과교육학, 교과 내용학, 교육학은 같은 현상을 다른 층위에서 연구하는 학문들이라 할 수 있겠다. 때문에 이들의 서로 다른 렌즈를 한 곳으로 모을 경우 현상을 더욱 명확하게 보는 일이 어려울 수도 있다. 서로 다른 방식으로 빛을 굴절시키는 렌즈들의 조합이 오히려 현상을 보지 못하게 할 수도 있다. 사물을 잘 보기 위해서는 때로는 돋보기도 때로는 현미경도 필요한 경우가 있다. 그러나 돋보기와 현미경을 겹쳐서 보면 더 잘 보이는 것은 아니다. 물론 기술이 더욱 발달하면 돋보기와 현미경을 겹친 것과 같이 볼 수 있을 지도 모르지만, 지금은 각각의 학문 영역이 서로 다른 렌즈로 교육이라는 현상을 조금 더 자세하게 들여다 볼 필요가 있다고 생각한다.

김창원 교과교육학은 커다란 학문 체계의 일부이고, 그 안에 다시 많은 세부 전공이 있다. 그리고 각 학문과 학문은 연구 내용과 방법, 학문 체계의 역사와 효용 등의 면에서 다양한 연결망을 형성한다. 교과교육학이 교과내용학 및 교육학과 맺는 관련은 그러한 연결망

중 제일 굵은 선으로 나타날 뿐이다. 이들을 한눈으로 조망하는 시각이 중요하지만, 섣부른 통합보다는 견제와 균형을 유지하는 일이 더 현실적이라고 본다. 그러려면 물론 상대에 대한 이해가 필수적이다. 교과교육학은 그러한 상호 길항 관계 안에서 균형추 역할을 할 수 있고 해야 한다.

박인기　일반적으로 수능 출제라든지 하는, 국가 차원 평가제도 및 도구 개발 국면에서 이 삼자의 동시 적용이 요청될 때가 있다. 이는 자발적 연구 체제라기보다는 제도적 프레임에 의한 것이라는 점에서 교과교육 연구의 생산 효과로 뚜렷이 부각되지 않는다. 그밖에도 교과교육학과 교과 내용학 및 교육학이 동시에 적용될 수 있는 상황은 전략적으로 필요할 때가 있을 것이다. 세 분야 학자/학문들 사이의 상호이해를 높이는 정책적 목표를 달성하기 위한 프로젝트 등에서 생겨날 수 있다. 이 삼자의 동시 적용보다는 세 부문 중 두 부문 간의 연대나 참여가 현실적으로 더 유효하다고 본다.

　교육대학과는 다르게 사범대학의 경우는 여전히 교과내용학이 주류를 형성하는 구조 하에 교과교육학이 놓인다. 그런데 이때의 교과내용학이라는 것이 근자에는 교과교육학의 자질에 은연 중에 감염되는 측면이 있는 것 같다. 예컨대 사범대학 체제에서의 텍스트언어학과 인문대학 차원에서의 텍스트언어학이 교수학습 차원에서 어떻게 미세한 분화를 일으키는지는 별도로 관찰되어야 한다. 시간이 지나면 현재의 교과교육학과 교과내용학이 이분법 구조로 있는 것에 질적 변화가 올지도 모르겠다.

　또 현재처럼 좁은 의미의 교과교육학이 있고, 이와는 다른 성격의

‘넓은 의미의 교과교육학’이 새롭게 형성될 수 있는 가능성을 기대할 수도 있을 것이다. 넓은 의미의 교과교육학이란 ‘좁은 의미의 교과교육학’에 ‘교과내용학’이 상당한 교섭 코드를 가지고 한 단계 높은 상호성을 발휘하여 결합된 교과교육학을 의미한다. 이는 물론 현재로서는 구체화 하지 않은 교과교육학 모드이다. 현재의 ‘방법 중심으로 기울어진 교과교육학’의 형질에 내용학의 자질이 좀더 삼투해 들어오는 모습을 상정해 볼 수는 없을까 하는 생각을 한다. 이것 역시 현재의 교과교육학이 어떤 의미 있는 생태학적 수요와 가치를 만들어내는가에 달려 있는 것이라 본다. 요컨대 이런 현상도 결국 교과교육학의 생태학적 양상과 변화를 보여 주는 것이라 할 수 있다.

설규주　세 가지를 동시에 구현할 수 있는 모델을 어쩌면 영원히 갖지 못할 수도 있고, 어쩌면 이미 가지고 있는지도 모른다. 이념형으로서의 완벽한 모델을 추구한다면 아마도 영원히 갖지 못할 지도 모른다. 그러나 양자 혹은 삼자의 부분적인 결합에 의한 구현으로 만족한다면 이미 경험하고 있는 것일 수도 있다. 예컨대 다문화 사회에 대응하기 위한 방안을 찾는 과정에서 국어교육학자와 문화인류학자가, 또는 한반도의 평화교육 방안을 모색하는 과정에서 정치학자와 사회과교육학자가 공동 연구를 실시할 수도 있다.

　독자적인 교과교육학의 발달이 아니라 외연을 넓히는 가운데 소통하는 교과교육학의 발달을 위해서는 삼자의 관계를 배타적, 분절적인 것으로 규정하는 것은 바람직하지 않다. 교과교육학의 입장에서 이야기한다면, 교과의 목표 및 내용적 필요에 의해 내용학과 교육학의 도움이 유용하다고 판단되는 부분에서는 적극적으로 그것을 수용할 필요가 있다. 그리고 그러한 개방은 비단 내용학이나 교육학 뿐 아니라 타교과와 기타 학문은 물론 민간 부문의 실천가들이 이룩해 놓은 성취에 대해서까지도 허용할 필요가 있다.

'교과 생태계', '교과의 진화', '교과의 유전자' 등은 모두 교과 현상을 하나의 생태 현상으로 이해하기 위한 은유적 용어들이다. 교과가 존재하고 작용하고 변화하는 현상 전체를 일종의 생태학적 인식으로 바라보고 접근하는 것은 교과교육학 및 교과교육실천에 어떤 유익함이 있나? 또 어떤 어려움이 있나?

김창원   생태학적 관점은 교과이기주의에 대한 혐의를 벗는 최선의 길이다. 교육이 하나의 생태계를 이루고 교육은 다시 인간 사회라는 큰 생태계의 구성원이 되며, 그것이 다시 지구 생태계를 구성한다는 입체적 조망이 필요하다. 이러한 관점은 교과 자체의 발전에도 도움이 된다.

박인기   교과의 생태학적 개념과 인식을 어떻게 하느냐 하는 것은 인식의 입지에 따라, 또 개별 교과의 특성에 따라 다소의 편차가 있을 것이다. 그러나 가장 일반적으로는 교과를 교육, 지식, 문화, 제도. 테크놀로지 등이 함께 어우러지는 생태 속에서 존재하고 작용하는 유기체로 본다는 점이다.
　일반적으로 교과를 인식하는 바탕에 '학문내용'이 교과의 독점적 실체라고 믿었던 고정관념이 아직도 상존한다고 본다. 이 고정관념으로 인하여 '살아 움직이는 현상으로서의 교과', '교과의 과정적 역동성' 등을 간과하게 되었던 것이다. 이런 고정관념이 인식 기저에서 작용하는 한에는 교과가 실제로 작용하는 복합적이고도 역동적인 현상들(현상으로서의 교과)을 이론적으로 포착하여 개념화하기가 곤란하다.

교과는 자신이 다루는 특정 범주의 지식 내용을 포함하여 그 밖의 여러 자질의 요소들이 여러 층위에서 살아 움직이는 현상으로 보는 것이 적절하다. 따라서 교과교육학은 이러한 교과현상에 대한 상위적 설명 체계이고, 상위적 생성체계이고, 상위적 추동 체계로 보는 관점이 필요하다. 이렇게 보면 교과교육학도 역시 하나의 현상이다. 교과현상과 교과교육학현상은 서로 독자적 영역을 지니기도 하고, 서로 공유하여 상호작용하는 교집합의 영역을 지니기도 한다. 설정하기에 따라서는 이렇게 상위체계로서의 교과교육학현상이 교과현상에 상호성을 가지고 작용하는 이 전체 현상을 교과의 총체 현상으로 개념화할 수도 있을 것이다. 이렇게 교과(또는 교과교육학)를 보려는 인식은 생태학적 관점이라 할 수 있다.

국어교과(또는 국어교육학) 자체를 하나의 유기체로 보고, 이 유기체로서의 교과가 자신의 생태적 적응과 또는 진화를 위해서, 자신을 둘러싼 주변의 여러 생태적 조건에 접하여 교과의 형질적 변화를 기하고, 국어교과교육 본연의 합목적성에 더욱 바람직하게 진화하는 일련의 현상들을 넓은 의미의 국어교과현상이라 할 수 있다. 이른바 교과에 대한 생태학적 인식이라 할 수 있는데, 생태학 일반에서 제기하는 '총체적 인식론'이나 '관계적 세계관'의 관점을 국어교과(학)에 적용함으로서 국어교과(학)의 현상 총체를 탐구하고 그 진화를 전망할 수 있다고 보는 것이다.

이춘식   교과를 생태학적 인식과 관점에서 바라보면 모든 사물은 전체 구성원 중의 하나일 뿐이다. 교육도 전체성의 차원에서 하나의 생태계로 파악하는 관점이 필요하다. 생태계 내에서는 상호작용이 매우 중요하다. 상호작용이라는 것은 교과 간의 상호작용, 교과 내에서의 상호작용을 모두 포괄하는 개념이기 때문에 각 교과 이기주의를 넘어설 수 있는 대안적 방향으로서 역할을 할 수 있을 것이다.

김재운   생태학은 생물 상호간의 관계 및 생물과 환경과의 관계를 연구하여 밝혀내는 학문이다. 이러한 말에 따라 교과를 생태학적 관점으로 바라보는 일을 풀어보면 교과 상호간의 관계와 교과와 그것을 둘러싼 제반 환경과의 관계를 연구하는 관점이 된다. 따라서 생태학적 관점을 가지고 교과를 바라보게 되면, 교과를 단순히 제도교육 속으로 들어온 학문분야라는 관점에서는 포착할 수 없었던, 교과와 관련된 다양한 관점을 가질 수 있게 되는 것이 가장 큰 유익함이라 할 수 있다. 교과간의 관계, 교과와 그것을 둘러싼 제반환경(학교 환경, 지역, 제도, 교육체제 전반, 사회적 상황 등등)과의 관계 및 영향 등 교과교육학의 영역을 상당하게 확장할 수 있는 가능성을 열어준다 할 수 있다.

권덕원   교과를 생태적인 관점에 볼 경우, 교과를 둘러싼 많은 현상들이 설명될 수 있다. 교과 생존 및 발전의 모습이 생물의 진화 현상과 꼭 같은 것은 아니지만, 교과에 관한 많은 현상들이 생물의 진화 현상에 비유적으로 설명될 수 있다. 앞으로 1000년이 지나면, 그 시대에 적합한 생물이 살게 될 것과 같이, 그 시대에 적합한 교과들이 남아 있게 될 것이다. 또한 시대에 적합한 교과는 생존하고, 적합성을 검증받지 못한 교과는 사멸된다는 생각은 다음에 올 시대에도 특정의 교과(예컨대 음악 교과)가 생존하여 제 역할을 하게 만들어야 한다는 동기를 훨씬 강화시켜 줄 것이다.

같은 맥락에서, 생태계가 변할 때 생물도 함께 변해야 그 속에서 공존할 수 있듯이, 시대가 변하면 따라서 음악교과도 새로운 시대의 필요에 부합하도록 변해야 생존할 수 있다는 생각을 갖게 된다. '시대가 변하면서 음악도 따라서 변하게 마련이고 그러므로 음악교육도 발맞추어 변하게 된다.'는 생각은 거의 모든 음악교육학자들이 갖고 있는 일반적인 생각이지만, '음악교육이 시대에 맞게 변하지 않으면 생존할 수 없다'라는 생각은 보다 적극적인 사고방식에서 나온다. 시대의 변화에 피동적으로 따라가는 변화가 아니라 시대의 변화를 예상하고 시대의 필요에 즉각 대응할 수 있는 능동적이고 적극적인 변화를 추구하는 자세가 필요함을 알아야 한다.

또한 외적으로, 다른 분야와의 통섭에 대하여 열린 마음을 갖게 되는 것도 생태학적인 시각이 주는 이점이다. 음악 교과에서 다른 분야와의 통섭에 대하여 논의가 없는 것은 아니지만, 대체적으로는 부정적이며 또한 아직까지 의미 있게 진전된 내용도 없다. 다른 분야와의통합에 대하여 주시하고 있는 학자는 있지만, 그 나머지 학자들을 제대로 설득하지 못하고 있다. 도리의 통합으로 인한 여러 가지 피해(음악과의 측면에서)가 드러날 뿐이다. 최근에 발표된 '미래형 교육과정'의 기본 정신도 예술 교과들을 축소하거나 통합하려는 의

도를 품고 있다. 모든 음악교육학자들은 이 시안에 대하여 반대하고 있으며, 이런 사건이 생길 때마다 음악교육학자들은 '통합'에 대하여 부정적인 경험을 쌓아가게 된다. 그럼에도 불구하고, 원론적으로 볼 때 음악 교과가 다른 교과들과 통합적인 영역을 넓혀 가는 작업은 필요한 일임에 틀림이 없다.

임희준　교과를 생태적 관점, 진화적 관점에서 바라보는 것은 교과교육 관련자에게는 교과에 대한 적극적인 고민을, 교과교육 이외의 사람들에게는 교과 존재의 근거를 제시할 수 있는 관점인 것 같다. 자연선택, 적자생존으로 대표되는 진화론적 관점에 따르자면 교과와 교과교육학의 태동은 기존의 전통 학문 분야가 담당해주지 못했던 부분에 대한 요구를 교과 및 교과교육이 일정 정도 담당하고 있기에 교과가 존재함을 의미한다. 또한, 진화론에 기초하자면 머무르는 자는 생존할 수 없다. 뛰어난 것도 훌륭한 것도 아닌 변화에 적응하는 존재만이 생존할 수 있다. 이는 교과의 정체성과 비전에 대한 끊임없는 고민과 변화의 노력이 이루어져야 하며, 교과에 대한 의미와 범주의 규정이 경직되지 않고 정체되지 않아야 함을 시사하고 있다.

설규주　생태 속에서 유기체는 늘 살아서 명시적으로 혹은 묵시적으로 움직이는데 그 과정 속에서 성장이나 성숙을 경험할 수도 있고 정체나 퇴보를 겪을 수도 있다. 그런데 그러한 변화의 양태, 원인, 방향 등을 읽어내는 데 있어서 오로지 그 유기체 자체에만 집중해서는 그 메커니즘을 정확히 파악하기 어렵다. 그 유기체의 내부와 외부에 대해 시간적, 공간적으로 보다 크고 긴 맥락에서 살펴보는 노력이 필요하다.

교과의 현실태와 지향점을 이해하는 데 있어서도 마찬가지라고 할 수 있다. 교과는 고정불변의 것이 아니다. 어떤 교과든지 그것이 처음 탄생하거나 도입되던 시점과 지금의 모습을 비교하면 달라진 부분이 적지 않을 것이다. 교과 역시 내적, 외적으로 다양한 요인(교과 내부의 이해관계에 대한 반성, 배경 학문의 발달, 사회 변동 등)과의 상호작용 속에서 변화한다. 그 과정에서 교과는 성장하거나 확장될 수도 있고 퇴보하거나 소멸될 수도 있다. 교과에 대한 생태학적 접근을 취하는 것은 그러한 변화를 교과 내적 요소는 물론 외부와의 관계 속에서, 즉 보다 거시적이고 총체적인 흐름 속에서 읽어 내면서 교과의 역동성을 추구하며 바람직한 변화의 방향을 전망하는 데 기여할 수 있다.

물론 생태학과 같이 주로 자연과학 분야에서 연구되고 있는 분야를, '교과교육'이라는 사회 현상에 적용하는 것이므로 완벽하게 들어맞는 메타포(은유적 상관)가 되기는 어렵다. 사실상 부분적인 적합성, 부분적인 유용성을 가지고 있다고 보는 것이 더 정확할 것이다. 그럼에도 불구하고 이러한 메타포를 통해 어떤 교과가 자신을 둘러싸고 있는 공간적, 시간적 환경 및 인간과 어떤 관계를 맺고 있는지, 비유적인 측면에서 다른 종(種)이라고 할 수 있는 타학문이나 타교과와 어떻게 소통하는지, 그리고 하나의 유기체로서 교과는 내부적으로 건강한 몸을 유지하고 있는지 등에 관한 의미 있는 시사점을 얻을 수 있을 것으로 기대된다.

정보·기술 시대에 새로운 필요성을 감당할 새로운 교과의 등장은 없을까? 아니면, 기존의 교과는 이러한 시대에 어떻게 변화해야 할까? 이와 관련해서 교과는 어떻게 재편되어야 할 것인가? 그렇게 교과를 재편한다면, 그때 우리는 '교과'라는 것을 어떻게 재개념화 해야 할 것인가?

김창원　과감하게 말한다면, 우리나라 교육 체제 전반을 재검토해야 할 때가 되었다. 우리 교육은 학교급과 교과의 벽이 너무 높고, 교육 연한과 교육 내용 면에서 과잉 교육이며, 학교 교육과 학교 밖 교육의 역할이 경직되어 있다. 이 문제를 고치지 않는다면 학교 교육의 지위는 계속 하락할 것이다.

교과 개편은 이러한 교육 체제 개혁과 맞물리는 문제다. 따라서 교과 개편만을 논의하는 것은 의미가 없다. 그래도 굳이 말한다면 초등학교에서 고등학교까지 단선적인 교과 체제를 고집하지 말고 유아에서 초등 중 저학년 단계까지 기초·기본 교육 단계, 초등 중 고학년에서 중학교 중급 학년까지 생활·교양 교육 단계, 중학교 상급 학년에서 고등학교 중급 학년까지 대학·직업 준비 교육 단계로 나누어 교과 트랙을 다양화해야 한다. 기초·기본 교육 단계에서는 언어, 수리, 대인관계, 학습 방법 등에 관한 교과가 필요하고, 생활·교양 교육 단계에서는 역사, 지리, 예술, 문학, 과학 등의 교과를 추가할 수 있다. 대학·직업 교육 단계에서는 트랙을 나누어 대학 준비반의 경우 인문·사회계와 과학·기술계, 예술·체육계에 적합한 교과를 추가하고 직업 준비반의 경우 직업 영역에 적합한 교과를 추가하면 된다. 그리고 대학교육과 직업교육의 출발점을 1년 정도 앞당겨야 한다.

이렇게 할 경우 교과 내용이 분해되어 다른 분야(교과든 비교과든)로 분산되는 교과, 둘 이상으로 갈라지는 교과(둘 다 필수가 될 가능성은 별개로), 둘 이상이 하나로 합쳐지는 교과, 새로 만들어지는 교과가 생길 것이다. 그에 대해서는 외국의 사례를 참고할 수 있다.

박인기 정보 기술 그 자체가 교과의 내용으로 바로 들어오거나 교과 교육의 방법 기제에 영향을 미치는 것에 대해서는 'ICT 활용 교육' 등의 이름으로 이미 교과는 구체적 경험과 내용을 기획한 바 있다. 문제는 테크놀로지가 활용의 수단을 넘어서서 우리 시대의 이념이 되고 문화의 토양으로 자리 잡고, 경험의 형질로 내면화 된다는 데 있다. 전통적인 교과의 지식 가치를 주창하는 입장에서는 이런 점이 중요하게 인식되지 않을 수 있다. 사실 이 문제도 일반 교육학이 선점하여 의미 있는 예고 지표들을 보여주는 담론을 생성하고 있다.

미래의 테크놀로지가 '특정 지식범주(교과)'에서의 발달 현상에 어떤 영향을 미칠 것인지를 교과 차원에서 충분히 고구해야 한다. 과학 교과나 기술 교과는 과학과 기술을 사회문화적으로 또는 교육적으로 어떻게 가치화 하고 인식해야 되는지에 대한 기초 담론들을 생산해 주어야 한다. 그리고 그것을 다른 여타의 교과들이 자신의 생태 현상에 적용하고 예견하는 활동을 해 나가도록 해 주어야 할 것 같다. 언어, 사회, 수학, 과학, 예술, 윤리 등등의 교과교육 분야 간 통섭의 한 전형으로 이런 모습이 드러나 주기를 기대해 본다. 이것이야말로 교과의 진화를 추동하는 구체적 모드라 할 수 있다.

이춘식　교과를 재편하고 새롭게 구성하는 문제는 적어도 우리나라의 교육문화 속에서 쉬운 일은 아닐 것이다. 정보기술 시대에 필요한 것은 정보의 효과적 이용과 가치에 대한 접근 방법과 응용과 관련된 교과일 것이다. 그렇다면 교과를 재편할 수 있는 준거가 요구되는데, 앞서 설명한 핵심역량을 중심으로 재편하는 것도 하나의 대안이 될 수 있다. 문제는 여기에 드는 사회적 비용이 너무 크다는 것이고 또한 기존의 교과 문패를 치우고 새로운 통합된 문패를 거는 것 자체가 큰 장벽이라는 것이다. 각 교과의 입장과 기득 교과의 아성이 크기 때문에 어려울 것이다. 학교에서의 교과는 마치 회사의 부서를 갈아치우고 개혁하고 융통성을 발휘 하는 것과는 차원이 달라 보인다. 교과라는 문패가 없으면 모든 것이 없다고 인식하는 경향이 있다. 그러나 학교 교육 자체의 트랙을 세분화하고 이에 맞추어 교과도 달리 접근한다면 교과의 미래지향적 재편도 쉬운 방법이 있을 것이라 생각해 본다.

김재운　교육체제의 변화는 결코 쉬운 일이 아니다. 그것이 구체적인 교과의 재편 문제라면 더욱 그렇다. 상당한 시일에 걸친 치밀한 연구를 진행하고 수많은 논쟁과 토론을 통해서도 쉽게 합의할 수 없는 문제이다. 이것이 아마도 반세기가 넘도록 우리 교과의 편제가 크게 변하지 않은 이유일 것이다. 이러한 맥락에서 새로운 교과를 만들어 내는 일은 쉽지 않을 것이다. 그러나 큰 틀에서 보면 교과 재편과 관련하여 몇 가지 분명한 방향은 있다. 전체적인 교과의 수와 주지과목 중심의 운영에는 반드시 변화가 필요하다는 것이다. 또한 수업시수로 대변되는 학습 시간 등의 조정도 반드시 필요하다 본다. 특히 초등학교 수준에서는 더욱 그러하다.

설규주 정보와 기술이 강조되는 시대의 흐름 속에서 특별히 미디어에 대한 비판적 이해 및 활용에 관련한 교육이 필요하다고 본다. 그런데 미디어와 관련된 문제는 언어적 측면, 윤리적 측면, 과학기술적 측면, 사회적, 경제적, 정치적 측면 등이 두루 고려되어야 하기 때문에 기존의 어느 한 교과의 내용 요소로 포함시켜 그 교과에 전담시키는 방식은 무리가 있을 것이다. 흔히 미디어 하면 국어과를 떠올리기 쉬운데, 만약 미디어를 다루는 교과가 생긴다면, 특정 교과가 독점적, 배타적 역할을 담당하기보다는 잉태 과정에서부터 통합적인 성격을 지닐 수 있도록 하는 노력이 필요할 것으로 보인다. 이것은 비단 미디어뿐만이 아니라 논의될 수 있는 다른 새로운 교과에 대해서도 마찬가지다.

한편, 통합적 성격의 새로운 교과 창출과 아울러 기존의 교과 구조는 재편될 필요가 있다고 본다. 각 교과의 입장을 들어 보면, 어느 것 하나 중요하지 않고 필요하지 않은 교과가 없다. 그러나 많이 지적되어 온 바와 같이, 그러한 중요성과 필요성이 받아들여져 계속 덧붙여진 개별 혹은 전체 교과교육과정으로 인해 학습자들은 큰 부담을 지고 있음을 인정해야한다. 이러한 문제를 해소하기 위해서는 사실상 일반계 위주로 되어 있는 학교교육의 트랙을 다양화하는 노력과 함께 공통 필수 과정에서 이수해야 하는 과목 수와 시수를 줄이고, 다양한 교과교육의 요구를 선택 과목에서 수용하는 방식을 고려해 볼 필요가 있다.

푸코의 언급이 아니라 하더라도 지식이 곧 권력이라는 명제에 입각해 있는 것이 지식사회 인식론의 핵심이다. 각자의 교과가 21세기 지식사회에서 어떤 권력 생성 기제 속에 자기 위상을 확보하고 있다고 보는가?

김창원 교과교육학은 지식의 1차 생산자라기보다는 2차 생산자, 혹은 지식 가공자의 성격이 강하다. 이런 점에서 지식 권력의 구도에서 한 발 물러서 있는 경우가 많다. 그런데 한편으로 생각해 보면, 산업 사회에서 정보 사회로 이행하면서 재화의 1차 생산자보다 재화의 가공 및 유통을 통해 부가 가치를 높이는 그룹이 더 중요해지고 있다. 법률가가 그렇고, 각종 '매니저'나 '컨설턴트'가 그러하며, CEO나 CSO, CFO가 또한 그러하다. 이런 점을 생각해 보면 지식에서도 1차 지식의 생산 못지않게 지식의 가공, 유통, 조직 등을 담당하는 전문가 그룹이 중요해질 것으로 보인다. 출판사의 편집자와 서점의 북 매니저(혹은 북 컨설턴트), 도서관의 사서, 그리고 출판 담당 기자가 작가 못지않게 중요해지는 현상을 떠올리면 된다. 따라서 교과교육학자는 지식 권력 구조에서 한 발 물러서기보다는 적극적으로 지식의 생산과 소통 구조에 참여하여 총체적인 지식 컨덕터 역할을 할 필요가 있다. 이는 교과교육학의 자생력을 키울 뿐 아니라 사회 전반의 지식 효용을 높이는 길이기도 하다.

박인기 김창원교수를 통해서 교과교육의 미래적 모빌리티와 유용성을 전망할 수 있다. 공감이 크다. 어쨌든 교과교육이 지식의 발달적 소통에 관여한다는 점에서 잠재적 권력을 상당히 가지고 있다고 보고 싶다. 물론 이는 정치적 행정적 권력과는 차원이 다르다. '소통이 곧 권력이라'는 양상이 강해질 미래 사회에서는 더욱 그러하다.

국어교육에서 교과서에 실린 시 한 편이 범국민적 차원의 교양적 소통의 매개 항목이 되는 것을 보면, 그 시(시인/교재 개발자/교사)가 일종의 문화적 권력의 위상을 발휘하는 현상에 들어가 있다는 것이다. 그런데 이런 권력은 그 발현의 회로가 문화 및 지식 생태의 심층에 숨어 있다시피 해서, 권력처럼 인식되지 못한다. 그러나 문화적 권력이 선순환(善循環)되는 데에 일정한 힘을 발휘하는 것이라고 본다면, 그 권력에 대한 정당한 책무와 행사를 교과가 의식해야 한다고 본다.

이춘식   산업사회에서 지식기반사회로 이행되면서 각 교과에서는 지식의 가치를 중요하게 인식하고 있다. 다시 말해서 지식의 단순한 전수자나 전달자가 아니라 지식의 생성자가 되어야 한다는 것이다. 이러한 지식을 생성하기 위해서 실과에서는 실용적 가치를 우선으로 두고 있다. 즉 실용적 가치 속에서 활용할 수 있는 지식을 확보하기 위해 다양한 접근 방법을 동원해야 한다는 것이다. 단순한 활동만으로는 이를 충족시킬 수가 없기 때문에 이론에 근거한 활동 속에서 새로운 이론과 방법을 창출하는 지식이 필요하다는 것이다. 이를 위한 한 방법으로 실과 내용에서의 '발명'을 주목할 수 있다.

김재운   체육교육을 현상을 연구대상으로 하는 스포츠교육학은 다른 교과교육학과는 상당히 다른 자리에 위치해 있다. 모학문(母學問)이 존재하고 그 모학문에서 내용을 선정하고, 그것이 교육과 어떻게 관련되는지를 연구하는 여타의 교과교육학과는 달리 스포츠교육학은 모학문이 존재하지 않는다. 신체활동 또는 스포츠 현상이 교육의 대상이 되기 때문에 스포츠교육학은 그러한 내용의 선정과 조직, 교수 등과 관련하여 연구를 수행하고 그것과 관련된 구체적인 지식체계를 직접 생산하는 역할을 담당하고 있는 것이다.

그렇기 때문에 체육학 영역에서 보면 스포츠교육학은 상당한 권력을 가지고 있다고 할 수 있다. 그러나 사회 전체의 측면에서 볼 때 스포츠교육학에서 생산하는 지식이 가지는 위력은 그리 크지 않은 것이 현실이며, 그 지위가 갑작스럽게 올라가는 일은 쉽게 일어나지는 않을 것이다. 다만 앞서 이야기한 것과 같이 건강 문제가 개인 차원이 아닌 사회적 차원에서 중요하게 대두되고, 체육과교육이 그것과 직접적으로 관련된 지식들을 지금보다는 적극적으로 생산해 내게 될 경우, 체육교과의 중요성과 관련된 지식체계의 영향력은 상당히 향상될 여지가 있다고 본다.

임희준 현대는 과학기술사회로서 과학 교과가 지니는 지식 권력의 위상은 상당히 확고해 보인다. 고도의 과학 기술 보유와 우수한 과학 인력의 확보는 국가 경쟁력의 중요한 척도이며 국가 발전의 원동력이다. 우수한 과학 기술력의 확보는 기업이나 국가의 강력한 힘의 원천이 될 수 있다. 이러한 측면에서 볼 때 매우 분명해 보이는 과학 교과의 위상에도 불구하고 현재 우리나라에 만연해있는 문제인 이공계 기피 현상은 이공계의 경우 지식의 생산자가 곧 지식 권력의 보유자가 되지 못함을 보여주는 안타까운 예시이다.

정치, 경제, 경영 중심의 권력 논리에서 과학 지식 생산자의 새로운 지식 생산과 가치 창출이 지식과 가치 창출자의 지식 권력으로 인정되지 못하고 이를 이용하는 사용자의 권력만을 강화하는 경우가 허다하기 때문이다. 우리나라의 경우 지식의 생산과 창출에 대한 사회적 인정과 보다 합리적으로 이루어질 때 21세기 과학기술사회에서의 핵심 지식 권력 중 하나인 과학 지식의 지속적인 창출이 가능할 것이다.

설규주 사회과는 교과의 성격상 타 교과에 비해 상대적으로 사회적, 국가적 변화와 요구를 민감하게 받아들이는 편이었다. 특히 국사나 정치, 경제, 법 등과 같이 사회에서 혹은 학계에서 논란이 되는 부분을 주요 내용 요소로 하고 있다는 점이 그러한 현상과 관련이 깊다. 이에 비해 정작 중요하게 다루어져야 할 사회과 내부의 교육적 논의와 필요, 그리고 인접 영역의 학문적 요구 등은 사회과의 지식 형성에 있어서 오히려 소홀히 다루어진 측면이 있다. 점차 나아지고 있다고는 하지만, 여전히 사회과 외부의 요구에 취약하다는 점은 사회과의 발달에 있어서 점차 개선하고 극복해야 할 부분이라고 할 수 있다.

지식정보사회에서는 자생적이고 통섭적인 지식 생성 방식을 강조한다. 과학적 절차에 의한 엄밀한 지식, 그리고 합리적 의사결정에 기여할 수 있는 가치 있는 지식을 추구하는 사회과의 본질 자체에 충실히 임하는 것이 곧 지식정보사회에 합당한 지식을 창출하는 길이다.

우리의 현 단계 교과교육학이 가지는 한계로서 일각에서는 철학의 부재나 결핍을 지적하기도 한다. 이런 지적에 대해서 어떤 견해를 가지고 있는가? 또 각자의 교과교육이 어떤 철학적 기반을 현재 가지고 있고, 장차 어떤 교과교육철학을 추구해야 한다고 보는가?

김창원　국어교육 연구와 실천에서 철학이 없다는 지적은 내가 제일 심각하게 생각하는 문제다. 개인 차원에서 강한 신념에 따라 국어교육을 하는 분들이 있지만, 그러한 신념을 이론화하고 정당화하는 노력은 별로 보이지 않는다. 국어과의 경우 국어국문학의 지식 체계에 근거한 교육을 주장하거나 문학을 중심으로 한 언어문화를 강조하는 입장, 언어활동을 위한 실제적 기능을 중시하는 경우, 민족 이데올로기와 학생 중심 교육관이 묘하게 결합된 논의 등이 국어과교육의 철학적 기저를 논하는 논점들이다.

　이들은 각기 일정한 교육과정상 지분과 실천 집단을 가지고 있지만, 이론화가 안 되어 있기 때문에 상호 이해나 토론이 불가능한 상태다. 그런 점에서 생태학적 관점을 강조하면서 국어교육의 철학을 이론화하고자 하는 최현섭 교수의 시도는 의미가 크다. 국어교육이 교과로서의 정당성과 정체성을 확보하려면 국어와 국어교육에 대한 철학적 성찰이 굳건해져야 한다.

　국어교육의 철학은 사고 및 의사소통이라는 기능적 관점과 문화 및 이데올로기와 관련된 형이상학적 관점이 균형을 이루어야 한다. 전자는 심리철학, 분석철학에서 아이디어를 얻을 수 있겠고, 후자는 비판이론, 이기이론을 유심히 들여다볼 필요가 있다. 어떤 경우든, 교육이라는 큰 틀을 놓쳐서는 안 될 것이다.

박인기   우리의 교과교육학은 이론 체계를 구비하는 데 있어서 상당한 취약점을 가지고 있다. '탐구 대상(현상)'과 '개별 연구 담론' 간의 환류는 왕성하지만, 개별 연구 담론들을 통어하는 상위의 이론 체계를 제대로 가지지 못하고 있다. 설사 있다고 하더라도 선언적 형식의 수준을 확보하고 있는 것이다. 각 교과가 다루는 지식에 대한 인식론적 해석을 개인과 사회와 문화의 맥락에 따라 다양하게 정립하는 과정을 가지지 못하고 있다고 본다. 일반 지식 철학의 패러다임을 따라가기에 바쁜 것이다. 자기 철학을 정립하지 못했다. 그래서 인지주의가 등장하면 온 세상이 인지주의가 되고, 구성주의가 등장하면 일거에 구성주의가 되는 것이다. 패러다임 변화를 이해하지 못해서 하는 말이 아니라, 패러다임 변화의 내적 기제를 우리 교과교육학이 제대로 겪어내면서 자기 수정을 하는지 의심스러운 것이다.

패러다임 변화의 내적 기제를 제대로 겪어내기 위해서는 교과교육학 안에 이미 잘 다지어 온 이론 체계(이론이 아니라)가 있어야 하는 것이다. 그것이 제대로 구축되어 있지 않는 학문 토양을 가지고 있으니까, 새로운 교육학 패러다임이 마치 점령군처럼 밀고 들어오는 것이다. 현 단계 교과교육학은 이와 관련되는 연구 담론을 제대로 생산해 내지 못하고 있다. 실용주의 또는 기능주의 교과교육학에만 미시적으로 매달리고 있기 때문이다.

이론 체계를 확보하지 못한 학문은 어느 때이고 구심력이 큰 다른 학문 체계에 쉽사리 흡수되거나 아예 없어질 수 있다. 다른 학문과 서로 주고받을 이론적 상보 체제에 끼어들 여지가 없다. 교육 현장에 새로운 처방을 강구하기 위하여 항상 남의 학문 동네를 기웃거려야 한다. 학문으로서의 프레임을 구축하는 일, 학문의 인프라를 폭

넓게 마련하는 일을 해 두어야 한다. 이것이 모두 '교과교육의 철학'을 토대로 해서 이루어질 수 있는 일이다.

이춘식 실과에서의 철학적 기반은 실용학이나 실학이다. 실학 하면 박지원을 떠올리나 박지원의 실학이 엄청 방대한지라 우리 교과에 주는 시사점은 그리 크지 않다. 그보다는 노작철학이 주는 시사점이 더 많다고 본다. 그러나 요즘에 노작이라고 하면 사회적 분위기가 그 가치를 절하하는 경향이 있다. 그럼에도 노작 사상은 독일을 중심으로 하는 유럽에서 맹위를 떨치고 있는 것 또한 사실이다. 따라서 노작에 대한 철학적 통찰의 기반 위에서 이를 교과의 이론으로 체계화 하는 작업이 필요하다고 본다.

김재운 지금까지 교과교육학이 교과의 내용과 방법론 쪽에 집중되어 있었던 것이 사실이다. '왜'라는 물음보다는 '무엇을', '어떻게'라는 물음에 더 충실하게 답을 해 왔다. 때문에 교과교육학의 철학 부재에 대한 문제제기는 상당히 타당하다 볼 수 있다. 사실 학문의 영역은 '대상'과 '방법'을 다루는 것을 주로하기 때문에 교과교육학의 확립과 그 영역의 확장을 위해서 내용과 방법에 초점을 두어 연구가 진행되어 온 것은 당연한 일이며, 그 과정에서 철학이 홀대받았던 것도 사실이다. 이제 교과교육학이 어느 정도 자리를 잡은 상황에서 교과교육학의 철학에 대한 논의는 필연적인 요구이다.

지금까지 체육교과는 개인의 신체적인 측면 또는 '건강'이라는 측면에서 그 가치와 중요성을 인정받아 왔다. 그러나 학교 현장에서의 체육교과가 과연 개인의 신체적 건강을 담보해 내는가 하는 문제제기가 이미 등장하였으며, 결국 이러한 물음에 확실한 대답을 하지 못하고 2007 개정 체육과 교육과정에서는 '신체활동의 가치'라는 새로운 방향이 제시된 상황이다. 상당수의 체육교육학자들이 이러한 방향 전환을 긍정적으로 평가하고 있다.

그러나 그에 못지않게 많은 체육학자들과 현장 교사들이 의문을 제기하는 것도 사실이다. 체육 또는 신체 활동의 인문성을 강조하는 개정 교육과정의 방향에 우려를 표명하는 것이다. 현 단계에서 무엇이 올바른 방향인가를 쉽게 구분할 수는 없을 것이다. 그러나 이러한 체육교과의 방향이 현재를 살고 있는 학생과 사회 상황 전반을 충분히 고려하여 설정한 것인가는 한번 더 고민해 보아야 할 문제인 것 같다.

권덕원　음악교육학 측면에서 살피면 그 철학적 기반은 여전히 약하다. 교과교육학의 철학은 교사의 실천을 통하여 입증된다. 음악교육학의 철학은 학문으로서의 철학보다, 교사 신념으로서의 철학이 훨씬 더 의미 있는 것이기 때문이다. 음악교육학에서 철학적인 주제가 논의되고 있기는 하지만, 아직 교사들의 수업 행동을 좌우하는 정도의 수준에까지 이르지는 못하고 있다. 음악교육학에서 철학은 정신의 문제임과 동시에 음악교사의 삶의 문제이기도 하다. 학교 교육에 음악 교육이 왜 필요한가의 문제는 음악 교사의 역할 가치를 논하는 것이면서 더 나아가 음악 교사의 평생 삶의 가치를 결정해 주는 문제가 되기도 한다.

그럼에도 불구하고 음악 교사들 스스로 철학적 문제에 대하여 집중하는 자세가 약하고, 음악교육학자들의 관심 역시 미흡하다. 음악

교육에 대하여 평소에 생각하지 않던 학자들이 교육과정을 논할 때 심지어 음악 교과의 존폐 문제까지 쉽게 거론하는 것을 보면, 음악 교육철학의 문제는 결코 음악교육학자들만의 과제는 아닌 듯하다. 매우 원론적인 논의이긴 하지만, 앞으로 음악교육의 철학적 방향성에 대해서 살펴보면, 두 가지 방향에서 노력이 필요하다고 본다.

첫째는 음악의 본질에 입각한 철학적 논의가 필요하다. 인간에게 있어서 음악은 도대체 어떤 것인가? 음악의 본체(nature)에 깊숙하게 파고드는 성찰이 필요하다. 예술음악을 주로 연구하던 음악학자들이 대중음악, 현대음악, 민족음악 등을 대하면서 음악이 무엇인가에 대한 주제에 대하여 다시 망망대해를 항해하는 느낌을 갖게 되었다. 대중음악은 이전보다 훨씬 더 큰 영향을 대중들에게 주고 있고, 현대음악은 끝이 어딘지 모르게 '전위적으로' 자기 나름의 길로 행진하고 있으며, 그동안 일반 눈에 띄지 않았던 작은 부족들에게서 발견되는 특이한 음악들은 사회 속에서의 음악의 새로운 역할을 보여 주곤 한다. 인간의 존재론적 물음에 쉬운 답이 나오지 않는 것처럼, 음악의 존재론적 물음에 대해서도 역시 간단한 답은 나오지 않는다. 음악의 본질에 대한 깊은 성찰이 지속적으로 필요하다.

둘째로, 사회의 변화에 적절하게 반응할 수 있는 철학이 필요하다. 이 물음은 음악이 인간 사회에 '어떻게' 존재하고 있는가에 대한 성찰이다. 그리고 앞으로 다가오는 미래 사회에 음악이 어떻게 존재해야 하는가에 대한 성찰이다. 이 시대를 앞서가는 '첨단의 음악가들'이 이 시대의 전반적인 철학에 의존하여 음악 활동을 하는 것은 아니지만, 그렇다고 그들이 이 시대의 철학에서 완전히 벗어나 있는 것은 아니다. 첨단의 음악가들이 보여 주는 새로운 음악 행동은 결국 이 시대의 철학을 바탕으로 하고 있다. 철학자들이 할 일은 이 시대의 음악 철학을 명료하게 분석하고, 미래 사회를 대비하는 음악 행위의 방향을 예언하는 일이다. 음악교육학자들 역시 이 시대의 음악과, 이 시대의 사회적 특성과, 그 속에서 존재하고 있는 음악의 역할을 보다 진취적인 시각에서 생각하고 대변해 주어야 할 것이다.

설규주 사회과 역시 철학적 기반이 약하다는 지적을 무겁게 수용해야 한다고 본다. 특히 철학은 교과의 목표와 성격을 규정하고 그것의 정당성과 적합성을 사유하는 데 지대한 영향을 미친다. 그런데 사실 교과의 목표라는 것은 그리 쉽게 이식될 수 있는 성질의 것이 아니다. 교과의 일부 내용이나 방법은 기술적으로 모방하고 이식하는 것이 가능하다 하더라도 '목표'라는 것에 대해서는 풍부한 철학적 논의와 배경적 특수성에 대한 성찰이 전제되어야 제대로 설정될 수 있다. 물론 미국에서 사회과는 우리보다 훨씬 두터운 철학적 배경과 현상적 맥락 및 유연성을 가지고 있었을 터이지만, 우리나라의 상황에서는 다소 기계적이고 박제화된 모습으로 존재하고 있는 것은 아닌지 살펴볼 필요가 있다. 물론 이러한 문제 제기가 시민성 함양이라는 사회과의 목표 자체를 폐기하거나 변경해야 한다는 의미는 아니다.

사회과의 목표 관련 논의에서 놓치지 말아야 할 것은 사회과가 기르고자 하는 시민은 시민사회(civil society)를 그 배경으로 하고 있으며 그것은 다분히 근대적인 개념이라는 점이다. 즉, 사회과에서는 그저 배경도 맥락도 없는 시민을 마냥 지향하는 아니라, 자율적인 공공 영역으로서의 시민사회를 기획하고 주도하는 주체로서의 시민을 이야기하는 것이다. 그런데 그러한 시민과 시민사회의 의미 및 가치를 서구와 한국이 같은 것으로 인식하고 있다고 보기는 어렵다. 따라서 자유, 평등, 책임 등과 같은 가치를, 일부 서구 국가들처럼 수백년 동안 피 흘려 싸우거나 의회의 지난한 토론을 거치는 과정 없이도, 우리가 그대로 감정이입하여 수용하는 것은 사실상 불가능하다. 이러한 맥락에서, 이를테면 사회과는 그동안 서구 시민사회론이나 시민성 담론을 그대로 답습해 온 것은 아닌지, 우리 스스로 한국 시민사회론을 풍부하게 구축해 왔는지, 한국의 사상과 전통에서는 사(私)와 공(公)의 문제를 어떻게 해결하고 있는지 등에 대한 반성을 진지하게 해 보아야 한다.

이러한 문제의식을 바탕으로 향후 사회과 목표로서의 시민성 담론을 구성하는 방식을 바꿔 볼 필요가 있다. 철학의 도움을 받아 이상으로서의 민주주의 사회를 그리는 노력과 함께 우리의 현실을 보는 노력을 기울여야 한다는 것이다. 우리가 사는 현실은 결코 민주주의가 완벽하게 구현된 사회 속에 있지 않다. 그럼에도 불구하고 이념형으로서의 '시민'만 부르짖게 된다면, 현실에 대한 과학적 분석과 합당한 가치 판단을 하기보다는, 그에 대해 단순한 소재로서 가치중립적으로 접근할 가능성이 높다. 따라서 사회과 목표로서의 기반이 약화될 우려가 있다. 그러한 기반을 강화하기 위해서는 두터운 이론과 풍부한 현상이 서로 넘나들며 긴밀한 상호작용을 할 수 있어야 한다.

테크놀로지 자체가 이념화 되는 시대이다. 각 교과교육도 테크놀로지에 의존하지 않고는 그 진화 양태나 미래상을 설계하기 어렵게 되었다. 장차 여러분 각자의 교과가 테크놀로지와 어떤 관계를 맺어나가야 한다고 보는가? 또 교과교육의 테크놀로지 환경이 변화됨에 따라 비판적으로 유의해야 할 요소는 무엇이라고 보는가?

김창원 국어과에서 테크놀로지는 매체언어와 주로 관련된다. 우리나라의 경우 수십만 년을 운위하는 음성언어와, 이천 년(한문)에서 오백 년(한글) 정도 사용해 온 문자언어에 이제 이백 년이 안 되는 매체언어의 전통이 있다. 그러나 진정한 매체언어는 1990년대의 디지털 기술 발달과 함께 비로소 탄생했다고 본다. 매체언어가 앞으로 어떻게 발전해 갈지는 아직 분명치 않지만, 음성언어와 문자언어, 그보다 원초적인 몸짓언어의 장점을 고루 취합하는 형태가 되리라는 점은 분명하다. 거기에 시청각 자료가 덧붙기 때문에 그야말로 '만인의 만인에 대한 프레젠테이션'이 가능해질 것이다.

의사소통에서 심리적·물리적 거리가 아무 의미가 없어진다면, 대뇌가 담당하던 기억과 추론을 언제든지 연결할 수 있는 외부의 데이터베이스와 연산자가 대신한다면, '너 그 영화 봤어?'의 자리를 '너 이 영화 봤어?'가 완전히 대체한다면, 국어과교육은 테크놀로지에 종속될 가능성이 크다. 심지어 창작까지도 테크놀로지와 협력하게 될 때 국어과가 담당해야 할 영역은 아마 창의적·비판적 문식성과 사회적 문식성 쪽이 되지 않을까. '육성'의 생생함을 느끼고 '날것'의 사람과 만날 수 있는 공간을 마련하고, 그때의 사회적 소통과 문화 형성 능력을 길러 주는 것 — 국어교육의 철학이 이와 관련된다.

박인기 다소 모호하지만 '테크놀로지의 인간화' 또는 '따뜻한 테크놀로지' 등의 개념이 미래의 교과교육 전반에 들어와야 한다고 생각한다. 테크놀로지로 인해서 경험 또는 학습의 과정이 자동화되는 것에 대해서 고민해야 할 것이다. 자동화의 효율적 장점과 더불어 경험 자체가 각질화 되는 단점을 조화롭게 극복해야 할 것이다. 인문교육을 하는 입장에서 보면, 편중된 테크놀로지 경험에서 일탈하여 경험의 직접성 또는 활동의 현장성을 다양한 방식으로 제공해 주어야 할 것이다. '테크놀로지 의존적 경험'과 '테크놀리지 해방적 경험'을 한 프로그램 속에서 대비적으로 경험하고 체득하게 하는 교육적 시도도 필요하다.

이춘식 시대가 첨단화될수록 테크놀로지가 사회 전반에 미치는 영향은 지대하다고 본다. 교과교육에서도 테크놀로지의 영향은 예외가 아니다. 그렇다고 해서 교과교육이 테크놀로지에 종속되는 현상은 막아야 한다. 내용의 전달에 도구로 필요한 것이 테크놀로지인데, 자칫 잘못하면 테크놀로지가 주가 될 수도 있다.

실과에서는 테크놀로지의 영향은 어떠한지를 적극적으로 파악하고 그 결과를 유용하게 실천하는 데 주안을 두어야 할 것이다. 기술과 사회에 대한 설명 가운데 'Trigger effect(방아쇠 효과)'라는 것이 있다. 총을 쏠 때, 방아쇠를 당기면 그것으로 인해 공이가 작동하게 되고 공이가 움직여서 그것이 총탄의 화약 부분을 가격하게 됨으로써 엄청난 폭발 발사 작용이 일어나서 살상 작용을 한다. 그런데 현대사회의 역동적인 구조를 설명할 때 전기의 작용이 바로 '트리거 이펙트'에 해당한다는 것이다. 전기로 촉발되어 현대사회를 움직이는 모든 기술적 메커니즘이 작동하는 것이다.

전기가 생활 속에서 없어져 버리면 우리는 아무 일도 할 수 없다. 그렇다고 원시사회로 돌아가서 생존할 수 있는 능력 또한 없다. 따라서 이러한 핵심적 역할을 수행하는 전기를 어떻게 이용하고 활용할 것인지를 배워야할 필요가 있다는 것이다. 테크놀로지가 중요해지면서 우리는 알게 모르게 테크놀로지에 영향을 받고 살아간다. 교과교육에서의 테크놀로지는 필수불가결한 요소이면서 이를 도구적 관점에서 활용할 수 있는 철학이 필요하다.

김재운 사실 제도교육 밖의 체육은 테크놀로지의 각축장이다. 인간의 한계에 도전하는 올림픽은 이미 또 다른 첨단 기술의 각축장이 된지 오래다. 각종 첨단 장비를 동원하여 인간의 몸을 해부하고 그 능력을 극대화시키기 위한 노력은 상상할 수 없이 발전되어 왔다. 그리고 그러한 노력으로 인간은 과거의 벽을 계속해서 허물어 가고 있다.

그러나 학교의 체육교과는 거의 한 세기를 거슬러 근대의 모습을 그대로 유지하고 있다. 물론 학교는 사회 일반에 비해 많은 면에서 부족하다. 그럼에도 불구하고 상당한 정도의 테크놀로지가 학교에 보급된 것도 사실이다. 유독 체육교과만이 아날로그 시대에 놓여 있는 것이다. 체육과교육은 테크놀로지의 부작용을 걱정하기보다 그것을 적극 수용할 수 있는 방법을 모색하는 일이 일단 선결되어야 할 것이다.

권덕원　음악의 현상에서 테크놀로지의 비중은 점점 커지고 있다. 음악을 작곡하는 과정부터 작곡가들은 컴퓨터와 작곡 소프트웨어로 작곡 하고, 그 중에서 적지 않은 음악이 컴퓨터 시스템으로 연주가 된다. 음반을 제작하는 과정에서도 테크놀로지의 비중은 점점 더 높아지고 있으며, 컴퓨터 기술이 음반의 질적 수준을 좌우하는 요건이 된다. 음악교육학에서도 테크놀로지는 중요한 역할을 하는데, 최근에는 교과서가 e-book의 형태로도 발간되어 교사는 학생들 앞에서 큰 화면에 교과서를 펴 놓고, 노래 부르기, 감상하기, 비교하기, 창작하기 등의 다양한 학습 활동이 보다 더 편해지고 있다.

그러나 시각적인 화려함이 음악교육의 본질적인 목적인 '청각적 발달'의 중요성을 대신할 수는 없다. 시각적인 모든 자료는 단지 부차적이고, 보조적인 것일 뿐, 음악 교육의 변하지 않는 초점은 학생들의 음악성 발달, 청각적 능력의 발달에 있다. 시각적인 자료가 많아지고 화려해질수록 교사는 더욱 청각예술로서의 음악 교육에 더 집중해야 할 것이다. 테크놀로지가 발달할수록 음악 수업에서 전자적인 음향을 더 많이 사용하게 되는 경향이 있는데, 이것은 특히 음악교육학자들이 유의해야 할 점이다. 가능한 한 전자적인 음악보다는 실제 음악(acoustic sound, acoustic music)을 교육에 활용하는 방안을 마련해 나가야 할 것이다.

설규주　테크놀로지는 지속적으로 발달하고 있고, 정보화에 익숙한 교사의 비율이 점차 늘어나면서 사회과 수업에서도 내용과 방법 양면에서 테크놀로지의 활용이 늘고 있는 추세이다. 사회과는 '현대 사회의 테크놀로지 현상'을 담아내기에 적합한 교과이다. 사회과에서 기르고자 하는 시민은 사회 변화의 흐름에 단지 순응하는 것이 아니라, 그것에 대해 비판적으로 분석하고 대응할 수 있는 능력을 가지고 있어야 한다. 그리고 그러한 능력을 발휘함으로써 시민은 테크놀로지와 관련한 사회 변동이 바람직한 방향으로 나아갈 수 있도록 제어해야 한다. 또한, 테크놀로지 현상은 사회과의 좋은 소재가 될 수 있다. 그뿐 아니라 사회과 수업을 하는데 있어서 테크놀로지는 유용한 방법적 수단으로 기능할 수 있다.

그러나 그러한 당위적 측면과는 달리 실제로 테크놀로지가 사회과 수업의 내용과 방법에 적용되었을 때, 항상 긍정적 효과를 가져올 것이라는 기대를 갖는 것은 다소 위험할 수 있다. 특히 교수학습 방법이나 자료 측면에서 아무리 완벽한 기기와 콘텐츠가 개발된다고 해도 그것은 결국 교사와 학생이 중심이 되어 만들어가는 수업을 도와주는 도구라는 점을 인식해야 한다. 이 과정에서, 테크놀로지의 활용 그 자체를 무조건적으로 선호하거나 거기에 안주하기보다는 그것의 적합성과 타당성을 반성적으로 고찰하면서 테크놀로지를 통어할 수 있는 능력이 요구된다. 따라서 모든 사회과 수업에서 테크놀로지를 활용한다는 것을 어떤 원칙으로 삼고 그에 맞추어 수업을 설계하는 대신, 사회과 수업의 목표 및 내용 연구를 충실히 한 후에 거기에 맞는 테크놀로지를 부분적, 선택적으로 활용하는 것이 바람직하다.

교과는 진화하는가

찾아보기

집필진 소개

박인기

서울대학교 국어교육과 졸(교육학박사).
서울 장충여중, 관악고등학교 교사,
한국교육개발원 연구원, 한국독서학회 회장 역임.
현재 경인교육대학교 국어교육과 교수.

•저서
『문학교육과정의 구조와 이론』, 『국어교육과 미디어 텍스트』, 『문학교육론』 등.

김창원

서울대학교 국어교육과 졸(교육학박사).
서울북공업고등학교·용산고등학교 교사, 한국교육개발원 연구원 역임.
현재 경인교육대학교 국어교육과 교수.

•저서
『시교육과 텍스트 해석』, 『국어교육론–관점과 체제』, 『문학교육론–제도화와 탈제도화』 등.

설규주

서울대학교 사회교육과 졸업.
서울대학교 대학원 사회교육과 석사, 박사 졸업.
서울대, 성신여대 강사, 한국사회과교육학회 연구이사,
한국교육과정평가원 연구교수 등
현재 경인교육대학교 사회교육과 교수.

•저서
〈다문화교육의 이해와 실천〉. 2010. 교육과학사 (공저),
〈사회과교수학습법〉 2008. 교육과학사 (공저)
〈시민교육론〉 2008. 한국방송통신대학교출판부 (공저) 등.

•논문
'초등 예비교사와 초임교사의 사회과 수업 관련 경험 및 인식에 대한 조
사 연구'(사회과교육, 2010), '초등 사회과 수업에 나타난 내용교수지식
(PCK) 분석 연구' (사회과교육, 2009), '시민교육을 위한 미래형 체험학습
방안 연구' (시민교육연구, 2008, 공저) 등.

임희준

서울대학교 과학교육과 졸(교육학박사).
한국교육개발원 연구원, 미시간주립대학교 박사후 연구원 역임.
현재 경인교육대학교 과학교육과 교수.

•저서
〈초등 과학 영재아 지도 입문〉, 〈초등 과학 영재 학급 경영 및 지도를 위
한 컨설팅〉, 〈생활속의 화학 탐구〉 등.

권덕원

서울대학교 국악과 졸.
미국 일리노이대학원 졸업(음악교육학박사).
한국교육개발원 연구원, 한국음악교육학회 회장 역임.
현재 경인교육대학교 음악교육과 교수.

•저서
〈음악교육의 기초〉, 〈음악교육의 이론과 실천〉, 〈알기쉬운 국악개론〉,
〈국악교육론〉 등.

김재운

서울대학교 체육교육과. 체육학박사.
한국체육학회 편집위원, 한국여가레크리에이션학회 편집위원장 역임.
현재 경인교육대학교 체육교육과 부교수.

•저·역서
〈즐거운 게임수업〉, 〈여가학개론〉 등

이춘식

충남대학교 기술교육과 졸.
서울대학교 대학원 졸(교육학박사).
한국교육과정평가원 책임연구원 역임.
현재 경인교육대학교 생활과학교육과 교수.

•저서
〈실과 수업 컨설팅, 이렇게 해봐요〉, 〈초등설계기술탐구〉, 〈테크놀러지
의 세계1, 2, 3〉, 〈기술교과 수업 컨설팅〉 등.

교과는 진화하는가

초판 인쇄 ㅣ 2011년 11월 23일
초판 발행 ㅣ 2011년 11월 29일

저   자   박인기 · 김창원 · 설규주 · 임희준 · 권덕원 · 김재운 · 이춘식

책임편집   윤예미

발 행 처   도서출판 지식과교양
등록번호   제 2010-19호
주   소   서울시 도봉구 창5동 320번지 행정지원센터 B104
전   화   (02) 900-4520 (대표)/ 편집부 (02) 900-4521
팩   스   (02) 900-1541
전자우편   kncbook@hanmail.net

ⓒ 박인기 · 김창원 · 설규주 · 임희준 · 권덕원 · 김재운 · 이춘식
  2011 All rights reserved. Printed in KOREA

ISBN 978-89-94955-50-6 93370   정가 24,000원

저자와 협의하여 인지는 생략합니다. 잘못된 책은 바꾸어 드립니다.
이 책의 무단 전재나 복제 행위는 저작권법 제98조에 따라 처벌받게 됩니다.

이 도서의 국립중앙도서관 출판도서목록(CIP)은 e-CIP홈페이지(http://www.nl.go.kr/ecip)에서
이용하실 수 있습니다. (CIP제어번호: CIP2011004530)